KNAUR

Im Knaur Taschenbuch Verlag sind bereits folgende Bücher des Autors erschienen:
Blöder Prinz, du kannst mich mal
Warum ruft der blöde Prinz denn nicht mehr an?
Wann kommt denn endlich der blöde Prinz auf seinem dämlichen Gaul!

Über den Autor:
Oliver Stöwing, geboren 1972, ist Bestseller-Autor und Textchef bei BILD-Online. Aus eigener Erfahrung kennt er die tragischen Geschichten vom Suchen und Finden der Liebe, die doch eines zeigen: Wir sitzen auf der beschwerlichen Suche nach dem Traumpartner alle im selben Boot.

OLIVER STÖWING

Dann zeigte er mir seine Schlumpf-sammlung

Die kuriosesten Dating-Desaster

KNAUR

Besuchen Sie uns im Internet:
www.knaur.de

FSC
www.fsc.org
MIX
Papier aus verantwortungsvollen Quellen
FSC® C083411

Originalausgabe Juli 2014
Knaur Taschenbuch

Redaktion: Mareike Fallwickl
Umschlaggestaltung: ZERO Werbeagentur, München
Umschlagabbildung: FinePic®, München
Satz: Daniela Schulz, Puchheim
Druck und Bindung: CPI books GmbH, Leck
ISBN 978-3-426-78674-1

2 4 5 3 1

Für Alex

Inhalt

Einleitung

Es beginnt ganz gut: Der Typ fragt mich über Facebook, ob ich auch bei der Party von Hendrik eingeladen sei. Ja, bin ich. Ob ich vorher bei ihm vorbeikommen wolle. Ja, sehr gerne. Ich also hin, er kocht aufwendig, wir trinken Wein und noch mehr Wein, ich denke, jetzt ist die Gelegenheit gut, und greife an. Seine Reaktion: verhalten. Verlegen trinken wir noch mehr Wein. Dann sagt er: »Wir müssen mal los. Die Party.« »Klar, die Party«, sage ich, und dann steigen wir in ein Taxi. Auf der Party begrüße ich ein paar Leute – und sehe meine Begleitung von da an nie wieder. Er verschwindet einfach. Ich schreibe ihm am nächsten Morgen eine SMS, ob alles in Ordnung sei. »Ja, hatte einfach das Bedürfnis, rauszugehen und durch die Nacht zu laufen. Hoffe, du verstehst das. Ich melde mich«, war die Antwort. Klar verstehe ich das. Für Bedürfnisse habe ich immer Verständnis. Die einen haben das Bedürfnis, Onepiece-Tierkostüme aus Fleece anzuziehen und sich mit Gleichgesinnten zu Flashmobs zu treffen, andere haben das Bedürfnis, sich nackt einen Rucksack umzuschnallen und durch Tirol zu wandern. Da ist es doch ein vergleichsweise unauffälliges Bedürfnis, plötzlich durch die Nacht spazieren zu wollen. Ohne ein Wort zu sagen. Weiß der Teufel, was in ihm vorging. Wir suchen die Gründe für ein verkorkstes Date immer bei uns selbst, aber seltsames Verhalten des anderen hat eben immer mit dem anderen zu tun. Und nicht mit uns. Ein schwacher Trost. Denn: Er meldete sich nicht.

Sie sehen, das Thema Dating-Desaster lässt mich nicht los: Dagegen ist einfach kein Kraut gewachsen. Und auch meine

Freunde, Bekannten, Kollegen und Leser haben immer wieder mit Dating-Enttäuschungen zu tun. Das zeigen die unzähligen Geschichten von missglückten Dates, die nach meinem letzten Buch »Blöder Prinz, du kannst mich mal« auf mich einprasselten. Die besten neuen Storys und die besten aus der bestehenden Sammlung gibt es hier in diesem Buch – und die meisten dieser Desaster sind witziger als das, welches ich Ihnen gerade erzählt habe, versprochen. Denn auch wenn ich Ihnen noch immer kein Patentrezept gegen schlechte Dates bieten kann, eines ist sicher: Darüber zu lachen ist so viel besser als deswegen zu weinen!

Date-Crasher Nr. 1: Pannen, Pech und Peinlichkeiten

Bei einem Date kann ja alles Mögliche schiefgehen. Und meistens macht der Teufel von seinen Möglichkeiten Gebrauch! Hier geht es um Pannen, für die eigentlich niemand richtig etwas kann. Warum sie gerade bei Dates so oft auftreten?? Vielleicht, weil beide Beteiligten etwas nervös sind und ungeübt im Umgang miteinander. Das ist wohl die beste Voraussetzung dafür, dass etwas Peinliches passiert!

Feuriges Date. ***Alexandra (29):*** *Joe hatte sich richtig ins Zeug gelegt und bei sich zu Hause ein Vier-Gänge-Menü für mich gezaubert. Zum Nachtisch sollte es etwas Flambiertes geben, Crème brulée, und wie der Teufel es so wollte, fingen erst ein Blumengesteck, dann die Servietten und dann die Tischdecke Feuer. Er geriet total in Panik, rannte in den Hausflur und kam mit einem Feuerlöscher wieder. »Scheiße, scheiße, wie geht das!?«, schrie er hysterisch und versuchte, die Gebrauchsanweisung auf dem Feuerlöscher zu entziffern. »So ein Scheiß, ich hab das Ding noch nie benutzt, wie geht das?« In der Zeit hatte ich bereits einen Kochtopf mit Wasser gefüllt. Den schüttete ich auf die Flammen und sie erloschen mit einem ergebenen Zischen.*

Extensionsskalp. ***Mo (26):*** *Erstes Date, erster Kuss. Ich wuschelte in ihren tollen blonden Haaren, als ich plötzlich ihr Haarteil in der Hand hatte. Während ich sie weiterküsste, versuchte ich, ihr das Teil wieder aufzustecken, aber irgend-*

wann griff sie panisch an ihren Kopf und merkte, dass da etwas nicht stimmte. Es war ihr total peinlich, und die Stimmung war hinüber.

Schildkröte zertreten. ***Tina (32):*** *Mein Date mit Johannes stand unter einem gänzlich ungünstigen Stern. Erst wurde mir in der Bar meine Marc-Jacobs-Handtasche gestohlen. Dann bin ich mit zu ihm und trat mit meinen Highheels versehentlich auf seine über den Küchenfußboden krabbelnde Lieblingsschildkröte Hertha, ein lebendes Erbstück seiner Oma, die ihn großgezogen hatte. Wir brachten sie in die Notfall-Tierklinik. Von solchen Omen sollte man sich nicht abschrecken lassen: Heute sind Johannes und ich ein Paar, und auch Hertha geht es wieder blendend.*

Promille-Power. ***Maike (23):*** *Ich war vor meinem Date so schrecklich nervös. Meine Mitbewohnerin überredete mich zu einem Schluck Wodka, um mir Mut anzutrinken. Gut, es war ein Date zum Nachmittagskaffee. Es lief dann auch nicht so toll: Er beendete das Date ziemlich hastig. Ich schrieb ihm hinterher eine SMS, was denn los gewesen sei und ob wir uns wiedersehen, und er schrieb zurück: »Du hattest eine Fahne, das hat mich total irritiert. Irgendwie nicht so mein Style.« Ich kam mir vor wie eine Alkoholikerin, dabei war das echt die totale Ausnahme.*

Atemlos I. ***Nicola (33):*** *Ich war mit Marcus im Café Oberholtz in Berlin-Mitte, und er aß einen Caesar Salad. Plötzlich verschluckte er sich fürchterlich und lief blau an. »Trink von meinem Wasser«, sagte ich, doch Marcus winkte an: »Geht schon, geht schon.« Leider wurde es immer schlimmer. Alle anderen Gäste sahen inzwischen von ihren iPads und Macbooks auf, aber keiner half. In meiner Verzweiflung fragte ich den Kellner, ob er irgendetwas tun könne. Er entgegnete nur mit spanischem Akzent: »Sorry, no german.« Ich schrie* *ihn an: »Call 110, you motherfucker, avanti!« »Do not shout me«, giftete mich der Kellner an. »I only shout at you because my friend is dying!«, kreischte ich daraufhin panisch. Ich schien damit nicht zu übertreiben: Marcus' Gesichtsfarbe vergrößerte meine Panik nur noch, er röchelte bereits. »Wende das Heimlich-Manöver an«, rief mir ein Mädchen mit Ponyfrisur zu. »Wie geht das?«, fragte ich mit Hysterie in der Stimme. Das Mädchen zuckte nur mit den Schultern. »Warte, ich google das!«, sagte ein Hipster mit Nerdbrille und Häkelmütze. Ich drückte währenddessen hilflos an Marcus herum und klopfte auf seine Schultern. Seine Augen schienen mir zu sagen: »Hilf mir, hilf mir!« Aussprechen konnte er die Worte nicht. »Bitte huste doch!«, flehte ich ihn an. »Huste das aus! Wenn du jetzt nicht hustest, hast du ein Leben lang einen Croûton in der Lunge!« Das sagte ich, um ihm Mut zu machen – was das Leben betraf, sah ich inzwischen schwarz für ihn. Da kam ein Mann im blauen Overall, der gerade Getränkefässer angeliefert hatte, schlug Marcus zwischen die Schulterblätter, umklammerte dann von hinten seinen Bauch und drückte ruckartig zu. In einem hohen Bogen spuckte Marcus den Croûton aus, der zielsicher und verfeinert mit Blut und Schleim in meinem Ausschnitt landete. »Der Heimlich-Griff! Das war er«, freute sich der Hipster und hatte seine iPhone-Kamera auf das Geschehen gerichtet. Ich bin sicher, das landete irgendwo im Netz.*

Angriff des Killer-Vorhangs. ***Franzi (28):*** *Ich betrat das Café, in dem er wartete. Verhedderte mich am Türvorhang, riss ihn runter, sah nix mehr, warf Tische um. Der Scheißkerl filmte das, stellte es auf YouTube. Hatte mehr Klicks als das letzte Video von Lady Gaga.*

Angriff der Killer-Nuss. ***Friedrich (43):*** *Wir im Asia-Lokal: Sie fragte, ob das Essen ohne Nüsse ist. Der Kellner: Ja, schon.*

Nach dem Essen: Allergischer Anfall, sie zuckte, röchelte, war leichenblass. Notaufnahme.

Fliegendes Fleisch. ***Julia (31):*** *Im Nobel-Restaurant. Er machte den Macker, bestellte für mich, zeigte, wie man das Bestellte isst. Dann zersägte er sein Entrecôte. Es flog quer vom Teller durch den Raum. Ich lachte. Er nicht.*

Sexpillen-Panne. ***Claudia (23):*** *Date im Vapiano. An der Kasse. Er zückte sein Portemonnaie, zog den Schein. Kleine blaue dreieckige Pillen kullerten auf den Tresen und den Boden. Er wurde sehr rot.*

Fragwürdige Uniform. ***Mandy (33):*** *Er kam direkt vom Dreh, Minirolle als DDR-Soldat, in Uniform, zu mir nach Pankow. Wir hatten ja nicht mit den Reaktionen der Leute gerechnet! Manche Ur-Ossis haben applaudiert, andere geschimpft und uns sogar aus dem Fenster mit altem Gemüse beworfen. Wir standen knapp vor einer Straßenschlacht!*

Die Rache der Dorade. ***Katinka (35):*** *Restaurant von mir ausgewählt. Ich empfahl Joseph die Dorade. Bestellte sie auch. Kriegte dann Hunger auf eine Pizza. Bestellte um. Er blieb bei dem Fisch und fing sich einen hammerharten Darmvirus ein. Machte sich fast vor mir in die Hose, blieb eine Woche lang krank.*

Joseph (32): Ich dachte, diese Hexe hat mich vergiftet. Heute sind wir zwar zusammen, aber Katinka darf mir niemals meine Speisen aussuchen. Und ich esse nie wieder Dorade.

Zaun-Unfall. ***Mareike (24):*** *Es war das dritte oder vierte Date, als wir an einem See spazieren gingen und er lässig über einen Zaun sprang, der den Weg versperrte. Er wollte mich wohl beeindrucken, ratschte sich aber die Hose auf und auch die Boxershorts, so dass kurzzeitig sein Gemächt freigelegt war. Zuerst war ich genauso erschrocken wie er, aber dann stellte ich fest, dass er nicht verletzt war und konnte mich nicht* *mehr halten vor Lachen. Er reagierte jedoch völlig humorlos, schnauzte mich an, ich solle die Klappe halten, und stapfte wutschnaubend davon.*

Depressive Busenfreundin. ***Peter (31):*** *Ich datete Viola schon eine Weile. An jenem Tag hatten wir eine Radtour mit Picknick geplant. Überraschung: Ihre Freundin Mona kam mit. Viola musste sie mitnehmen, weil sie gerade von ihrem Freund verlassen worden war. »Ich kann sie jetzt nicht allein lassen. Nicht in diesem Zustand«, sagte sie. Ich hatte alles so schön vorbereitet, doch Mona heulte und jammerte die ganze Zeit. Dann stopfte sie meinen teuren Käse in sich hinein, als sei es billige Schokolade, fluchte über ihren Ex und wünschte ihm kontinentgroße Tumore an die Organe, danach heulte sie wieder, wie sehr sie ihn vermisse. Als Viola und ich es wagten, in einem unbeobachtet geglaubten Moment ein Küsschen auszutauschen, jaulte sie auf wie ein verwundeter Hund: »Arrrrrghhh! Es ist noch zu früh für mich, um liebende Paare um mich herum zu ertragen!« Schnell stopfte sie sich mein Ciabatta in den Mund. Auf den Magen schlug ihr der ganze Trennungsschmerz jedenfalls nicht.*

Blut-Drama unter Palmen. ***Franzi (28):*** *Während meines Animateur-Jobs auf Fuerte. Date mit Dan. Er wollte mit mir Kite-Surfen. Schlimmer Unfall: Er schlug mit dem Kinn auf einem Tretboot auf.*

Dan (29): *Ich wollte Franzi mit der Kite-Surf-Nummer beeindrucken – und das Date endete im Blut-Drama. Eine Woche Krankenhaus. Sie kam jeden Tag. Bis heute sind wir ein Paar.*

Blut auf Eis. ***Olivia (27):*** *Er wollte sich auf der Eisbahn treffen. Mein erstes Mal. Er kufte gottgleich. Mich lachten die Teenies aus. Ich schlitterte gegen ein älteres Paar, die beiden stürzten, und ich fuhr ihnen über die Hände. Splatter on Ice!*

Unter Prostitutionsverdacht. ***Tina (32):*** *Ich hatte ein Date mit einem Mann, den ich von einem Dating-Portal kannte. Treffpunkt: eine Hotelbar. Ich hatte mich schick gemacht, enger Rock, Killerabsätze. Da saßen nun ein paar einzelne Herren, und mindestens drei von ihnen hätten mein Date sein können. Also trat ich auf den ersten zu und fragte: »Sind Sie mein Date?« »Leider nicht«, sagte er und sah mich irritiert an. Ich ging zum zweiten Mann, der an seinem Tablet saß, und wollte nun nicht mehr diese blöde Frage stellen. Also sagte ich: »Entschuldigen Sie, darf ich fragen, ob Sie auf jemanden warten?« Da kam der Kellner auf mich zu und sagte: »Darf ich Sie bitten zu gehen? Prostitution ist in unserem Haus nicht gestattet.« In dem Moment trat der richtige Kerl an mich heran und fragte mich: »Sind Sie Tina?« Der andere Mann sah ihn an, und ich konnte seine Gedanken lesen: ›Du bist also ein Freier, Kollege …‹ Der Kellner verzog sich kopfschüttelnd. Mir war das Ganze enorm peinlich. Ach ja, und das Date war auch nix.*

Date im Panik-Restaurant. ***Yvonne (24):*** *Mein erstes Date mit meinem jetzigen Freund war insofern eine Katastrophe, als dass wir uns das ungemütlichste Thai-Restaurant von Berlin ausgesucht hatten – Hauptsache hip! Wir mussten Schlange stehen, wurden dann von topmodisch frisierten Thailänderinnen gnädig an ein winziges Tischchen gescheucht, an dem wir unseren Sitznachbarn so nah waren wie im Billigflieger. Wir bekamen die Karte hingeknallt und mussten uns sofort für ein Gericht entscheiden. Nun, die Entscheidung fiel nicht schwer, denn es war alles aus bis auf ein Gericht. Das kam dann wundersamerweise nach zwei Minuten und wurde uns wieder entrissen, noch ehe wir fertig waren. Sofort folgte die Rechnung, während schon ganze Hipster-Touristengruppen auf unseren Tisch lauerten. Ein Gespräch konnte so nicht zustandekommen. Wenigstens verbeugten die Kellner und*

Kellnerinnen sich zum Abschied und sagten: »Kobkun krab, la gon krab.« Heißt auf Thai wohl so viel wie: »Buddha sei Dank, verschwindet ihr Lahmärsche endlich.«

Als ich einen Flamenco zu viel tanzte. ***Kassandra (32):*** *Ein Date im Urlaub! Das kann ja nur unbeschwert sein! Ohne dass die drückende Frage im Raum steht: Gibt es eine Zukunft? Nein, gibt es nicht, und weil das also geklärt ist, kann man ganz das Hier und Jetzt genießen. Ich hatte meiner besten Freundin Mona die Barcelona-Reise geschenkt. Sie hatte es verdient, weil sie eine ziemliche Pechmarie gewesen war. Euphorisch stürmten wir am ersten Abend die nächstbeste Tapas-Bar, Mona bestellte eine Paella und beschimpfte mich als provinziell, weil ich keinen Fisch mag. Ein hartnäckiger Brechdurchfall fesselte sie die nächsten Tage ans Hotelzimmer. Also schlenderte ich alleine durch die Gassen und lernte Luis kennen, der in einem Café arbeitete und Musiklehrer war und wohl auch gerne Siesta machte.*

Wir verabredeten uns für den nächsten Tag am Strand von Barceloneta. Ich war hingerissen, als er tatsächlich erschien. Diese dunklen Wuschelhaare, die langen Wimpern, die Armbändchen und Kettchen mit Amuletten! Sein Englisch war erbärmlich, aber wen kümmert das, wenn er Gitarre spielt und dazu Folk-Pop oder Zigeunerweisen singt? Es ist gut, dass ich keine Familie habe: Da müsste nur so ein Hippie-Junge mit Gitarre kommen und mit seinen langen schwarzen Wimpern klimpern, und ich würde auf sein rostiges Vehikel steigen und Kind und Kegel und Eigenheim mit Poggenpohl-Küche verlassen, ganz übel.

Luis nahm mich auf seinem Roller mit auf den Montjuic-Berg, unter uns die Lichter der Stadt und der Hafen, über uns die Sterne, und wir küssten uns. In dem Moment stimmte alles. Es war der Knall im All. »You eyes like a star falls from

heaven«, sagte er. Von spanischen Hippiejungs kann ich auch Augen-Komplimente gut ab, ein deutscher Anwalt hingegen würde sich für so einen Stuss eine fangen.
Der Hippiejunge war zwar auch schon 28 Jahre alt, wirkte aber noch so hoffnungslos verantwortungslos und war dazu hinreißend romantisch. Als er mich bat, die Nacht mit ihm zu verbringen, sagte ich einfach »Sì«. Es überraschte ihn nicht: Mädels aus dem Norden fackeln nicht lange, wenn die Gelegenheit gut ist, das hat sich in den Mittelmeerländern herumgesprochen! Er fragte nach meinem Hotel, ich bedeutete ihm, dass dort eine Freundin liege, die ganz oft aufs Klo müsse. »We go my place«, sagte er. Na klar!
Dass wir fast eine Stunde durch irgendwelche Vororte bretterten, in denen sich zeigte, dass Spanien nicht nur Plaza und Playa und Promenade und Pinienwald bedeutet – nun ja. Endlich kamen wir an, in ein irgendwie zusammengewürfeltes Haus, dessen Grundlage ganz sicher keine Baugenehmigung war. Durch ein rostiges Tor betraten wir einen Hinterhof, schoben ausufernde Rhododendronbüsche zur Seite, Grillen zirpten, wir scheuchten ein paar Katzen auf, die Luis beim Namen nannte. Mir war mulmig zumute, gleichzeitig lobte ich mich innerlich für meine Abenteuerlust. Ich mochte manchmal beknackte Entscheidungen treffen, aber ich langweilte mich nie mit mir!
Über eine Außentreppe erreichten wir eine Wohnung, eine kleine Diele, in der es stark nach Desinfektionsmittel roch. Dann waren wir in einer winzigen Stube – ein Jungenszimmer mit ein paar Wimpeln des FC Barcelona, einem Globus, einem schmalen Bett, einer alten Kommode und einem riesigen Flatcsreen, und überall lagen Sachen herum, CDs, Bücher (Carlos Castaneda, J. D. Salinger, Gabriel Garcia Marquez, Francisco Umbral), Klamotten, Turnschuhe. Luis mur-

melte irgendwas, was ich als Entschuldigung für die unordentliche Kammer verstand, und dann saßen wir auf dem schmalen Bett, und er streichelte verlegen meine Hand. Ich hatte den Impuls zu flüchten, denn ich hatte nun doch etwas erwartet, das man Wohnung nennen konnte. Aber mit welcher Ausrede sollte ich das hier abbrechen und dabei diesem heißen Burschen in die lang gewimperten Augen schauen? Wie nach Hause kommen? War es draußen vielleicht gefährlich? Gab es hier Taxis? Und warum sollte ich die Sache nicht zu Ende bringen, ich war doch kein Feigling und der Typ wirklich süß!

Also zog ich ihn an mich und küsste ihn. Was folgte, war unbeholfen, niedlich, manchmal ein bisschen peinlich, aber es hatte seinen Charme, wenn wir nur nicht immer von diesem schmalen Kajütenbett gekracht wären. Ich will mich beim Sex nun mal bewegen, dafür war das Mobiliar schlicht nicht geeignet.

Schließlich spürte ich unerwartet einen Moment der Ekstase, und ich bin es nicht gewohnt, mich zurückzuhalten. Ich wollte meine Lust hinausschreien – doch Luis hielt mir den Mund zu. Schlafen war auch ein Problem, unsere klebrigen Körper hatten keinen Platz auf dem Bett. Luis wies mir den Weg durch den dunklen Flur zu einem kleinen WC und verschwand in einem anderen Raum. »This is kitchen, there is couch, I sleep there«, erklärte er mir und verabschiedete mich mit einem Kuss. Plötzlich lag ich allein in seinem Jungszimmer, was ganz angenehm war. Es fühlte sich aber auch seltsam an, gerade hatte ich noch die Intimität eines anderen Körpers gespürt, nun lag ich allein in einem ausländischen Raum. Ich sah mich um und hörte, was die Gegenstände mir für eine Geschichte erzählten. Es war die Geschichte eines musikalischen und etwas chaotischen Jungen, der Fußball mag und

die Rockband La Oreja de van Gogh und auf italienische Filme von Visconti und Fellini steht und offenbar Shakira für die Erhörung seiner heißesten Fantasie hält.
Eine freundliche Geschichte, und ich schlief beruhigt über dem Rattern der Klimaanlage ein. Als ich aufwachte, orientierte ich mich zunächst, ohne Panik, aber zügig. Ich suchte nach dem Faden meiner Biographie, mit dem ich dort anknüpfen konnte, wo ich gestern aufgehört hatte, und fand ihn glücklicherweise bald. Gitarre am Strand, billiger Rotwein, eine Rollerfahrt in Vororte, seine kleine Wohnung, ein Intermezzo auf dieser schmalen Matratze, das, wenn man mal ein Auge zudrückte, durchaus als Sex durchging. Luis hatte sich aus Platzgründen auf die Küchencouch schlafen gelegt. Und ich lag nun hier. Katzen miauten auf dem Hof, ich hörte spanische Männerstimmen und so etwas wie eine Schubkarre. Und ich beschloss, mich wohl zu fühlen. War es nicht wild und verrückt, nackt in einer kleinen Jungswohnung in einem Vorort von Barcelona aufzuwachen?
Ich stand auf und betrachtete meinen Körper in den billigen Spiegelkacheln, die an die Tür geklebt waren. Ich fand mich verrucht und sexy und verrückt und legte mir seine sämtlichen Muschelketten und Amulette, die an einem Haken hingen, um den Hals, und verließ das Zimmer. Nackt bis auf den Schmuck. Ich bin gerne nackt, vor allem im Urlaub, vor allem im Süden. Ich trat in die Diele, suchte das WC auf, dann wollte ich Luis überraschen, mit meiner Nacktheit, und so den Zauber der Nacht noch erhalten, ihm zu verstehen geben, dass ich keine kühle Deutsche bin, die abgebrüht zum Alltag übergeht, nur weil es wieder hell ist. Der Rest Rotweinrausch von gestern war da durchaus hilfreich.
Ich ging auf die Küchentür zu, hinter der ich Luis vermutete. Ich hörte spanische Musik aus der Küche und dachte mir,

mach Platz, Shakira, denn hier kommt Kassandra, das Heißeste, was Kassel je hervorgebracht hat! Also öffnete ich die Tür und tanzte mit einem wilden Flamenco-Hüftschwung hinein, drehte mich derwischgleich, wackelte mit dem Po und dem blanken Busen, mein langes rotes Haar rotierte, die ganzen Ketten, die ich mir umgelegt hatte, schwangen und rasselten. Dann sah ich, dass eine ganze Großfamilie am Küchentisch saß. Eine spanische Mama, ein strenger Papa, eine zahnlose Oma, ein Teenager-Girl mit sehr langen Haaren und zwei kleine Jungs und auch Luis. Richtig, jetzt fiel es mir wieder ein: Südländische Männer wohnen ja ewig noch zu Hause!

»Hola!«, grüßte ich lächelnd in die Runde. Was sollte ich auch sonst sagen?

Dating-Tricks

- **Thriller-Trick.** Bei einem Date können wir uns den sogenannten Velours-Effekt zunutzemachen. Wenn wir etwas unternehmen, das uns Aufregung verursacht, verbinden wir dieses Gefühl mit unserer Begleitung – wir werden konditioniert. Also: Ab zum Base-Jumping, dem Fünffach-Looping, zum Rafting oder zum Kletter-Parcours!
- **Bewegungstrick.** Sorgen Sie dafür, dass Bewegung ins Date kommt. Sitzen Sie sich die ganze Zeit an einem Tisch gegenüber, entsteht eine Barriere, die Sie nur schwer überwinden können. Bei einem Spaziergang etwa ist es viel einfacher, sich »zufällig« zu berühren.
- **Fortsetzungstrick.** Wenn Sie den Abend beenden möchten, sich aber eine Fortsetzung wünschen, machen wir am besten schon während des Dates das nächste Treffen aus. Wir

umgehen damit das zermürbende Hab-ich-den-Test-bestanden-Wissens-Vakuum und setzen ein starkes Signal: Ja, es war schön heute Abend. Du gefällst mir. Wir beenden unser Treffen, aber haben einen Ausblick auf die Zukunft. Wir ersparen uns beiden die Wer-ruft-nach-wie-vielen-Tagen-an-Phase.

- **Kletten-Trick.** Bleiben Sie nach einer gemeinsam verbrachten Nacht zusammen, so lange, wie es möglich ist. Wenn wir flüchten, verhindern wir, dass der Zauber des Morgens seine prägende Wirkung entfaltet. Wer die Liebesnacht mit einem gemeinsam verbrachten Tag fortsetzt, erhöht seine Chance, ein Paar zu werden.

Date-Crasher Nr. 2: Gefloppte Gespräche

Ein Date dient dazu, sich zu beschnuppern. Wir Menschen schnuppern mit den Ohren. Denn wir tauschen uns hauptsächlich über die Sprache aus. Mit unseren Worten versuchen wir, ein Bild von uns abzugeben – aber nicht immer wird das Bild vom anderen so gesehen, wie wir es zeichnen wollten. Oftmals entlarven wir uns stattdessen und kommen ganz anders rüber als beabsichtigt. Je mehr Ängste und Unsicherheiten wir verbergen wollen, desto größer wird die Gefahr zu scheitern, was dann die Ängste und Unsicherheiten wiederum verschärft. »Sei einfach der, der du bist!«, heißt es daher oft. Sagt sich so, aber: Wer bin ich denn?

Das Gespräch ist die Königsdisziplin bei jedem Date. Oftmals reden wir aneinander vorbei. Aber wenn es gutläuft, geraten wir in einen gemeinsamen Fluss. Dieser Fluss kann uns in einen Zustand namens Liebe schwemmen, scheinbar ganz von selbst, obwohl doch auf seinem Weg tausend kleine und große Entscheidungen gefällt werden. Wenn Sie dann irgendwann miteinander schweigen – und es anders als beim Date nicht mehr als unangenehm empfinden –, haben Sie es geschafft!

Worauf Sie beim Date-Talk achten sollten

- Stellen Sie Fragen. Das ist die einfachste Methode, ein Gespräch in Gang zu halten, Interesse am anderen zu zeigen und ihm ein gutes Gefühl zu geben. Dennoch vergessen das die meisten, weil sie zu sehr mit sich selbst beschäftigt sind.

Fragen Sie nach dem Leben des anderen, stellen Sie banale Fragen (»Was ist morgens das Erste, was du machst?«, »Wo bist du geboren?«) oder ausgefallene (»Wo war dein schönster Urlaub?«, »Was würdest du gerne noch lernen?«, »Welche drei Dinge rettest du, wenn dein Haus brennt?«). Hauptsache: Sie fragen!

- Konzentrieren Sie sich mehr darauf, zuzuhören, als darauf, was Sie als Nächstes sagen wollen. Das Zuhören ist für ein gelungenes Gespräch die halbe, wenn nicht sogar die ganze Miete.
- Hören Sie aktiv zu: Fassen Sie mit eigenen Worten zusammen, was Ihr Gegenüber gesagt hat. Fragen Sie, wenn Sie etwas nicht verstanden haben. Stellen Sie interessierte Zwischenfragen.
- Geben Sie etwas von sich preis. Wenn Sie über Ihr Erleben und Ihre Gefühle sprechen, wirken Sie menschlich, sympathisch und greifbar. Damit ist allerdings keine Heultirade gemeint, weil Ihr Ex mit seiner Dentalhygienikerin durchgebrannt ist und nun Zwillinge mit ihr hat – und die besten Zähne seines Lebens.
- Versuchen Sie im Gespräch herauszufinden, was dem anderen wichtig ist. Welche Interessen und Werte hat er? Erfolg, Spaß, Reisen, Familie, Nähe, Bildung, Sport, Harmonie? Welche Worte wiederholt Ihr Gegenüber oder betont er besonders? Das soll nicht dazu dienen, den anderen abzuchecken nach »Match Points«, sondern dazu, sich auf den anderen und seine Welt einzulassen – wenigstens für die Dauer des Gesprächs.
- Versuchen Sie anzunehmen, was der andere sagt, ohne es mit Ihrem Wertesystem zu vergleichen und zu beurteilen. Sie liebt »Twilight«, und Sie möchten sich deswegen am liebsten an den Kopf fassen? Er findet nichts spannender

als Bobbycarrennen? Finden Sie heraus, was den anderen daran fasziniert.

- Betonen Sie Gemeinsamkeiten. Besonders verbindend wirken laut einer Studie der Psychologin Jennifer K. Bosson Dinge, die beide nicht mögen. Ist Ihnen beiden also Dill im Essen ein Graus oder hassen Sie beide die Musik von Lady Gaga, haben Sie eine prima Basis.
- Wenn Sie merken, dass Sie etwas an dem anderen bewerten wollen, sagen Sie sich folgenden Satz, auch wenn er Ihnen banal vorkommt: *Die Menschen sind eben verschieden.*

Pofixiert. ***Sanja (27):*** *Ich traf mich mal mit einem Typen, der redete die ganze Zeit von seinem fantastisch geformten Arsch und beschrieb mir die Übungen, die er dafür machte, faselte von Beinrückheben und tiefer Beinpresse. Wir waren auf dem Weihnachtsmarkt, und er machte mir die Übungen vor, die ihm zu seinem vorzüglichen Hinterteil verholfen hatten. Er streckte dabei den Hintern raus wie eine Ente. Eine Gruppe gut gekleideter Männer ohne Damenbegleitung wurde auf ihn aufmerksam. Ich muss zugeben, er erzielte also eine gewisse Wirkung. Als er aber dann meine Hand nahm, zu seinem Gesäß führte und sagte: »Na, kannst du ein Tablett drauf abstellen, was?«, da ging es mir doch etwas zu weit. Ich antwortete nur: »Ich will darauf doch gar kein Tablett abstellen!«*

Papageien-Frau. ***Michael (40):*** *Ich ging mit einer Frau aus, die wiederholte die ganze Zeit meinen letzten Satz. Etwa so! Ich: »Und als die Zentrale nach München gezogen ist, da wurde mir klar, dass es nun Zeit für mich war, die Firma zu wechseln.«*

Und sie: »Dann wusstest du, es war Zeit zu wechseln.« Das ging ungelogen die ganze Zeit so. Erst hielt ich das für empathisch und dachte, wir unterhalten uns prima, dann fiel mir auf, dass sie völlig mechanisch immer nur einen Satzteil wiederholte. Sie trug überhaupt gar nichts Eigenes zum Gespräch bei!

Hasstirade. ***Silke (37):*** *Der Typ erzählte mir im Restaurant ausschließlich von seiner Ex-Frau und wie sie ihn finanziell über den Tisch ziehe. Am Ende hatte er nicht genug Bargeld für die Hälfte der Rechnung, ich zahlte alles mit meiner Karte.*

Ungebetener Gesundheitsreport. ***Silke (37):*** *Im Restaurant. Dem Typen war es sehr wichtig zu betonen, dass er keinen Alkohol trinkt und nicht Auto fährt. Ich fühlte mich genötigt zu fragen: Und warum nicht? Da breitete er zwei Stunden lang aus, dass er Epileptiker sei und wie sehr ihn das einschränke.*

Schweige-Date. ***Jeff (31):*** *Ich hatte ein Date mit einer Frau, die hatte rein gar nichts zu erzählen. Ich fragte sie, was sie so am Wochenende mache. Sie sagte: »Meist nicht so viel. Ich sehe fern oder so.« Für sie wäre so etwas ratsam wie: ein Leben.*

Heulsuse, männlich. ***Natascha (23):*** *Ich hatte einen Typen bei mir, einen Anwalt, der wollte nur reden, über seinen Job, seine Probleme mit der Familie, dass sie gerade mit einem Therapeuten eine Familienaufstellung machten. Am Ende weinte er betrunken in meinen Armen!*

Bonjour tristesse! ***Nadine (25):*** *Er zeigte mir während des Dates im Café Bilder seiner tristen Heimat. Er stammte aus einer niedersächsischen Kleinstadt. Auf seinen Fotos: eine Fußgängerzone, eine Sportkneipe, eine Kirche, eine Sportaschebahn, ein Friedhof. Ohne Scheiß, ein Friedhof. Warum das Ganze? Ich solle sehen, wo er herkam. Es war das Zweitlangweiligste, was ich mir je angesehen habe, nach einer mehrstündigen Diashow meines Chefs über seine Feuerlandreise.*

Hochspannung. ***Soraya (33):*** *Der Typ fand ganz viel spannend: die Speisekarte. Seinen Job. Die Möglichkeiten, die sich durch 3D-Drucker bieten. Wie Berlin sich verändert. Nahost-Reisen. Ich dachte: Noch einmal das Wort spannend, und ich breche ins Essen!*

Bill killt das Date. ***Marsha (25):*** *Wir gingen nach dem Date zu ihm. Er legte Kill Bill ein und zitierte den ganzen Film. Und nein, Kill Bill ist keine Romantikkomödie.*

Mallorca-Show. ***Yasmin (28):*** *Zweites Date. Er war frisch vom Mallorca-Urlaub zurück. Zeigt mir eine Stunde lang Fotos auf dem iPad. Party, Strand, Altstadthäuser, die mit Wunderblumen überwuchert sind, Katzen, die vor Keramikkrügen sitzen, Gewürzmischungen auf dem Markt. Dazu Storys von Leuten, die ich nicht kenne. Öde!*

Niedergeredet. ***Henry (37):*** *Hatte ein Date mit einem Typen, der nur von sich redete. Seine kleinen Neffen und Nichten (sie kostümieren sich gern als Ice-Age-Figuren, wie er mir auf dem Handy zeigte), seine Heimatstadt (Mainz, ist ja nicht so aufregend), seine Bewerbungsgespräche (alle gefloppt, wahrscheinlich hat er die Personaler in Grund und Boden gequasselt). Nicht eine Frage an mich: Wo ich herkomme, was ich so mache … Er schien danach aber das Gefühl zu haben, dass das Date prima verlaufen war – so einseitig kann eine solche Wahrnehmung sein!*

Date-Crasher Nr. 3: Lügner und Angeber

Laut Internet lügt der Mensch 200-mal am Tag. Aber – Newsflash – manchmal lügt auch das Internet. Wahr ist jedoch: Bei einem Date wird oft gelogen, dass die Balken krachen. Dahinter steckt meist keine Bösartigkeit, sondern die urmenschliche Angst, nicht zu genügen – mit dem, der man wirklich ist. Lesen Sie selbst.

Bruchlandung mit Pseudo-Piloten. ***Marcantonio (28):*** *Ich datete mal einen Typen, der sagte, er sei Pilot bei der Lufthansa. Und er konnte eine Menge von seinem Job erzählen, von dem Gefühl etwa, den Vogel sicher aufzusetzen. Zufällig traf ich ihn bei einem Flug von Düsseldorf nach München im Flieger im Einsatz. Allerdings nicht als Pilot. Sondern als Saftschubse. Er verteilte gerade im Akkord die Käsesandwiches in der Economy-Klasse und fragte die Passagiere, ob sie Salz und Pfeffer zu ihrem Tomatensaft haben möchten. Als ich an der Reihe war, tat er so, als kenne er mich nicht.*

Krebs-Lüge. ***Mirella (30):*** *Ich traf einen Typen, den ich aus dem Netz kannte. Beim ersten Date erzählte er mir, dass er sich um sein leukämiekrankes Kind, die kleine Janina, kümmere, die bei seiner Ex-Freundin lebe. Ich fand die Geschichte sehr bewegend, und der Mann stieg in meinem Ansehen. Als er ein zweites Treffen immer weiter hinauszögerte, erklärte er das mit seiner Tochter, die ihm viel Zeit abverlange. Ich hatte* *vollstes Verständnis. Dann verabredeten wir uns, und er ließ mich sitzen. Ich wartete etwa zwanzig Minuten, bis er mir eine SMS schrieb und absagte: Es tue ihm sehr leid, aber seine Tochter sei heute gestorben. Ich fuhr nach Hause, loggte mich in dem Dating-Portal ein und sah, dass er online war. Kam mir komisch vor, dass sich jemand in ein Dating-Portal einloggt an dem Tag, an dem seine Tochter gestorben ist. Also rief ich in der Charité an, in der seine Tochter gelegen haben sollte, und fragte nach einem Kind namens Janina. Es gab keines, versicherte die Schwester mir, weder ein lebendes noch ein gestorbenes. Später erfuhr ich, dass er anderen Frauen ebenso haarsträubende Lügengeschichten aufgetischt hatte.*

Schmierentheater. ***Jan (22):*** *Ich hatte ein Date, das nicht besonders toll lief. Ich kannte sie aus dem Internet, und ich merkte beim Treffen sofort: Sie hatte sich etwas anderes vorgestellt. Als ich von der Toilette wiederkam, sah ich, dass sie auf ihr Handy eintippte. Wenig später klingelte ihr Telefon und sie zog eine Schmierenkomödie ab: »Was, bei dir wurde eingebrochen? Oh mein Gott, das ist ja schrecklich! Lucy, das muss so schlimm für dich sein!« Sie legte auf, sah mich ernst an. »Bei meiner Freundin wurde eingebrochen. Sie ist völlig durch den Wind. Ich muss sofort zu ihr.« Die Nummer war so offensichtlich für den »Notfall« einstudiert, dass es einfach nur peinlich und lächerlich war. Wenn jemand nicht einmal den Mumm hat zu sagen: »Sorry, es funkt nicht zwischen uns, ich möchte jetzt gehen«, dann kann ich nur froh sein, dass ich diese Person nicht in meinem Leben habe. Rejection is God's protection – Ablehnung ist Gottes Art, dich zu schützen.*

Möchtegern-Rockstar. ***Julia (25):*** *Ich kannte mein Date nur von Whatsapp, er hatte mir dort von langen Rocktourneen erzählt, etwa durch die USA. Ich bin selbst ein Rockchick, spiele in einer Band, deswegen hat mich das begeistert. Beim*

Date kam dann heraus, dass er in überhaupt keiner Band spielte, sondern ein fanatischer Depeche-Mode-Fan war und sein ganzes Geld dafür ausgab, zu allen Konzerten hinterherzureisen. Daraus bestanden seine ganzen »Tourneen«.

Rache am Ex. ***Lukas (27):*** *Ich hatte ein Date mit einer Frau, die unbedingt mit mir an einem bestimmten Abend in ein bestimmtes Café wollte. Sie schielte die ganze Zeit unruhig zur Tür, und dann kam ihr Ex rein. Ich kannte ihn, ich wusste, dass er ihr Ex war. Da erst wandte sie sich mir zu, nahm meine Hände und sah mir tief in die Augen. Keine Frage, sie hatte unser Date nur eingefädelt, um ihn eifersüchtig zu machen.*

Die Google-Gängerin. ***Christian (40):*** *Mein schlechtestes Date war eines, das gar nicht stattfand. Ich hatte damals einen kleinen Catering-Service für Partys. Eine Kollegin vermittelte mich an eine Bekannte, die ein Fest plante. Diese Bekannte, Simone, rief mich an und fragte nach meinen Konditionen. Dann rief sie wieder an und sagte, sie hätte meine Stimme sehr sympathisch gefunden, ob ich mich mit ihr treffen wolle. Geschmeichelt sagte ich zu und googelte sie dann. Ich fand ein paar Beiträge über sie – offenbar war sie eine feministische Nackt-Aktivistin, die auf provozierende Weise gegen Heteronormativität kämpfte, was immer das ist. Es gab eine Aktion von ihr, bei der häkelte sie mit ihrer Vagina. Nun, diese Simone war nicht gerade mein Typ. Ich schrieb ihr daher eine Mail, dass ich eine Freundin hätte und mich lieber nicht mit ihr treffen wollte. Auch das Catering sagte ich ab mit dem lahmen Hinweis auf Terminschwierigkeiten. Später postete meine Freundin bei Facebook Bilder von Simones Party. Ein rauschendes Fest, ich hätte dort als Caterer gutes Geld verdient. Dann ein Bild von ihr und der Gastgeberin: Diese Simone hatte nichts mit der gleichnamigen Nackt-*

künstlerin gemein. Sie war wunderschön. Ich ärgerte mich schwarz.

Mogelpackung. ***Janine (19):*** *Ich verabredete mich mit einem coolen Typen aus meinem Berufskolleg, aber statt seiner erschien sein nerdiger Kumpel zum Date. Er habe seinen Freund vorgeschickt, weil er sich selbst nicht getraut hätte, mich um ein Date zu fragen. Ob ich jetzt sauer sei? Ich pfefferte ihm nur entgegen: »Wenn du ein Schnitzel bestellst und einen Salat bekommst, freust du dich dann?«*

Abgeschleppt und ausgeräumt. ***Diane (44):*** *Mein Aufriss aus einer Bar hatte meinen Apartmentschlüssel gestohlen und sich frühmorgens davongemacht. Ich dusselige Kuh glaubte jedoch, ich hätte den Schlüssel nur verkramt, und trat meine Wochenendreise – von der ich meinem Aufriss auch noch erzählt hatte – mit einem Ersatzschlüssel an. Als ich sonntagabends zurückkehrte, war meine ganze Bude ausgeräumt. Dafür war die Tür unbeschädigt und freundlicherweise wieder sorgfältig abgeschlossen.*

Als ich die Wohnung von einem Kumpel lieh. ***Chris (35):***
Es sollte der perfekte Plan sein. »Bitte leih mir deine Wohnung«, bat ich meinen Freund Frank. Denn seine Wohnung ging so: 100 Quadratmeter am Hackeschen Markt, Dachterrasse mit Blick auf Domkuppel und Synagoge, Chaise-Longue und Eames-Chair und Eco-Strahler und Barcelona-Sofa und eine umfunktionierte Industrieküche und Stühle von Panton.

Meine geht so: ein WG-Zimmer bei meinem dauerfurzenden Kumpel Kalle, darin eine Matratze inmitten von zerwühlten, unausgepackten Koffern. Und ein kümmerlicher Ficus, den ich dringend wegschmeißen müsste, was ich aber nicht übers Herz bringe. Kalles Zimmer bot sich auch nicht gerade für Staatsempfänge an, als Quentin-Tarantino-Fan hatte er sich sein eigenes Titty Twister geschaffen, genau, der mexikanische Stripclub aus »From Dusk Till Dawn«, mit einem überdimensionalen Poster von Salma Hayek, die nur mit einer Schlange bekleidet ist, Flipperautomaten, Whiskeybar, Dartscheibe, Hängematte und einem angeranzten Billardtisch.

Ich hatte mein Jurastudium abgebrochen, in London bei einer Musikagentur gejobbt, mich dort hoffnungslos überschuldet, war jetzt in Berlin mit 28 Jahren Praktikant in einer Werbeagentur und abends Barkeeper. Frank war erfolgreicher Banker. Wir hätten es im Freundeskreis moralisch überlegener gefunden, hätte er sich für eine Karriere im Waffenhandel oder Menschenschmuggel entschieden, denn Banker war ja nun das Allerletzte. Wenn es jedoch darum ging, seine Hackescher-Markt-Wohnung zu nutzen, ob für Partys, Sprudelbäder oder chillige Nachmittage auf der Dachterrasse, vergaßen wir unsere Vorbehalte.

Und heute brauchte ich seine Wohnung ganz besonders dringend! Denn mein drittes Date mit Kerstin stand bevor, einer blonden, schönen angehenden Ärztin, die gerade aus Hamburg zu Besuch war. Eine wie Kerstin bedrängt man bei den ersten beiden Dates nicht, doch nun, beim dritten Date, standen meine Chancen gut. Ich hatte Kerstin erzählt, ich sei Werbetexter und Hobby-Barkeeper, kein Wort von meinem Praktikantenstatus. Ich konnte sie unmöglich mit zu mir nehmen, und sie selbst wohnte gerade mit der gefürchteten Irina zusammen, die keinen Männerbesuch duldete. Doch Frank ist großzügig, was seine Wohnung betrifft, er fegte mir den Haustürschlüssel über seinen Stahltisch zu und autorisierte mir den Zugang zu seinen Weinvorräten. Er räumte alle herumliegenden Briefe und Postkarten weg, damit der Adresskopf den Schwindel nicht auffliegen lassen konnte, und druckte mir am Computer ein Klingelschild mit meinem Na-

men aus. Das nannte ich einen Kumpel! Da konnte man echt darüber hinwegsehen, dass er Banker war.
Kerstin schloss aus meinem Tattoo, ich sei ein szeniger Berlin-Typ. In Wirklichkeit ist es so, dass ich rein gar nichts von Berlin weiß und nur aus Zeitschriften oder der Glotze entnehme, was um mich herum alles los sein soll. Die Tätowierung ist in Bierlaune auf Mallorca entstanden. Ich bin ein eher fauler Typ und lebe in einem engen Radius. Kerstin nun wollte, dass ich ihr etwas vom wilden Berlin zeigte. Ich legte mich echt ins Zeug und ging mit ihr in einen Kunstclub mit herablassenden Transvestiten am Einlass, in dem eine Spoken-Word-Performance stattfand. Anschließend tanzte eine wütende britische rothaarige Künstlerin zu Licht- und Videoinstallationen ihre Missbrauchserfahrung, und eine Elektroclash-Sängerin schrie ein Lied über ihre Achselhaare. Zum Abschluss trat noch eine Gruppe von ganzkörpertätowierten Freaks auf, die eine Show im Stil von Jahrmarktsensationen aufführten, sich Nadeln durch die Haut stachen, Feuer spuckten, und man musste kein Hellseher sein, um zu wissen, dass die Jungs zu Hause deftigen Praktiken nachgingen, in denen der Zwergwüchsige der Truppe eine tragende Rolle spielte.
Kerstin war begeistert von so viel Berlin-Dekadenz und sah die Zeit gekommen für eine Portion Berlin-Sex. Als ich sie auf der Straße fragte – gerade überholte uns die Freak-Truppe in einer viktorianischen Kutsche –, ob sie noch einen Wein trinken wolle, in einer Bar oder bei mir, da flötete sie: »Ach, ich würde schon gern mal wissen, wie du so wohnst!«
Triumphierend schloss ich die Tür zu Franks Wohnung auf, ich hatte ein bisschen Probleme mit dem Schloss. »Wow!«, sagte sie, als sie durch die Zimmerfluchten wandelte. »Das ist ja riesig! Wenn du mal ausziehst, könnte man eine Shopping-Mall daraus machen!«

»Ja, ich muss wohl wirklich bald raus, der Besitzer hat Eigenbedarf angemeldet!«, log ich fröhlich, denn sollte es was werden mit mir und Kerstin, konnte ich ihr ja nicht ewig Franks Wohnung als meine präsentieren. Ich würde bald einen gut bezahlten Job und eine anständige eigene Wohnung finden, beruhigte ich mich.

Ich holte eine Flasche Wein aus Franks Panton-Barboy und stand dann vor dem ersten Problem: Wo war der verdammte Öffner? Ich zog alle Schubladen auf, seltsame blitzende Küchengerätschaften, deren Namen und Funktionen mir unbekannt waren, aber kein Öffner. »Was suchst du?«, fragte Kerstin, die zur Küche geschlendert war. »Ach, ich weiß nicht, wo ich den Öffner hingelegt habe«, sagte ich.

»Hier«, sagte Kerstin und reichte mir von einem Haken an der Wand einen Design-Flaschenöffner in Form eines 50er-Jahre-Pin-ups.

Mit einem Weinglas in der Hand begutachtete Kerstin die Küche und las die Gewürze vor: »Safran, Kardamom, Anis … Nicht schlecht. Die meisten Jungs haben nur Pfeffer und Oregano. Du kochst wohl gern?« Auch im Rest der Wohnung entdeckte sie einiges, was ihr gefiel. Zum Beispiel DVDs von Abel Ferrara. »Ich liebe seine Filme einfach!«, jauchzte sie. Dann das Bücherregal. »Ich fass es nicht!«, sagte sie. »Du hast ja alle Bücher von Ian McEwan! Das ist mein absoluter Lieblingsschriftsteller!« »Ja, er ist cool«, sagte ich. Ich hatte noch nie von Ian McEwan gehört. Sie zog ein Buch heraus: »Der Trost von Fremden! Dieses Buch ist der Wahnsinn! Wie beklemmend dort das Eheleben geschildert wird.«

»Ja!«, sagte ich matt. »Beklemmend ist das richtige Wort.«

»Wahrscheinlich ist Sex einfach aufregender in ungeklärten Verhältnissen«, sagte sie kokett, und ich begriff, dass das die Chance war, sie zu küssen und vom Bücherregal abzulenken.

Also machten wir etwas rum, ich führte sie sanft zu Franks Barcelona-Sofa, dann entdeckte sie aus den Augenwinkeln heraus wieder etwas, was ihre ganze Aufmerksamkeit kostete. »Ein Saxophon!« Sie erhob sich und lief zu dem Musikinstrument in einer Zimmerecke. »Spielst du Saxophon?«
»Früher mal«, log ich.
»Ich nehme mir seit Jahren vor, Saxophon zu lernen«, sagte sie. »Ich finde Saxophon so unglaublich sexy. Spielst du mir was vor?«
»Ich werde spielen«, sagte ich, »aber kein Saxophon«, und küsste sie wieder. »Ian McEwan, Abel Ferrara, ein Saxophon, du kochst gerne …«, hauchte sie. »Oh Gott, bei dir stimmt ja alles. Du musst aufpassen, dass ich mich nicht in dich verliebe. Ich könnte anhänglich werden.« Und wir sanken aufs Sofa.
Wir wurden dann noch einmal von einem peinlichen Zwischenfall unterbrochen. Das Festnetz-Telefon klingelte und der Anrufbeantworter sprang an. »Hallo Frankieboy, mein Junge, hier ist deine Mutter, bist du da?«, erschallte eine Stimme. »Hallo? Mein Junge?« Ich drückte einen Knopf, von dem ich glaubte, es handle sich um den Aus-Knopf, stattdessen sprang der Ansagetext ein: »Hallo, liebe Leute, hier ist Frank, ich bin gerade nicht zu Hause.« Ich zog den Stecker raus. Ich sah zu Kerstin, die sich wohlig ans Sofa schmiegte und nicht so aussah, als hätte sie von den ganzen »Franks« etwas mitbekommen. Ich stellte fest, dass es zwar ganz schön anstrengend in einer fremden Wohnung war, dafür aber, wenn ich mir das blonde Zauberwesen dort so ansah, der Plan trotzdem aufgegangen war.
Nach dem grandiosen Sex lagen wir da, kuschelten, ich rauchte eine, sie fragte, ob sie duschen könne. »Hast du ein Handtuch? Du weißt doch, wo die Handtücher sind?«

Blut schoss in mein Gesicht. »Wieso sollte ich nicht wissen, wo die Handtücher sind?«

Sie sah mich ernst, aber gütig an, wie man ein Kind ansieht, das man bei einer Notlüge ertappt hat. »Du wohnst gar nicht hier, oder?«, sagte sie entwaffnend.

»Nein«, gab ich zu. »Woher weißt du das?«

»Na, ich hatte so meinen Verdacht«, sagte sie. »Und dann sah ich die Schublade, aus der Papiere herausguckten, als wären sie hastig hineingestopft worden. Als du im Bad warst, zog ich die Schublade auf. Sie war voll mit Post, die an einen Frank Althaus adressiert war. Und ein Klingelschild lag auch darin.«

»Aber du hast es trotzdem mit mir gemacht!«, stellte ich fest.

»Warum nicht?«, sagte sie. »Ich fand dich süß. Und sich eine andere Wohnung zu besorgen, um mich zu beeindrucken, das hat doch was. Außerdem dachte ich mir, wenn ich nett zu dir bin, bist du vielleicht auch nett zu mir.«

»Wie meinst du das?«

»Dieser Frank … Ist er solo? Stellst du ihn mir vor?«

Ich war so nett. Und tatsächlich wurden Frank und Kerstin ein Paar, das zusammen mit exotischen Gewürzen kochte, Abel-Ferrara-Filme guckte und sich aus Ian-McEwan-Büchern vorlas. Außerdem brachte er ihr das Saxophon-Spielen bei. Und ich hatte meine Lektion gelernt: Tote Gegenstände in einer Wohnung haben ein Eigenleben. Und in ihnen steckt eine Wahrheit, die über eine Liebe entscheiden kann. Zeit, aus dem Titty Twister auszuziehen.

Als ich mich als Stewardess ausgab. *Kerstin (35):* *Nur wer selber schwindelt, kann auch Schwindler entlarven. Dadurch entwickelt man eine Antenne für die kleinen Ungereimtheiten, Nervositäten und Vertuschungsaktionen, hinter denen man sich selbst erkennt: Denn so wie Chris mir eine fremde*

Wohnung als seine eigene unterjubeln wollte, versuchte auch ich schon mehrfach in meiner Dating-Vergangenheit, die Unsicherheiten und Unabwägbarkeiten mit kleinen oder auch stattlichen Lügen zu ebnen. »Geben Sie sich als Stewardess aus, wenn Sie einen Mann rumkriegen wollen!«, las ich einmal in einer Frauenzeitschrift. Ich weiß, wer Tipps aus Frauenzeitschriften befolgt, gilt als plemplem und hat eigentlich sein Wahlrecht verwirkt, denn so jemand sollte nicht über die Geschicke unserer Demokratie mitentscheiden dürfen.

Aber ich dachte, es käme doch auf einen Versuch an. Schließlich hatte ich aus eigener Erfahrung erlebt, wie verstört Männer reagieren, wenn ich erzähle, dass ich Onkologin bin. Krebsgeschwüre sind kein Thema, über das sich jemand unterhalten will. Niemand will wissen, welche Tumore gerade besonders im Trend liegen, niemand will bei einem Flirt mit seiner eigenen Sterblichkeit konfrontiert werden. Dagegen Stewardess! Gut, der Job hat in Zeiten von Billigfliegern seinen einstigen Glamour eingebüßt. Früher eröffnete der Beruf jungen schönen Mädchen die große weite Welt, und wenn sie sich clever anstellten, verwandelten sie sich nach ihrer Laufbahn in Millionärsgattinnen, Politikerinnen oder Sabine Christiansen. Dann kamen die Billigflieger, und plötzlich wurden durch die sechswöchigen Ausbildungskurse Schulabbrecherinnen aufgefangen und entlassene Knastinsassinnen resozialisiert. Waren sie früher alle schlanke Grazien, müssen sie heutzutage nur noch das Idealgewicht eines Flugzeugträgers vorweisen können. Kaum im Amt, nutzen sie den 12-Stunden-Stop-over in London für intensives Clubbing und nerven dann, wohl noch zugeballert mit Ecstasy, mit lustigen Durchsagen. Zwischendurch filmen sie noch eine Orgie mit den beiden Piloten im Cockpit und stellen das auf Youporn.

Dennoch haftet dem Beruf nach wie vor etwas vom Sexappeal vergangener Zeiten an. Die Uniform und der Service-Charakter heizen die Fantasien an, und Jungs haben eine klare Vorstellung davon, was die Aufgaben einer Stewardess sein sollten. Also fühlen sie sich durch die Gegenwart einer Flugbegleiterin weniger verunsichert als durch die einer Investmentbankerin, einer Atomphysikerin oder eben einer Krebsärztin.

Nach meiner Trennung von Frank hatte ich Lust auf unverbindlichen Spaß, und wenn es um unverbindlichen Spaß geht, ist meine Freundin Tessa, eine PR-Managerin, die beste Ansprechpartnerin. Sie war sofort begeistert von meiner Idee, als Stewardess verkleidet loszuziehen. Das war, wie heimlich Halloween zu feiern! Tessa kannte Salma, die tatsächlich Stewardess war und uns ihre Uniformen lieh, mit uns loszog und uns einen Crashkurs in Sachen internationaler Flugverkehr gab.

Kaum hatte ich die Uniform an, fühlte ich mich wie verwandelt, ich legte mein altes Leben ab. Ich fühlte mich verrucht. Ich konnte gar nicht glauben, dass ich sonst in weißen Kitteln mit Blutspritzern und Birkenstocks herumlief, dass ich schon Leichen aufgeschnitten oder meterlange Dickdärme entfernt hatte. Nein, mein Leben waren Lufthansa-Lounges, Hotelbars und spannende Affären mit First-Class-Männern wie Profifußballern, Medienmogulen, Spitzenpolitikern, Formel-1-Managern, Sultanen oder Filmschauspielern. Denn natürlich war ich keine Stewardess für die Ecomomy-Class, die den eingepferchten Passagieren ihr ranziges Käsesandwich an den Latz warf. Ich war ausschließlich für den vorderen Kabinenteil zuständig! Goodbye, Frau Doktor, jetzt kam Kirstie, die Erste-Klasse-Langstrecken-Purserin!

Wir hatten extra kleine Trolleys mitgebracht, in denen sich rein gar nichts befand, und enterten eine After-Work-Bar, die als beliebter Single-Treffpunkt galt. Da ich aus Hamburg komme und nicht viele Leute in Berlin kannte, fühlte ich mich vor unerwünschten Bekannten relativ sicher – und lief prompt einem ehemaligen Kommilitonen über den Weg, der mich ungläubig musterte. Ich sah betreten weg und starrte auf die Deko meines Sex-on-the-Beach-Cocktails. Doch er kam auf mich zu und sagte: »He, bist du nicht Kerstin? Wir waren doch zusammen im Pathologiekurs im Eppendorf-Klinikum. Bei Professor Habicht! Ich bin's, Michael, wir hatten zusammen die mündliche Prüfung!«

»Ja, hi«, sagte ich. »So sieht man sich wieder!«

»Du bist ... Du arbeitest inzwischen als ...?«, fragte er ungläubig, als sei ich in der Pornobranche.

»Ja, irgendwie war Medizin nichts für mich«, sagte ich. »Habe ich gepflegt abgebrochen.«

»Du warst doch die Beste im Semester!«

»Weißt du, immer nur kranke Menschen unter fahlem Neonlicht, das ist doch auf die Dauer ganz schön trostlos und eklig. Jetzt sehe ich die Welt, bin jede Nacht in einer anderen Stadt, und ich habe Toilettensex mit Filmschauspielern und Politikern!«

Schockiert schlich mein Ex-Kommilitone davon, und Tessa, Salma und ich prusteten vor Lachen. Bis auf dieses kleine Missgeschick ging der Stewardessen-Plan voll auf: Wir waren umringt von Jungs, sehr überpflegt, häufig mit Migrationshintergrund. Bodygebuildet statt akademisch gebildet. Dafür nicht so zögerlich, kompliziert, überkritisch, unsicher, vorsichtig und ambivalent wie die Jungs, die ich sonst so traf. Im Gegenteil: Wir bekamen einen Drink nach dem anderen spendiert und Komplimente um die Ohren geballert. Sie waren galant und hofierten uns wie Göttinnen. Wir waren die Göttinnen der Luft!

Verrucht und frei wie ich mich fühlte, gab ich einem Hassan meine Nummer, einem hübschen Typ mit sensationellen Bauchmuskeln, die er mir noch im Laden präsentierte, wie ein Pfau ein Rad wirft. Er zeichnete sich durch ein präzises Bartdesign und goldenen Männerschmuck aus. Nicht das Modell Mann, mit dem sich Kerstin, die Ärztin treffen würde, aber jetzt war ich ja Kirstie, die Flugbegleiterin. Und die war ein echtes Luder. Direkt am nächsten Morgen rief er an. Respekt, Hassan! Ein Akademiker würde drei Tage warten und dann eine mehrdeutige SMS schreiben, die alles offenlässt, oder sich vorsichtshalber nie wieder melden. Doch Hassan fragte mich ohne Umschweife nach einem Date und legte auch die Location fest: das Dreh-Restaurant auf dem Fernsehturm. Er dachte wohl, als Stewardess müsste ich hoch oben in meinem Biotop sein.

Hassan hatte sich herausgeputzt mit einem eng anliegenden, farbenfrohen Dolce-&-Gabbana-T-Shirt, teuren, blitzblanken, italienischen Lederschuhen und einer protzigen Gürtelschnalle. Sein Bart war noch einmal frisch frisiert und durch chirurgisch scharfe Linien abgegrenzt. Er war wirklich süß und höflich und gab sich alle Mühe. Er fragte viel über mein Leben als Stewardess, ich wich den Fragen aus und fragte ihn stattdessen nach seinem Job als leitender Angestellter bei einem Mobilfunkunternehmen. Er betonte die Anzahl der Menschen, die unter ihm arbeiteten.

Er bezahlte mit beiläufigem Gestus die überteuerte Rechnung und hatte anders als ein Akademiker nicht diesen Blick, als erwarte er dafür Standing Ovations. Ich dachte an seinen ganz und gar nicht dem Zufall überlassenen Körper und beschloss mit klopfendem Herzen, ihn mit nach Hause zu nehmen.

Wie ein Pascha lümmelte Hassan auf meiner Couch. Er warf

einen Blick auf meine Coffeetable-Bücher und war leicht irritiert: »Atlas der Gerichtsmedizin? Das Lexikon der Geschwüre? Das ist ja voll krass! Was liest du denn für Bücher? Bist du so eine Psychokiller-Braut?«
»Als Stewardess braucht man medizinische Grundkenntnisse«, sagte ich und massierte ihm den Nacken, überrascht, wie verrucht mich mein neues Ich machte. Hassan zuliebe war ich zu Hause wieder in Salmas Uniform geschlüpft. War dieses Luft-Flittchen überhaupt noch zu bremsen?
»Kannst du mir einen Gefallen tun?«, fragte Hassan.
»Sie wünschen, der Herr?«, fragte ich in meinem besten serviceorientierten Stewardessen-Tonfall.
»Ich habe das mit der Schwimmweste noch nicht so richtig verstanden. Können Sie mir die noch einmal vorführen? So eine Privatvorstellung?«
»Noch so eine unangemessene Frage, und Sie landen gleich über die Notrutsche an der frischen Luft!«, warnte ich ihn sanft.
»Bitte!«
»Nein, ich hab Feierabend. Einen Tomatensaft bringe ich Ihnen aber gerne noch.«
»Bitte, Kirstie, es ist mein größter Wunsch!«
»Also gut!« Ich stand vom Sofa auf und versuchte mich zu erinnern, was die Stewardessen immer so vorm Start veranstalten, aber wie die meisten Passagiere bin ich bei dieser Show schon immer in meine Zeitung versunken oder gleich eingenickt. Ich machte eine paar hilflose pantomimische Bewegungen und fragte: »Gut?«
»Nein«, sagte er. »Das war nicht gut. Ich wäre bei einem Notfall völlig aufgeschmissen.«
›Oh Mann‹, jammerte ich innerlich. ›Ich dachte, das hier hätte irgendwie mit Sex zu tun!‹

Also bewegte ich mich lasziv aufs Sofa zu, warf mein Mützchen in die Ecke, öffnete filmreif meinen Haarknoten, schüttelte meine blonden Haare und sagte: »Im Fall von Turbulenzen werde ich mich ganz persönlich um Sie kümmern, Sir!«

Er zog mich zu sich und küsste meinen Hals. »Weißt du«, sagte ich und war, angeheizt von den ganzen spendierten Cocktails, verwegen wie noch nie zuvor in meinem Leben, »ich bin vorhin erst aus Tel Aviv gekommen, da wird sogar die Flugzeug-Crew beim Check-in ohne Ende abgetastet. Ich hatte also mein Vorspiel schon. Wir können direkt zur Sache kommen.« Und ich nestelte forsch an seinem Gürtel.

»Können wir ins Schlafzimmer gehen?«, fragte Hassan.

»Können wir nicht!«, sagte ich. Mein Schlafzimmer war zugleich mein Arbeitszimmer. Und Regale mit medizinischen Büchern, eine Anatomieskulptur und das Plakat eines menschlichen Darms mit Erklärung der einzelnen Abschnitte würde mir meine Stewardessen-Show kaputtmachen. Aber Hassan leistete auch auf der Couch ganze Arbeit.

Am nächsten Morgen verabschiedete ich Hassan im Hausflur, als plötzlich meine Putzfrau Dorota eintrat, in ihren Armen einen Stapel frischer weißer Wäsche. »Frau Doktor, ich habe Ihre Kittel aus der Reinigung geholt!«, sagte sie.

Hassan guckte zwar leicht verwirrt, stellte aber keine Fragen. Er wollte sich wohl seine Stewardessen-Story, die er seinen Freunden beim Shisha-Rauchen erzählen wollte, jetzt auch nicht mehr zerstören lassen.

Von Opfer bis Aufschneider: Acht Typen, gegen die Sie sich beim Date wappnen sollten

Acht Kommunikationsstile, denen wir beim Dating begegnen können – zusammengestellt auf der Grundlage von Friedrich Schulz von Thuns Klassiker *Miteinander reden 2 – Stile, Werte und Persönlichkeitsentwicklung.* Wenn Sie eine passable Dating-Vita vorweisen können, werden Sie fast jedem schon einmal begegnet sein – oder einer Mischform, denn die meisten lassen sich nicht in eine Schublade stecken. Meist vereint jeder von uns Anteile mehrerer Stile in sich. Je nach Dating-Situation überwiegt mal der eine, mal der andere. Erst im Extremfall behindern die Stile die Kommunikation und sabotieren dadurch das Date.

1) Typus »Rette mich aus meinem Leben!«

Wer gehört dazu? Verträumte Mädels, die den Traumprinzen suchen; verpeilte, lebensunfähige Männer, die eine neue Mutti und keine Partnerin suchen.
Signale: Erzählt schon beim Date von seiner schwierigen Lebenssituation, erhofft sich vom Gegenüber Hilfe, entweder direkt oder indirekt (»Ich weiß nicht mehr weiter«) oder sogar durch Vorwürfe (»Ich hatte mir etwas mehr Verständnis erhofft.«)
Was steckt dahinter? Fühlt sich dem Leben nicht gewachsen. Hat früher starke Abhängigkeit erlebt, vielleicht wurde ihm/ihr alles abgenommen. Oder aber es gab da eine traumatische Verlassen-werden-Erfahrung, die es nun zu kitten gilt. Manchmal verbirgt sich dahinter aber auch Raffinesse: Das Gegenüber versteckt seine starke Seite, damit der andere mit seiner fürsorglichen Seite an der schwachen Seite des scheinbar Hilflosen andockt, der sich so bequem durchs Leben schlawinert.

Rettung: Nicht in die Rolle des Retters hineindrängen lassen, auch wenn das zunächst schmeichelt und man sich stark und gebraucht fühlt. Erzählt der Dating-Partner von seinen Nöten, fragen, was er sich überlegt hat, um aus seiner Misere herauszukommen. Oder ihn bitten, konkret zu werden und zu erklären, was er denn jetzt genau erwartet.

2) Typus »Ich rette dich aus deinem Leben!«

Wer gehört dazu? Möchtegern-Traumprinzen, Helden und väterliche Freunde, patente Mutti-Typen, Frauen, die als taff wahrgenommen werden wollen.
Signale: Thematisiert ständig, wie stark und kompetent er/sie ist. Vermittelt beim Date, dass das Leben so viel besser wird, wenn er einen erst aus seiner Einsamkeit erlöst hat. Er spricht über die Sorgen und Probleme des Dating-Partners, gibt ungebeten Ratschläge und drängt seine Hilfe auf, obwohl man sich doch gerade erst kennengelernt hat: »Ich rufe meinen Kumpel an, der organisiert dir den Umzug« oder »Ich habe noch einen Fernseher, den leihe ich dir, solange deiner kaputt ist«.
Was steckt dahinter? Oft ein eigener, verborgener Wunsch nach Unterstützung und einer Anlehn-Schulter – eine Sehnsucht, die dieser Typus sich nicht eingestehen will. Glaubt, dass jede Bedürftigkeit existenzbedrohend ist und mit Liebesentzug bestraft wird.
Rettung: Überprüfen, ob man hilfesuchende Signale aussendet. Den Ansatz des anderen würdigen, aber das Angebot deutlich zurückweisen.

3) Typus »Ich will ganz für dich da sein!«

Wer gehört dazu? Frauen, die betont brav, aufopfernd und bescheiden auftreten. Männer, die ihre Dating-Partnerin anbeten oder künstlich überhöhen, sie für eine Heilige halten.
Was steckt dahinter? Dieser Typus hat sein »inneres braves Kind« noch nicht überwunden und glaubt, er wird nur geliebt, wenn er sich angepasst verhält.
Signale: Selbstentwertende Sätze wie »Ich bin ja nur eine kleine Sekretärin«, »Was willst du denn mit einem Proleten wie mir?«, »Es ist für mich etwas Besonderes, mit jemandem wie dir hier sitzen zu können« oder »Ich habe so etwas Schönes wie dich gar nicht verdient«. Versucht herauszufinden, wie der/die andere ihn haben will, und richtet sich danach. Erzählt wenig von sich, äußert keine eigene Meinung, bestätigt lieber, was andere sagen, deutet Komplimente negativ: »Ich weiß, du bist coolere Typen als mich gewohnt.« Vorsicht: Erzeugt Schuldgefühle, wenn man sich nicht so verhält, wie dieser Typus es wünscht, zum Beispiel: »Ich bin enttäuscht, dass du nicht noch mitkommen magst.«
Rettung: Den anderen ermuntern, von sich selbst zu sprechen. Nachfragen, wieso er denkt, dass man coolere Typen gewohnt sei, oder was daran schlecht sein soll, eine Sekretärin zu sein.

4) Typus »Ich bin ein Provokateur!«

Wer gehört dazu? Machos, Zicken, Nörgler und Stinkstiefel.
Signale: Fordert heraus, analysiert, interpretiert, klagt alles um ihn herum an, wertet ab: »Ich habe das Gefühl, dass du ganz schön unsicher bist«, »Du machst deine Reisen doch nur, weil du vor dir selbst davonläufst«, »Du hast irgendetwas Schwules an dir« oder »Das Restaurant hat ja wohl total nachgelassen, was für ein lausiger Service«.

Was steckt dahinter? Projektion! Er sieht in anderen das, was er an sich selbst nicht wahrhaben will, also Trauer, Anhänglichkeit, Schwäche. Ein negatives Selbstbild. Ein Schrei nach Liebe!
Rettung: Sich innerlich darauf gefasst machen, dass es auch solche Leute gibt. Abprallen lassen und es nicht persönlich nehmen. Darauf bestehen, auszureden. Sachlich reagieren und sich nicht auf die Beziehungsebene ziehen lassen: »Wenn das deine Sichtweise ist, dass ich schwul rüberkomme, akzeptiere ich das. Allerdings frage ich mich, ob es so etwas wie typisch schwul überhaupt gibt und was das sein soll.« Gegebenenfalls auf die Metaebene wechseln: »Mir ist aufgefallen, dass du vieles, was ich sage, abwertest, und ich fühle mich zusehends unwohl damit.«

5) Typus »Ich bin Superman/Superwoman!«

Wer gehört dazu? Aufschneider, Wichtigtuer und Ego-Monster.
Signale: Weiß alles, kann alles, macht alles richtig. »Ich habe schon mit 25 in Singapur meine erste Million verdient«, »Ich zahle eigentlich nie, wenn ich ausgehe, ich steh immer auf der Gästeliste«.
Was steckt dahinter? Der ständige Druck, besser sein zu müssen, als er/sie ist. Der Gedanke »Ich werde nur für das geliebt, was ich leiste, nicht um meiner selbst willen.« Hat womöglich viele Kränkungen erlitten.
Rettung: Keinesfalls ablehnend reagieren. Ein Angeber könnte dann annehmen, seine Bemühungen noch verstärken zu müssen. Ganz unverblümt vermitteln, dass man den anderen als Person akzeptiert, gerade mit seinen Schwächen: »Du bist eine tolle Frau. Ob du keinen VIP kennst oder ganz viele, spielt für mich keine Rolle.« Wohlwollend von eigenen Schwächen sprechen und so dem anderen Mut machen, sie auch bei sich anzunehmen.

6) Typus »Ich habe die Kontrolle!«

Wer gehört dazu? Besserwisser, Perfektionisten und Pedanten.
Signale: Will alles bestimmen: »Dazu passt doch kein Rotwein«, »Es ist ratsam, hier eine Fischplatte zu nehmen«, »Die Karten besorge besser ich«, »Nein, ich hole DICH ab«, »Du kannst doch jetzt nicht nach Thailand fahren, dort ist Regenzeit«, »Französisch lernen an der Abendschule ist völliger Humbug, du brauchst nur die richtige Sprachsoftware«.
Was steckt dahinter? Der Kontrollfreak hält sich im Grunde für liederlich, chaotisch, verdorben und diszipliniert sich ständig, damit diese Eigenschaften nie zum Vorschein kommen. Und seine Umwelt gleich dazu.
Rettung: Auf keinen Fall auf eine Rechthaberei einlassen. Zermürbt nur. Besser fragen: »Warum liegt dir so viel daran?« oder »Was wäre, wenn ... (wir Rotwein bestellen, ich die Karten besorge, ich fahre)?«

7) Typus »Komm mir nicht zu nahe!«

Wer gehört dazu? Eisblöcke und Unnahbare.
Signale: Redet sachlich, meidet die Beziehungsebene, und wenn, um Abstand einzufordern. Spricht wenig von sich. Wirkt distanziert und verschlossen.
Was steckt dahinter? Hat Angst, sich in anderen zu verlieren und in eine Abhängigkeit zu geraten, die er/sie vielleicht mal als negativ empfunden hat. Ist im Grunde anfällig dafür, sich im anderen aufzulösen – und will es unbedingt vermeiden! Liebe und Nähe empfindet er/sie daher als brisant, gerade weil der Wunsch danach so stark ist.
Rettung: Die mangelnde Nähe nicht persönlich nehmen. Dahinter steckt nicht, dass der andere einen nicht attraktiv findet, sondern genau das Gegenteil. Und das fürchtet er. Geduldig

sein, vielleicht ist die Distanz nur eine Phase zur Selbstklärung, die der Dating-Partner braucht. Von Thun spricht hier davon, ein vermeintliches »Weglaufen« als »Anlaufnehmen« zu betrachten. Akzeptieren, dass der andere anders ist. Nicht analysieren, der Distanzmensch wird sich nach so einer »Grenzüberschreitung« nur noch mehr zurückziehen. Sich selbst und den eigenen Bedürfnissen treu bleiben, statt sich zu Distanztaktiken zu zwingen. Denn deren Effekte sind nur kurzfristig. Sich klarmachen, dass der eigene Wert nicht von diesem einen Dating-Partner abhängt. Einen Holzweg erkennen und eine Verbindung abbrechen – oder, wenn man das nicht will, die Verantwortung für die eigene Entscheidung übernehmen.

8) Typus »Trommel trommel, so bin ich!«

Wer gehört dazu? Plaudertaschen, Selbstdarsteller, Drama-Kings und -Queens.
Signale: Breitet schon beim ersten Date seine/ihre Lebensgeschichte aus. Erlebt anscheinend ständig skurrile Dinge. Verlangt volle Aufmerksamkeit für seine One-Man/Woman-Show. Degradiert den anderen zum Publikum – überlebenswichtig zwar, aber austauschbar.
Was steckt dahinter? Denkt, dass er/sie nur dann gesehen wird, wenn er/sie leuchtet und mit dramaturgisch drastischen Mitteln spielt. Glaubt, dass sich sonst niemand für ihn/sie interessiert. Schafft sich eine neue, überhöhte Identität: wohl aus Scham. Er/Sie ist sicher, es genüge nicht, das zu sein, was er/sie ist.
Die Rettung: Nicht abwenden, der Trommler denkt dann nur, er müsse noch lauter werden. Besser: Gesprächszeit für sich selbst einräumen, deutlich machen, dass man auch etwas zu er-

zählen hat. Situationen schaffen, in denen beide bewusst innehalten, etwa in der Natur, bei einem Klassikkonzert oder einem Museumsbesuch. Häufig hält der Dramatiker Schweigen für bedrohlich – hier kann er umlernen.

Date-Crasher Nr. 4: Falsche Erwartungen

»Vielleicht hast du zu hohe Erwartungen.« Bestimmt kennen Sie diesen nett gemeinten Satz von Freunden, wenn es um die Frage geht, warum eine großartige Person wie Sie noch Single ist. Wie aber, denken Sie dann vielleicht auch, können Erwartungen zu hoch sein, wo es doch um ein so wichtiges, so hehres Ziel wie die Liebe geht? Wenn ich von einem Menschen, mit dem ich mein Leben teilen soll, nicht viel erwarten soll, von wem denn dann? Tatsächlich scheitern Dates weniger an zu hochgeschraubten Erwartungen als an zu unterschiedlichen Vorstellungen. Denn jedes Date ist ein komplexes System aus gegenseitigen Erwartungen. Da ein Date zwanglos erscheinen muss, um zu gelingen, fragt niemand bei einem ersten oder zweiten Treffen: »Was erwartest du von mir?« Stattdessen versuchen wir, die Erwartungen des anderen an den Signalen, die er aussendet, abzulesen. Und wir versuchen herauszufinden, was der andere wohl für Erwartungen in uns liest. So spiegeln sich die Erwartungen ins Unendliche. Und manchmal kracht das ganze komplizierte System scheppernd zusammen.

So gehen Sie mit Erwartungen um

- Erwarten Sie von einem Date nur eines: eine interessante Erfahrung, die Sie irgendwie verwerten werden.
- Sagen Sie sich, dass Sie nicht dazu auf der Welt sind, um die Erwartungen anderer Leute zu erfüllen. Schon gar nicht die eines Menschen, den Sie kaum kennen.

- Genauso ist der andere nicht dazu da, Ihre Erwartungen zu erfüllen.
- Haben Sie den Mut, ein wenig vom Zwanglos-Dogma beim Date wegzurücken (beim Date soll ja alles immer locker und wie selbstverständlich wirken) und ruhig mal zu fragen, was der andere erwartet. Eine Frage wie »Möchtest du, dass ich dich jetzt küsse?« kann weniger krampfig sein als zu versuchen, mit halb geöffnetem Mund und halb geschlossenen Lidern »rein zufällig« in die Gesichtsbannmeile des anderen vorzudringen. Genauso können Sie selbst auch einen Wunsch einmal explizit äußern – dieses ständige Lesen von Signalen bei einem Date kann schließlich ganz schön anstrengend sein!

Vorschneller Facebook-Post. ***Rigo (31):*** *Ich hatte das dritte Date mit Steffen und das erste Mal Sex mit ihm, als er bei Facebook folgenden Post hinterließ: FOUND THE ONE. Den Post verlinkte er mit meinem Profil. Viele Freunde und vor allem viele Freundinnen gratulierten ihm herzerweichend dazu, etwa so: »Mensch, Steffen, du hast es verdient« oder »Ich wünsche euch, dass ihr glücklich werdet bis in alle Ewigkeit« oder auch »Endlich, nach all dem, was du durchgemacht hast.« Der Horror!*

Leben nur für Paare gemacht. ***Stan (35):*** *Cora jammerte mich schon beim ersten Date an, wie schrecklich das Leben als Single sei. Offenbar hoffte sie, ich sei ihr Retter, der diesen Qualen ein Ende bereiten würde. Sie klagte über Pärchenabende, bei denen sie links liegen gelassen werde, über fiese Steuerklassen, hohe Quadratmeterpreise und Einzel-*

zimmerzuschläge auf Reisen. In ihrer Wahrnehmung war die Welt nur für Paare gemacht. Verdammt, wir leben in Berlin, nicht auf der Arche Noah!

Als mein Date nackt im Mondlicht tanzte. *Carsten (35):*

Katinka und Joseph gehören zu diesen Freunden, bei denen man nicht genau weiß, warum man eigentlich mit ihnen befreundet ist. Es muss sich irgendwann einmal ergeben haben, und nun kommt man aus der Nummer nicht mehr heraus. Katinka, eine Halb-Litauerin, erwiesener Justin-Bieber-Fan mit 35 Jahren, ist riesengroß, hat ein breites, rundes, rosiggesundes Gesicht und eine laute Stimme. Sie reißt vulgäre Witze, über die sie selbst am lautesten johlt. Sie trinkt, ohne jemals ein Limit zu erreichen. Müsste ich sie mit nur einem einzigen Wort beschreiben, wäre es dieses: robust. Ihr Freund Joseph ist ein höflicher, etwas stiller Junge aus gutem Hause, hat die Figur einer Turnerin, und seine Hauptaufgabe besteht darin, Katinkas Stimmungsänderungen zu wittern und positiv zu beeinflussen. Eine auslaugende Tätigkeit: Katinka ist so fordernd wie unermüdlich. »Ich bin sooo sauer auf Joseph«, schimpfte sie einmal, und dass er in Hörweite stand, war wohl Teil des Programms. »Wir haben nur noch ein bis zwei Mal am Tag Sex, das ist mir echt zu wenig. Ich bin eine Frau mit Bedürfnissen. Ich glaube, er liebt mich gar nicht mehr richtig. Früher, da zog er mich noch bei jeder Gelegenheit in die Ecke, das ist vorbei. Ich könnte heulen.«

Keiner aus dem Freundeskreis war darüber unglücklich, dass die Sexfrequenz der beiden ein wenig abnahm. Wir erinnerten uns an zu viele Situationen betretenen Schweigens, als Katinka und Joseph Toiletten blockierten (auf Dinnerpartys, in Zügen, Restaurants, Galerien, bei Starbucks) und Katinkas beängstigende Schreie zu uns drangen.

Immerhin meinten Katinka und Joseph es gut mit mir und

organisierten nach meiner Scheidung ein Wochenende in ihrem Ferienhäuschen in Caputh. Dazu luden sie Kassandra ein, die alleinerziehende Mutter einer sechsjährigen Tochter und Arbeitskollegin von Joseph. Sie war von ihrem Ex, einem kroatischen Künstler, von einem Tag auf den anderen sitzengelassen worden. Ich sollte mit meinem ebenfalls sechsjährigen Sohn Amadeus (diesen gänzlich bescheuerten Wunderkindnamen hat meine Ex ausgesucht) kommen, und Katinka und Joseph hatten einen dreijährigen Sohn, Fred, der für sein Alter ungewöhnlich groß war, pausenlos aß und schon ein Burgerking-Menü bestellen konnte, noch bevor er Mama und Papa sagte.

Drei Kinder, ein Horrorpaar und zwei gebrochene Alleinerziehende, die verkuppelt werden sollten, das alles im tiefsten Osten: Mich erwartete die Hölle. Zwei Monate vorher hatte ich todesmutig zugesagt. Als der Termin näherrückte und mir gänzlich die Laune verdarb, verdeutlichte Katinka mir, dass es für mich keine Möglichkeit gab, da wieder rauszukommen. »Und wenn ich dich an deinen Eiern nach Caputh schleifen muss«, sagte sie, und das meinte sie genau so.

Katinka fuhr einen riesigen, umweltoffensiven Range Rover, mit dem sie uns alle in Berlin einsammelte. Sie lässt nicht zu, dass Joseph fährt, weil sie auf dem Beifahrersitz regelmäßig wahnsinnig wird und ihrem Freund ständig ins Lenkrad greift. Sie ist eine Frau, die steuern muss. Amadeus war verängstigt von ihrer Fahrweise, zu Recht, sie schnitt Bordsteine, bretterte über rote Ampeln und benutzte die Hupe, wie Inder es tun, ohne einen bestimmten Anlass, einfach um zu demonstrieren, dass sie auf der Straße war. Ihr Sohn Fred mümmelte an einem Frühstücksburger und sortierte die Gurkenscheiben aus.

Katinka gab sich bestens gelaunt. Sie legte Techno in die Anlage und sang laut mit. Zu Techno mitsingen, Katinka kriegt

es hin. Wir fuhren in den Prenzlauer Berg, um Kassandra abzuholen. Zwei miteinander bekannte Mütter mit Bugaboo trafen sich auf der Straße und hielten dort selbstvergessen ein Pläuschchen. Katinka hielt mit quietschenden Reifen vor ihnen, panisch warfen sich die Mütter über ihre Kinderwagen. »He, ihr Yoga-Mamis!«, brüllte Katinka aus dem Fenster. »Okay, ihr hattet Sex ohne Schutz und seid stolz darauf. Aber ich habe Neuigkeiten für euch: Ihr seid nicht allein auf der Welt, und die Straße gehört allen, also schiebt eure Rinderhintern mitsamt eurer Lendenfrüchte aus dem Weg!« Sie hasste Mütter, obwohl sie selber eine war.
Schließlich stieg Kassandra mit ihrer Tochter Kurami in den Wagen. Katinkas Stimme änderte sich schlagartig, als sie uns vorstellte. Plötzlich gurrte sie lüstern wie eine Bordellchefin, die ihre Mädchen an den Mann bringt. »Kassandra, das ist Carsten, Strategischer Einkäufer bei Siemens, gerade befördert worden. Er verkauft Tornados.« »Triebwerke«, sagte ich. »Die Details könnt ihr ja nachher unter euch besprechen«, sagte Katinka weiter. »Carsten, das ist Kassandra, eine der warmherzigsten Frauen, die ich kenne. Sie kann wunderbar kochen, und sie ist von kerniger Gesundheit. Sie hatte überhaupt keine Beschwerden in ihrer Schwangerschaft. Ihre bezaubernde kleine Tochter ist dann einfach so aus ihr rausgeschwommen.«
»Es war ja auch eine Wassergeburt«, sagte Kassandra.
»Ich war auch eine einfache Geburt, sagt meine Mutter«, sagte Joseph. »Schatz«, sagte Katinka, »du hast ja auch keine Schultern. Da konntest du ja problemlos aus ihr rausflutschen wie ein Stück Seife! Flutschflutschflustch«, und sie verbiss sich in seinem Ohrläppchen.
Kassandra war von allem ganz viel. Ganz viel Busen, ganz viel Haar, ganz viel schweres Patschuli. Sie sprach mit sanfter Stimme bedachte Worte, ihre Bewegungen waren langsam

und weich. Ich spürte, dass sie Schmerz erlitten und Maßnahmen dagegen ergriffen hatte: Therapie, Selbsterfahrungstrips, Buddhismus, Reiki-Yoga, Tantra, Transaktionsanalyse. Ihre Tochter Kumari war ein komisches Mädchen mit riesigen, allwissenden Augen, mit denen sie alle Anwesenden abwechselnd schweigend fixierte. Ich stellte mir vor, wie sie sich in der einsamen Hütte zum Teufelskind entpuppen würde, obszöne Flüche gurren, grünen Schleim spucken und mich mit roten Augen anzischen würde: »Du wirst rösten in der Hölle bis in alle Ewigkeit, Carsten!«, um dann ihren Kopf einmal ganz um seine Achse zu drehen. Zwei Nächte, dachte ich. Zwei Nächte.

Am Ziel angekommen, stellte sich schnell heraus: Die Kinder konnten nichts miteinander anfangen. Kumari saß in sich versunken mit ihrer Puppe da und sagte plötzlich ohne Zusammenhang Dinge wie: »Es ist erstaunlich, wie früh dieses Jahr die Hitzewelle beginnt« oder »Die Schwalben müssen in ständiger Angst leben, dass ein Greifvogel sie aufisst. Ich stelle mir so ein Leben sehr anstrengend vor.« Fred köpfte Blumen, ärgerte Katzen, hetzte Enten und zerfetzte einen Tausendfüßer, was Katinka wohlwollend aufnahm. Amadeus malte wie meistens.

Später an diesem Tag gingen Kassandra und Katinka baden; Kassandra wusch sich mit dem Wasser, als sei es ein heiliges Ritual, warf ihre langen nassen Haare nach hinten, Wasser perlte von ihrem großen milchweißen Busen ab. Später schaukelte sie wie ein junges Mädchen in warmen, wellengleichen Bewegungen. Dann eroberte Katinka die Schaukel, eine Zigarette im Mundwinkel, und sie feuerte Kassandra an, sie fester anzuschubsen, sie bekam nicht genug und johlte, wir dachten, sie überschlägt sich gleich. Joseph erzählte mir währenddessen von seinem harten Leben an Katinkas Seite, dass

sie pausenlos Sex forderte, von ihren Wutausbrüchen, und dass sie einmal auf dem Oktoberfest vor Zorn mit der bloßen Hand einen Maßkrug zerdrückt hatte, als er lediglich mit einem anderen Mädchen geredet hatte. »Erzählt er dir, dass ich ihn geschlagen habe?«, unterbrach Katinka uns, frisch von der Schaukel gesprungen. »Das ist Unsinn, ich habe ihn einmal aus Versehen angerempelt, und er ist unglücklich gefallen. Ich würde ihn nie schlagen, das wäre ja, als schlüge ich eine von den Olsen-Zwillingen. Ich liebe ihn doch so, den kleinen Racker!« Und sie nahm seinen kleinen Eichhörnchenkopf und drückte ihre große Zunge in seinen Mund.
Abends beim Grillen unterhielt ich mich länger mit Kassandra, sie erzählte mir von dem Shiatsu- und Yogaunterricht, den sie gab, und dass sie von einem Haus in der Provence träumte, mit endlosen Lavendelfeldern und einem riesigen Esstisch unter Korkeichen, an dem sich jeden Abend die unterschiedlichsten Menschen zusammenfänden. Sie berichtete auch von ihren Indien-Reisen: »Ich kann verstehen, wie man dort austickt. Es ist ein wahnsinnig spirituelles Land, die Frauen in ihren bunten Saris haben so viel Würde.«
Ich erzählte nichts von meinen Triebwerken, obwohl sie danach fragte. Katinka deutete Joseph mit einem zufriedenen Bordellchefinnenlächeln, wie gut Kassandra und ich uns unterhielten, und zwinkerte uns zu. Dann drehte sie einen Joint so groß wie eine Pershing, und bald begannen sie und Kassandra im Mondlicht zu Trancemusik zu tanzen. Anschließend legte Kassandra uns die Tarotkarten. Ich zog den Tod. »Na, toll, prima Aussichten«, sagte ich, und Kassandra versuchte, es schönzureden, indem sie erklärte, die Karte bedeute Veränderung, Loslassen von etwas Altem, das nicht mehr funktioniere usw. Aber plötzlich stand die kleine Kurami mit ihrer Puppe am Türrahmen und fixierte mich mit großen Augen,

sah dann zu ihrer Mutter und sagte in einem ernsten, sachlichen Ton: »Mami, ich habe komisch geträumt!« Zum Glück hatte ich den Joint erwischt und beruhigte mich mit einem tiefen Zug.

Wir schliefen alle in der Hütte, Katinka und Joseph im Bett, Fred, der zehn Stunden durchschlafen konnte, in seinem Kinderbett, Kassandra und ich mit unseren Kindern jeweils auf einer Gästematratze. Ich nahm ihren Schlafgeruch wahr und wollte mich nicht entscheiden, ob ich ihn angenehm oder abstoßend fand. Ich konnte fast die ganze Nacht nicht schlafen, auch, weil Katinka wahnsinnig laut schnarchte. Als ich einmal zur Toilette ging, sah ich, dass die kleine Kurami mich mit hellwachen Augen anstarrte.

Der nächste Tag verlief friedlich. Es gab nur einen kleinen Zwischenfall, als wir im Supermarkt im Ort einkauften und ein Dorfjugendlicher unguter Gesinnung behauptete, der arme Joseph hätte sich vorgedrängelt. »Du kleines tuntiges Berliner Arschloch«, sagte der Jugendliche, doch da bäumte Katinka sich vor ihm auf und schrie: »Gibt es hier ein Problem, du sprechende Mistgabel?« Der Jugendliche zuckte zusammen, die Sache war erledigt.

Wir gingen noch einmal schwimmen und wollten nach dem Mittagessen zurück nach Berlin fahren. Kassandra verhielt sich zurückhaltend. Die kleine Kurami musterte mich mit ihren rätselhaften Augen und sagte dann: »Vielleicht kann meine Mami dir eines Tages etwas bedeuten.« Mir schauderte vor dem Kind. Habe ich es je blinzeln sehen? Ich glaube nicht.

Als Joseph das Mittagessen für uns vorbereitete, nestelte Katinka an ihm herum. Es hatte ihr gar nicht gefallen, dass es in der Nacht unmöglich gewesen war, mit ihm Sex zu haben. Nach dem Essen zog sie uns schnell die Teller weg und sagte: »So, Carsten, Kassandra, ihr geht jetzt mal spazieren und nehmt die Kinder mit. Und ich meine alle Kinder.« Etwas verlegen gehorchten wir dem Wunsch unserer Gastgeberin und zerrten die Kinder den Uferweg entlang. Fred hatte noch seinen Lammknochen in der Hand, an dem er unentwegt nagte. Kurami fixierte mich mit ihrem durchdringenden Blick. Kassandra und ich schwiegen, wir hatten uns gestern Einblicke in unser Leben gegeben und keine weiteren Fragen mehr. Wenn wir sprachen, dann mit den Kindern. Kassandra benannte für die Kleinen Blumen und Bäume, sie war sehr naturverbunden.

»Katinka und Joseph sind schon schräg«, sagte ich, weil ich doch glaubte, eine kleine Brücke zu Kassandra schlagen zu müssen, und wie konnte das besser gelingen, als über Abwesende zu lästern? »Weißt du, Katinka hat mir nach der Scheidung sehr geholfen, und ich bin ihr dafür sehr dankbar. Auf sie ist absolut Verlass«, erwiderte Kassandra. Damit war dieser Versuch auch gestorben.

Wir kehrten nach etwa einer Stunde zurück, Katinka und Joseph schienen gerade fertig geworden zu sein, Joseph sah sehr mitgenommen aus, wie ein Hamster, mit dem eine ganze Kindergeburtstagsgesellschaft zu lange rumgematscht hat. Katinkas Wangen glühten, und sie inhalierte zufrieden eine Zigarette. »Papa, ich will nach Hause«, sagte Amadeus. »Ich will zu Mama.«

»Jetzt geht es noch nicht heim«, sagte Katinka zu meinem Sohn. »Jetzt geht ihr drei Racker schön mit mir und Joseph spazieren!«

»Wir waren doch grad spazieren!«, warf Kassandra ein.

»Genau, deswegen dürft du und Carsten euch jetzt ein bisschen in der Hütte ausruhen, und die Kinder gehen noch mal durch den Wald, weil es so schön war«, befahl sie. Und sie schnappte sich meinen geduldigen Amadeus und ihren tum-

ben Fred, während Joseph die schweigende und widerstandslose Kurami an die Hand nahm. »Viiiel Spaß!«, jubelte Katinka anzüglich.
Kassandra und ich sahen uns an, sie seufzte, zuckte mit den Schultern und begann, das schmutzige Geschirr einzusammeln. Ich half ihr. »Das ist echt peinlich«, sagte ich. »Sie meint es gut«, sagte Kassandra. »Ja«, sagte ich. »Aber es ist wirklich total peinlich«, gab sie dann zu.
Schweigen. »Wir stehen nicht aufeinander«, sagte Kassandra dann in der Küche, als sie das Geschirr auf die Spüle stellte. »Wohl nicht so richtig«, sagte ich. »Du bist mir sympathisch«, sagte sie, die es sich in verschiedenen Therapien angewöhnt hatte, über sich und ihre Gefühle zu sprechen. »Aber du glaubst nur an das, was du siehst, und dein Blick auf die Dinge ist abgeklärt und ein bisschen herablassend. Ich habe den Eindruck, dass dir dadurch viel entgeht. Du glaubst, das, was du über die Dinge weißt und denkst, sei zugleich das Wesen der Dinge, aber da ist so viel mehr, das du auf diese Weise niemals erfassen wirst.«
»Kann schon sein«, murmelte ich, weil ich einfach keine Meinung zu dem hatte, was sie sagte. Vielleicht traf es auf mich zu, vielleicht traf es aber auch auf alle zu. Ich fürchtete, sie verwechselte ihre Horoskopsprache mit Tiefgrund.
»Und was stört dich an mir?«, fragte sie. Auch das noch, dachte ich. »Du bist eine gutaussehende, interessante Frau«, begann ich. »Aber du bist mir zu viel Frau. Du bist überall, deine warme weiche Stimme, dein Haar, dein Busen … du bist diese Art Frau, die, wenn sie in einem Raum ist, ihn ganz einnimmt. Das würde ich nicht aushalten. Da würde ich bald kaum noch atmen können. Was ich sagen will: Ich steh einfach nicht auf dich …«
»Ich auch nicht auf dich …«, wiederholte sie leise.

Ich hatte nicht gemerkt, wie nah wir uns gekommen waren, mit aller Deutlichkeit nahm ich ihren schweren, weiblichen Duft wahr, atmete ihn ein. Ich habe keine Ahnung, wie es passieren konnte, wieso wir uns plötzlich küssten, gierig wie Kinder, die nach einer langen Wanderung über die Spaghetti in der Jugendherberge herfallen. Was folgte, überwältigte uns beide: wilder, animalischer, völlig unvorhersehbarer Direkt-auf-der-Spüle-Sex, ungeschickt und ungelenk zwar, aber auch ungestüm und zwangsläufig, als ob sich unsere innere Natur mit der äußeren verbinden würde. Erst als wir fertig waren, sanken wir auf die Matratze, glücklich, schamhaft. Ich merkte, dass überall an mir ihre Haare klebten.

»Nicht aufeinander stehen ist so sexy!«, waren Kassandras erste Worte danach, und wir dösten seltsam verschlungen ein, aus allen Poren verströmte sie den Geruch von frisch vollzogenem Sex. Und dann sahen wir plötzlich Katinkas breites Gesicht hinterm Fenster durch die Vorhänge spähen, und sie begann zu jauchzen: »Ahhaaa, sie haben es getan! Sie haben es getan! Zur Hölle, sie haben es getan! Joooseph, komm her, sieh dir das an, da liegen sie, frisch gefickt!« Und ich hatte eine kurze Vision, in der Kurami in die Hütte trat, ihre Augen funkelten grün wie bei einem Luchs, und sie sagte mit tiefer Stimme: »Was hast du mit meiner Mami gemacht? Mein Name ist Legion, denn ich bin viele!« Dann spie sie einen zielsicheren Schwall grünen Schleim auf mich, der mir das Gesichtsfleisch vom Schädel wegätzte. Entsetzt fühlte ich mit meinen Händen meine eigenen blanken Wangenknochen zwischen Schleim und Gewebefetzen. Nur eine Vision, Carsten, nur eine Vision!

Kassandra und ich trafen uns nach diesem Wochenende noch einige Male, ehe sie dann die Sache beendete, weil wir uns ihrer Meinung nach außerhalb des Bettes kein Stück aufein-

ander zubewegten und keine gemeinsame Sprache finden würden und schon die Idee, eine Patchwork-Familie zu gründen, das Scheitern in sich trug. Kaum ausgesprochen, machten wir es noch ein letztes Mal, und das toppte alle vorherigen Male.
Ich versuchte, sie wiederzusehen, doch sie blieb konsequent. Durch diesen für mich plötzlichen Abbruch bleibt sie mir bis heute auf merkwürdige Art präsent. Manchmal, bei einem bestimmten Duft in der Natur, wenn ich den Mond sehe, wenn eine Frau ihre Haare schüttelt, muss ich an Kassandra denken, und ich bin froh, dass sie nicht bei mir ist, weil sie mich erdrücken würde. Und zugleich macht es mich traurig.

Wie, kein Sex? ***Sascha (30):*** *Mary benahm sich bizarr, weil ich noch nicht am ersten Abend mit ihr schlafen wollte. Stellte komische Fragen: »Findest du mich nicht sexy? Findest du meinen Hintern zu dick? Stinke ich?« Ich sagte: »Ich mag dich viel zu sehr, als dass ich irgendetwas übereilen will. Wir haben doch Zeit. Es ist meine Art, dich wertzuschätzen.« Und sie: »Das finde ich soooooo süß von dir, wow.« Kurze Pause. Und dann: »Sag mal, bist du schwul? Wäre völlig okay für mich, ich habe viele schwule Freunde. Bist du's?«*

Doppel-Date mit FKK-Freaks. ***Mick (34):*** *Vera und ich hatten es uns mit unseren besten Freunden, Jasmin und Gerald, verdorben: Vera hatte den beiden bei einer Ehekrise geraten, sie sollten bloß zusammen bleiben, weil sie beide nicht gerade aufregend, dafür aber etwas kauzig seien, und nach kurzen unglücklichen Ausflügen ins Single-Leben würden sie sich eh wieder reumütig in die Arme fallen. Da waren beide einträchtig sauer. Also suchten wir ein neues Paar als Freunde. Endlich: Doppel-Date mit Mark und Nina aus dem Partner-Pilateskurs!*

Vera (31): *Wir waren ein bisschen nervös. Erst lief es gut. Dann zeigten Mark und Nina uns ihre Bilder vom FKK-Urlaub in Cap d'Adge und rückten so komisch nah. Unangenehm! An so etwas hatten wir nun nicht gedacht!*

Wer sich nicht sicher ist, ob sein Gegenüber ihn mag, fühlt sich stärker von ihm angezogen. Denn ein kleines Maß an Verunsicherung lässt die Gedanken um den anderen kreisen. Wer seine Gefühle also nicht gleich offen zeigt, hat mehr Chancen auf ein zweites Date (Studie der Wissenschaftler um Erin Whitchurch von der University of Virginia in Charlotteville, vorgestellt in der Zeitschrift »Psychological Science«).

Date-Crasher Nr. 5: Feine Unterschiede

Die Dating-Phase dient natürlich einem Zweck: Sie ist ein Testlauf, der zeigen soll, ob man nun zueinander passt oder nicht. Was genau aber soll denn da zusammenpassen? Meist beschnuppern wir in dieser Phase den Habitus des anderen und prüfen mehr oder weniger unbewusst, ob er sich mit dem unsrigen verträgt. Was ist das, dieser Habitus? Er ist jedenfalls etwas, was sich nicht so einfach verändern, lernen oder aneignen lässt. Es geht dabei um unsere Einstellungen, Meinungen, Gewohnheiten, Vorlieben, Interessen. Unseren Geschmack, unseren Stil, unsere Art zu leben, zu sprechen, zu denken. Unsere Lebensentwürfe. Ja, quasi unser Lifestyle. Da wir schon vor sehr langer Zeit beigebracht bekommen haben, was schön ist und was hässlich, was richtig und was falsch, ist es schwierig, den Habitus zu ändern. Einmal in einer Beziehung, gibt es oft noch böse Habitus-Überraschungen. Da wir unseren Habitus für den einzig richtigen halten, versuchen wir dann, den anderen zu verändern, wir meißeln und hämmern an ihm rum. Klappt nie so richtig und macht keinen glücklich. Dann lieber schon beim Date feststellen, dass er sich beim Bungeejumpen den Kick holt und sie sich lieber mit einem Buch im Bett vergräbt – und dass man deswegen wohl nie zusammenkommt.

Langeweile im Museum. ***Alexander (35):*** *Sie nahm mich beim zweiten Date mit in eine Ausstellung über Stillleben aus dem 18. Jahrhundert. Das Einzige, was ich noch mehr hasse als Stillleben, sind Stillleben aus dem 18. Jahrhundert.*

Fußballwahn. ***Tina (32):*** *Ich war auf einen gemütlichen Restaurantabend eingestellt, aber alles, was ich bekam, war eine hastig hinuntergeschlürfte Thaisuppe: Mein Date hatte es eilig, Bayern spielte, und er wollte das unbedingt sehen. Also zerrte er mich hektisch in eine Fußballkneipe und brüllte wie ein Hooligan auf Crystal Meth. Das Spiel nahm kein Ende, Verlängerung, was weiß ich, und ich fragte mich, wieso immer gerade irgendein Fußballturnier ist, WM, EM, Championsleague, irgendwas ist doch ständig. Wir waren dann tatsächlich ein paar Monate zusammen, aber diese Verwandlung eines Mannes zum schreienden, geifernden, jaulenden Tier, wenn Fußball läuft, werde ich nie begreifen können. Wie kann man sich so ereifern für ein Ereignis, das nicht die geringsten Auswirkungen auf das eigene Leben hat?*

Fußballfieber. ***Frauke (31):*** *Zweites Date. Er sagte, er hätte eine Überraschung. Eine Überraschung gab es tatsächlich, aber keine gute: Er hatte Tickets »klargemacht« fürs Hertha-BSC-Spiel. Es regnete, er kaufte mir eine Bratwurst, und ich langweilte mich so sehr wie zu Schulzeiten, als es in einer Chemie-Doppelstunde um das Periodensystem der Elemente ging. Okay, dachte ich, durchhalten. Er hat bestimmt ein Kontrastprogramm ausgeheckt und nimmt mich danach in ein cooles Lokal mit. Aber wir landeten im Irish Pub, in dem eine lärmige Liveband spielte und er sich Bierkübel, Burger und Fritten reinpfiff. Ich habe später auf seine Nachrichten nie wieder reagiert. Warum auch, wenn man schon am Anfang feststellt, dass man in unterschiedlichen Welten lebt.*

Action im Restaurant. ***Michaela (30):*** *Wenn ich essen gehe, will ich essen. Er aber schleppte mich ins Event-Restaurant. Pantomime-Kellner, lebende Kaninchen auf dem Tablett, verrückende Tische. Es war die Hölle!*

Fieses Geschenk. ***Anna (20):*** *Date am Valentinstag. Er schenkte mir einen Gutschein für eine Fischpediküre. Da knabbern Fische einem die Füße geschmeidig! Ich hätte kotzen können! Das war ja noch schlimmer als das Geschenk meines Ex-Freundes damals: eine Baumpatenschaft …*

Verdienst-Komplex. ***Tanja (40):*** *Er fragte mich die ganze Zeit aus, wo ich wohne (am Berliner Gendarmenmarkt), wie viel Miete ich zahle (950 Euro warm), was für einen Wagen ich fahre (einen Range Rover). Dann sagte er: »Ich kann nichts mit einer Frau anfangen, die mehr verdient als ich.«*

Selfie-Wahnsinn. ***Merlin (25):*** *Sie machte während des ganzen Dates Selfies von uns und ermahnte mich immer, auch schön breit zu lächeln. Später sah ich, dass sie das ganze Date auf Instagram gepostet hatte.*

Verzicht-Bar. ***Martin (28):*** *Sie nahm mich mit in ihre Lieblingsbar, wie sie mir erklärte. Die Bar hatte irgendein Wortspiel mit »Bar« in ihrem Namen, Wunder-Bar? Tanz-Bar? Ich hab es vergessen. Es gab Hip-Hop, Shishas, mit Lichterketten umwickelte Kunstpalmen, draußen einen Wintergarten aus Klarsichtplane und Kunstrasen, eine Tafel, auf der in Neonschrift Drinks zur Happy Hour angepriesen wurden, die »Orgasm« oder »Sex on the Beach« hießen. Erstsemester-Studenten saßen unsicher herum, und ein gelangweilter Latino bediente, das heißt, er bediente nicht, weil er zu sehr mit sich selbst beschäftigt war. Kann man mit einer Frau zusammenkommen, deren Lieblingsbar einem hassenswert erscheint?*

Mittzwanziger-WG. ***Corinna (37):*** *Ich war mit einem süßen Typen aus, kennengelernt hatte ich ihn im Berliner Berghain. Er* *war erst 24! Wir sind zu ihm, weil in meinem Hotel meine Freundin schlief. Ich fand mich in einer Mittzwanziger-WG wieder: Totales Chaos, ein Mitbewohner zog an einer Bong, Matratze auf dem Boden, Plakate von den Doors und Babyhambles an der Wand, Töpfe mit angetrockneten Nudeln und Tomatensoße, ein durchdringender Geruch nach Qualm und Socken, leere Wodkaflaschen und Dosen mit Energy-Drinks. Wir tranken ein Dosenbier und trieben es auf der Matratze, sein bekiffter Mitbewohner platzte rein und murmelte »Sorry«. Gab es nicht eine Folge »Sex and the City«, in der etwas Ähnliches passiert ist? Jetzt weiß ich, was Carrie damals empfunden hat. Ich fühlte mich wunderbar jung und ganz schön alt zugleich.*

Underdressed. ***Tobi (25):*** *Ich holte Christine ab und wollte sie zu einem poshen Restaurant bringen, in dem ich reserviert hatte. Sie öffnete mir in Kapuzenpulli und Gammel-Jeans. Ich fragte sie, wann sie sich umzuziehen gedenke, ich hatte Angst, unsere Reservierung würde verfallen, wenn wir zu spät kämen. Sie sagte, sie sei bereits umgezogen, und machte ein beleidigtes Gesicht. Sie warf dann doch noch etwas Anständiges über, aber ihre Flappe, die behielt sie an. Ich muss nicht extra erwähnen, dass der Abend nicht mehr richtig in Schwung kam.*

Tier-Aktivistin. ***Mo (26):*** *Sie versuchte, mich, während ich mir mein Lammgericht schmecken ließ, zu überreden, Vegetarier zu werden, und schilderte mir detailliert Schlachttechniken. Ich entgegnete nur: »Du, mir war schon klar, dass die Tiere nicht zu Tode gestreichelt werden.« Dann machte sie zu allem Überfluss auch noch Lammgeräusche: »Mähähähähääääääääh …«*

Naturbursche versus Wellness-Weib. ***Tanja (40):*** *Zum dritten Date nahm Tom mich mit zu einem seiner Ausflüge in die Natur. Ich meine damit keine Radtour durch den Park. Sondern richtige Natur, so mittendrin, ohne Zivilisation. Zum ersten*

Mal schlief ich im Zelt. Tom machte uns Feuer und fing Fische. Es war wunderschön und romantisch, nur sehnte ich mich so nach einem weichen Bett, einer Massage und einem Sprudelbad. Vielleicht witterte ich in seinen ganzen Naturburschen-Aktionen eine Art Überheblichkeit, nach dem Motto: ›Jetzt zeige ich dir Großstadttussi mal, wie das echte, unverfälschte Leben geht.‹

Junk-Food-Junkie. ***Nadine (25):*** *Drei Mal traf ich diesen Typen, ich blöde Kuh, und jedes Mal schleppte er mich in ein Fast-Food-Restaurant. Als ich ihm sagte: »Newsflash: Der menschliche Körper verträgt auch andere Nahrungsmittel als Burger und Fritten«, da sah er mich tatsächlich erstaunt an und sagte: »Burger und Fritten sind das beste Futter der Welt.«*

English only! ***Marc (29):*** *Nadine und ich waren in einem Diner im Prenzlauer Berg, in dem nur Hipster bedienen, die alle keinen Bock haben auf ihren Job, weil das Universum sie eigentlich dazu vorgesehen hat, Regisseur von Underground-Filmen zu werden, und außerdem sind sie noch müde von der Elektroparty in einem Neuköllner Abrisshaus in der Nacht zuvor. Und dann weigerten sie sich alle, Deutsch zu sprechen. Ich finde, wer in einem deutschen Lokal bedient, sollte sich zumindest so viele Vokabeln aneignen, dass es zum Bedienen reicht. Sonst ist unsere Sprache irgendwann nur noch Folklore. Außerdem erwarten wir von Gastarbeitern aus der Türkei, aus Arabien oder Indien, dass sie Deutsch lernen. Bei Hipstern aus Irland, Spanien oder Brasilien sind wir dagegen nachsichtig und finden es sogar cool, dass sie sich beharrlich weigern. Also blieb ich bei Deutsch. Ich merkte, dass ihr das peinlich war. Sie bestellte dann für uns beide in ihrem besten Englisch mit amerikanischem Akzent.*

Nadine (25): *Ich fand es unangenehm, wie Marc den armen, süßen Kellner fertigmachte, indem er auf Deutsch beharrte.*

Mein Gott, der Knabe war grad aus Lissabon nach Berlin gekommen. Leute, die irgendetwas »schon aus Prinzip« tun, sind leider immer schreckliche Spießer. Irgendwie erinnerte Marc mich da an Guido Westerwelle.

Karaoke-Terror. ***Tina (32):*** *Eigentlich war Herbert ganz süß. »Ist es möglich, dass wir ein Paar werden?«, fragte er bei unserem Date. Ich antwortete: »Alles ist möglich, ich habe ja auch gerade ein Date in einer Karaoke-Bar.« Herbert und ich wurden tatsächlich ein Paar. Aber seiner Karaoke-Leidenschaft muss er ohne mich nachgehen.*

Rock-Chicks unter sich. ***Sarah (29):*** *Mein Typ holte mich ab und quatschte mit meinem Mitbewohner über Rockfestivals. Sie waren beide auf jedem Rockfestival der Welt gewesen. Ich dagegen hasse den Matsch, den Lärm und das Gedränge. Sie plauderten ein halbe Stunde, so dass wir nicht loskamen, und schlossen noch augenblicklich Facebook-Freundschaft. Aus mir und ihm wurde nichts, aber mein Ex-Mitbewohner und er sind jetzt dicke Kumpels und tingeln über die Festivals.*

Ekel-Toasts. ***Jenny (25):*** *Er machte uns zum Frühstück Steaks im Toaster warm. Toaster-Steaks, die ekelhafteste und überflüssigste Erfindung der Lebensmittelbranche.*

Boygroup-Schock. ***Jeremy (24):*** *»Überraschung!«, rief sie freudestrahlend bei unserem dritten Date. Die Überraschung: Sie hatte Tickets fürs One-Direction-Konzert besorgt. Sie war immerhin schon 23! Ich verbrachte schreckliche zwei Stunden, die ich nur rumbekam, weil ich mir immerzu Hotdogs und Bier besorgte, was sie wiederum zu der Vermutung verleitete, mir würde es gar nicht gefallen. Volltreffer!*

Good Guy statt Bad Boy. ***Bianca (27):*** *Ich gebe zu, ich habe einen grässlichen Männergeschmack. Deswegen traf ich Marco, Banker, gut angezogen. Zum ersten Mal ein Typ mit einem Job, ohne elektronische Fußfessel, der das Date nicht vor sei-*

nem Treffen mit dem Bewährungshelfer einschiebt, der kein Hals-Tattoo hat – kurze Rede: Ich habe mich zu Tode gelangweilt. Ich brauche den Kick, den mir nur böse Jungs verschaffen. Einen wie Marco date ich nochmal, wenn meine Hauptsaison vorbei ist.

Sugar Daddy. ***Sonja (22):*** *Ich lernte auf der Party meiner Freundin Melly einen etwas älteren Typen kenne, verabredete mich mit ihm. Als ich mich bei Melly für ihre Party bedankte und ihr erzählte, dass ich einen unglaublich heißen Typ kennengelernt hätte, und ihn beschrieb, sagte sie nur trocken: »Das ist mein Vater.«*

Anschluss an Großfamilie. ***Jassi (26):*** *Ich ging mit Bora aus, einem coolen Typen von meiner Uni. Er lud mich nach zwei Dates zu sich zum Essen ein. Zu meiner Überraschung saß seine ganze türkische Großfamilie bei ihm am Esstisch und auf der Sofalandschaft versammelt. Was ich damit sagen will: Es war richtig voll. Alle begrüßten mich aufs herzlichste und reichten mir von allen Seiten Teller mit Nahrungsmitteln. Eine Cousine fragte mich, ob ich schon einmal in einer Moschee gewesen sei. Dann stellte Bora mich seinem Clan als seine neue Freundin vor, und alle jubelten und klatschten und reichten mir wieder Teller. Ich dachte, ich flipp aus. Es war unser drittes Date!*

Als ich mein Eis-Eis-Baby datete. ***Sylvia (33):*** *Der Sex mit Massimo, Eisfachmann im Familienunternehmen, sieben Jahre jünger, war gut, aber eigenartig. Wenn er nicht vorher den Spiegel vorm Bett in Position rückte, ging gar nichts. Er schaute beim Sex hinein, als würde er sich versichern wollen, dass das alles wirklich passierte. Wenn er mir seine Erektion zeigte, brauchte er viel Lob dafür. Ich musste so tun, als sei er der einzige Mann auf der Welt mit einem funktionsfähigen Penis. Wenn er kam, konnte es passieren, dass er seinen eigenen Namen* *rief. Doch im Vergleich zu vielen anderen Männern mit ihren Unsicherheiten, Problemen, Degenerationserscheinungen und seltsamen Vorlieben gestaltete sich der Sex erfrischend unneurotisch. Er kam in meine Wohnung, rückte den Spiegel zurecht, wir hatten Sex, manchmal brachte ich ihm danach etwas zu essen aus dem Kühlschrank, wir sahen fern, und manchmal hatten wir dann noch mal Sex. Dann ging er wieder. Das ging fünf, sechs Mal so, und ich war zufrieden damit. Aber an einem Abend war alles anders. Ich wollte in Ruhe Grey's Anatomy gucken, aber Massimo fragte mich immerzu irgendetwas, Sachen wie:*

»Triffst du dich gerne mit mir?«

Ich: »Klar, ist ja nicht so, dass du dir hier gewaltsam Zugang verschaffst.«

Massimo: »Hast du mal jemandem von mir erzählt?«

Ich: »Wem sollte ich was erzählen? Meiner Freundin Vera habe ich von dir und mir erzählt. Aber sonst? Sollen die Leute klatschen?«

Massimo: »Das wäre Klatsch, wenn sie von uns beiden wüssten, ja?«

Ich: »Klar würden die klatschen. Oder versuchen, dich mir abspenstig zu machen. Wenn ich erst mal erzähle, was für ein fantastischer Liebhaber du bist …« Ich lehnte mich zu ihm rüber, küsste ihn, er erwiderte es kaum.

Massimo: »Ich möchte dich in ein schönes Restaurant ausführen.«

Ich: »Das sagst du doch jedes Mal, und dann treffen wir uns doch wieder hier bei mir.«

Massimo: »Ich möchte dir was schenken, Blumen oder Schmuck …«

Ich sah ihn an, musste kurz etwas glucksen. »Du willst mir Blumen und Schmuck schenken?«

Massimo, etwas ungehalten: »Das findest du witzig, das findest du zum Lachen? Dass ich dir was schenken will? Glaubst du, ich kann mir nichts leisten, oder denkst du, ich weiß nicht, was schön ist?«
Ich: »Massimo, was ist denn los mit dir?«
Massimo: »Dir geht es nur ums Ficken. Die deutschen Weiber sind doch alle gleich. Du schämst dich für mich, du willst nicht, dass deine Freunde uns sehen.«
Ich: »Massimo, mach mal 'nen Punkt. Natürlich will ich mit dir ins Restaurant gehen. Aber du sagst es immer nur, und dann landen wir doch ohne Umschweife in der Kiste. Du willst ein Date? Ein richtiges klassisches Date? Dann sag mir, wann und wo, und ich bin dabei.«
Er grunzte skeptisch, aber doch ein wenig zufrieden. »Mittwochabend hol ich dich um 20 Uhr ab.«
Ich: »Mittwochabend holst du mich um 20 Uhr ab. Das finde ich ganz fantastisch, Massimo. Ich freue mich darauf.«
Ein bisschen seltsam fühlte sich unser erstes richtiges Date schon an. Es war schließlich das erste Mal für mich, dass ich ein erstes Date hatte, nachdem wir schon circa acht Mal miteinander geschlafen hatten. Wir hatten das Pferd von hinten aufgesäumt. Aber Massimo war so süß! Wie er sich in Schale geschmissen hatte mit einem Versace-Hemd, das wirklich nur ein Typ wie Massimo tragen darf und sonst bitte niemand, und blitzblank gewienerten Schuhen, die Haare ordentlich pomadig. Er hatte ein wirklich niedliches italienisches Restaurant ausgesucht, das Freunden von ihm gehörte, und wir genossen eine Vorzugsbehandlung.
Er erzählte mir von seiner kalabrischen Heimat und seiner Familie und vom Kochen. Ein Mann, der gerne kocht und gut im Bett ist, das ist doch nicht so verkehrt. Er fragte mich nach meinen Lieblingsorten aus der Kindheit, und mir fiel zum

ersten Mal wieder ein, dass es niemals wieder so schön gewesen war wie damals mit den Eltern in der Feriensiedlung in Holland, als ich Drachen in den Dünen steigen lassen und Vanille-Vla geschlürft hatte.
Und ich stellte fest, dass man durchaus einen Abend im Restaurant verbringen kann, ohne über Medienmenschen zu lästern oder mit Reisezielen zu protzen oder über angesagte Filme/Clubs/Musik zu schwadronieren. Sollte ein Eisverkäufer das haben, was mir bisher in meinem Leben gefehlt hatte?
»Unser erstes Date gefällt mir, Massimo«, sagte ich und fügte scherzend hinzu: »Würdest du denken, ich bin eine Schlampe, wenn wir direkt nach dem ersten Date miteinander ins Bett gehen?«
Dann klingelte das Telefon, es war Vera, sie käme gerade von der Premiere von Katharinas neuem Undergroundfilm in der Volksbühne, und sie hätte Hinz und Kunz getroffen. Und nun säßen sie alle noch bei ihr auf der Dachterrasse, bei ihr fände quasi die inoffizielle Premierenparty statt, ich solle unbedingt noch vorbeikommen. »Nein danke«, sagte ich, »Ich bin gerade unterwegs mit jemandem, mit … mit Massimo … Ja, der Eis-Massimo. Jajaaa. Neiin, ich … Das geht doch nicht, gut, ich frag ihn, ja, versprochen, ich frage ihn und … Ja, gut, Vera.«
Ich legte auf und wandte mich an Massimo: »Vera fragt, ob wir noch vorbeikommen. Sie war im Kino, und jetzt sind sie bei ihr mit ein paar Leuten …«
»Dann lass uns doch hingehen!«
»Ach, ich habe überhaupt keine Lust …«
»Lass uns hingehen!«
»Na, wenn du willst«, sagte ich, und das nur, weil ich fürchtete, er würde sonst wieder denken, ich schämte mich für ihn, und sauer werden.

Wir nahmen also eine Flasche Wein aus dem Restaurant mit und fuhren zu Vera und Mick. Bei ihnen saßen schon ungefähr acht Leute aus meinem Bekanntenkreis, die ihr Geld oder kein Geld in den üblichen Betätigungsfeldern Kunst, Werbung, Film und Fernsehen verdienten.
Hitzig diskutierten sie gerade Katharinas neuen Film. Es handelte sich um einen Undergroundfilm über ein Huhn in einer Hühnerfarm, das miterleben muss, wie seine Familie geschlachtet wird, selber entkommt, in die Fänge eines Versuchslabors gerät, dort zu einem Superhuhn mutiert, alle anderen Tiere befreit und mit ihnen quer durchs Land einen blutigen Rachefeldzug gegen Metzgereien und Kentucky-Fried-Chicken-Filialen startet. Katharina ist überzeugte Veganerin.
Irina sprach von ihrem Selbstversuch, drei Wochen als Frutarierin zu leben, also nur das zu essen, was an einer Pflanze wächst, ohne die Pflanze zu töten. Jeremy erzählte, letztens im »Grill Royal« Burkard Driest getroffen zu haben, und wir trugen zusammen, was alte Fassbinder-Schauspieler heutzutage machen.
Alles Themen, bei denen Massimo sehr schlecht einsteigen konnte. Und mir gelang kein Dreh, ihn irgendwie ins Gespräch zu integrieren. Ich sah, wie Massimo sich immer unbehaglicher fühlte und immer steifer wurde, aber mir fiel keine Lösung ein. »Massimo hat eine eigene Eissorte entwickelt, er hat Zuppa Inglese und Pistacchio gemixt und nennt es Catanzaro!«, schoss es plötzlich aus mir heraus. »Oh wirklich!«, sagte Xenia, und plötzlich herrschte verlegenes Schweigen. »Es gehört ein Schuss Jannamaro dazu«, sagte Massimo. Wieder Schweigen. »Das ist ein Likör«, fügte Massimo hinzu. Wieder Schweigen. »Ich liebe Eis«, sagte Henry endlich. Alle pflichteten ihm bei, dass Eis ganz großartig sei. Dann wieder

Schweigen. Ich fühlte mich elend, weil ich dieses Thema in die Runde geworfen hatte wie ein verdammtes Almosen. Ich hatte alles nur schlimmer gemacht. »Wonach schmeckt Catan … Dingsbums?«, fragte Vera dann. Und Massimo sagte: »Catanzaro schmeckt wie ein Sommerabend am Ionischen Meer!« Ha! Ich war begeistert! Was für eine schöne, präzise und fast schon poetische Antwort. Ich war mächtig stolz auf ihn und blickte triumphierend von einem zum anderen. Ich hatte einen Eisverkäufer entdeckt, in dem ein feinsinniger Poet steckte. Das ließ sich vermarkten.

Doch der Triumph währte nicht lange.

Ira fing an, von ihrem kleinen Bruder zu reden. Er sei am Bauhaus in Weimar angenommen worden, jetzt gelte es, den Umzug zu organisieren. »Es gibt doch auch haufenweise Bauhäuser in Berlin«, sagte Massimo. Er meinte die Baumarkt-Kette. Von der Architekturschule hatte er noch nie gehört. Es war nicht so, dass ich mich für ihn schämte. Bauhaus kann mich mal, langweilige Quadrate und sterile Glasflächen, und meine Bildungslücken sind so groß, dass man damit eigentlich nur republikanische Präsidentschaftskandidatin in Amerika werden kann – oder eben Telenovela-Autorin. Nein, ich schämte mich dafür, ihn in diese Situation gebracht zu haben. Mick ist es zu verdanken, dass der Abend dann doch noch gerettet wurde. Er brachte die Sprache auf Berlusconi, und wenn es um Politik und Intrigen in seinem Heimatland geht, blüht Massimo auf und parliert darüber mit der skeptischen Haltung des Exilanten. Dann jedoch begann Xenia mit dem blöden Zettelspiel, von dem ich nicht weiß, wie es richtig heißt. Jeder klebt seinem Nebenmann den Namen einer berühmten Persönlichkeit auf die Stirn, und der muss durch Ja-Nein-Fragen herausbekommen, wer er ist.

Mit Blicken bedeutete ich Katharina, die den Zettel für Mas-

simo beschriftete, bitte nicht gerade einen Fassbinder-Schauspieler auszuwählen. Als sie ihren Zettel mit Tesafilm auf Massimos Stirn befestigte, sah ich, dass sie verstanden hatte: Dort stand »James Dean«. Das war gut, und das passte in vielerlei Hinsicht sogar zu Massimo. Als Massimo mit seinen Fragen an der Reihe war, machte er den Fehler zu fragen, ob er Berlusconi sei, denn bei der ersten Antwort mit nein ist der Nächste dran. Doch bald schaute er sich von uns ab, den Kreis der in Frage kommenden Personen mit allgemeineren Fragen wie »Lebe ich noch?« oder »Bin ich schon tot?« oder »Kennt man mich aus dem Fernsehen?« einzugrenzen.
Er war dann immerhin nach einer Weile so weit, dass er wusste, dass er ein toter Schauspieler war. Doch ihm fiel kein einziger Name ein. Und wir anderen hatten unsere Persönlichkeiten in der Zwischenzeit alle erraten, ich war Scarlett O'Hara, Xenia Daisy Duck, Henry war Berlusconi, Vera war Charlene von Monaco, Mick war Hannibal Lecter und Katharina Sofia Coppola. Und alle schrien immer lauter auf den armen Massimo ein und gaben ihm Tipps, »Im Porsche verunglückt«, »Teenie-Idol der 50er«, »Lederjacke«, »Rebell«, »Giganten«, »Denn sie wissen nicht, was sie tun«, die Gesichter meiner angetrunkenen Freunde müssen ihm wie Fratzen erschienen sein. Ich sah Panik in seinem Gesicht und wusste nicht, wie ich ihm helfen sollte, ohne ihn noch mehr zu blamieren.
Sein Ausdruck wandelte sich in Wut, und er riss sich den verdammten Zettel von der Stirn und entzifferte ungehalten »James Dehn …? Wer soll das sein?« Quälende Stille. Ich musste doch irgendwas tun! »Was guckt ihr so, er kennt James Dean nicht, aber er ist eine Granate im Bett!«, sagte ich. Wieder Stille. Mist, Sylvia, dachte ich, das war doch eine völlig beschissene Aussage. Doch jetzt stand sie im Raum, verseuchte

alles, wie Fukushima. Man konnte sie nicht rausschneiden, nicht zurückspulen. Es war kein missratener Take. Das hier war die Wirklichkeit.

Massimo sprang auf und ging hinaus. »Oh Mann, tut mir leid«, stammelte Xenia, doch in den Augen aller sah ich schon das lüsterne Funkeln: Gerade hatte sich astreiner Klatschstoff ergeben, den man locker zwei, drei Abende noch mal diskutieren konnte. Ein Eklat! Wie angenehm unangenehm!

»Nicht eure Schuld«, sagte ich. »Ich muss ihm hinterher.« Ich verließ die Wohnung, hörte Massimos Schritte im Treppenflur, fing ihn vor der Haustür ab. »Massimo!«, sagte ich. »Nur ein blödes Spiel! Und James Dean … Er ist schon 100 Jahre tot, der sollte uns ganz egal sein.«

»Das Spiel ist mir scheißegal, dieser James ist mir scheißegal, die Leute da oben sind mir scheißegal!«

»Das sollten sie auch sein! Komm, Massimo, lass uns zu mir gehen.«

»Es ist nicht das Spiel!«

»Was ist es dann?«

»Du hast mich behandelt, als sei ich eines dieser kleinen Fickhündchen, die den Yuppie-Weibern hinterherdackeln. Das verzeihe ich dir nicht.«

Ich dachte über den Begriff Yuppie nach. Für mich war ein Yuppie ein Wesen aus 80er-Jahre-Filmen, kühle New Yorker in flugplatzgroßen Lofts, die bei einem Martini irgendwas aushecken. Ich hätte mich trampelige Neuberlinerin nie damit in Verbindung gebracht.

Er verzieh es mir wirklich nicht. Alle meine Versuche, wieder mit ihm Kontakt aufzunehmen, scheiterten. Massimo war ein Mann mit einem Herzen aus Gold, der eine eigene Eissorte kreiert hatte, die nach Sonnenuntergang in Italien schmeckt. So etwas findet man nicht alle Tage in Berlin.

Als ich einen CDU-Spießer datete – und mich verknallte. *Irina (35):* *Warum fragte gerade der mich nach einem Date? Hatte sich nicht rumgesprochen, dass mir die Freunde des Mannes meiner Schwester Vera zuwider waren? Hatte sich nicht rumgesprochen, dass ich generell ungenießbar war? Und doch fragte Marco mich, ob ich mit ihm ausgehen würde. »Warum sollte ich mit dir ausgehen?«, fragte ich spöttisch. »Geh mit mir aus, und vielleicht findest du einen Grund, warum es eine gute Entscheidung war«, sagte er, und er war mir nicht angenehm in seinem Ralph-Lauren-Hemd und mit seinen gegelten Haaren. Leider musste ich zerknirscht eingestehen, dass er auch nicht komplett unsympathisch war und außerdem ganz hübsch und dass seine Ohren niedlich abstanden.*

Es war das Jahr 2003, und ich war eine Trendsetterin. Vegetarierin, lange bevor Bücher wie Tiere essen Bestseller wurden. Vehemente Atomkraftgegnerin, lange vor Fukushima und allen CDU-Wendehälsen. Und dass George Bush die Welt nicht zu einem besseren Ort machte und sein Volk und die Welt anlog, war mir glasklar. Ich war in Protestbewegungen an der Uni aktiv, hatte Auslandssemester in Aserbaidschan und der Türkei verbracht, engagierte mich in Kulturprojekten, schrieb Stücke fürs Off-Theater und lernte gerade die Gebärdensprache. Und dann kam so ein Jurastudent aus einem Unternehmer-Elternhaus und mit gesponsertem Golf, Mitglied in der Jungen Union und obendrein in einer schlagenden Studentenverbindung, da hätte er ja auch gleich in der Nazipartei sein können, und fragte mich nach einem Date! Der war wohl nicht ganz dicht! In einer seltenen Anwandlung von Güte sagte ich ja.

Er holte mich mit seinem Golf ab, den das dreistellige Nummernschild seines Heimatkaffs zierte, sicherer Hinweis darauf, dass er auf Daddys Namen angemeldet war. Und dann

die Musik! »All the things I said running through my heaaaaad«, plärrten Mädchenstimmen aus der Autoanlage.
Ich: »Sind das nicht diese minderjährigen Russinnen in Schuluniformen, die von ihrem Manager gezwungen werden, sich zu küssen?« Er zuckte mit den Schultern. »Ich höre gern Top 40!«
Wir gingen ins Freiluftkino, wir sahen den bosnischen Film No Man's Land, denn dass ich nicht in einen Hollywood-Blockbuster ging, war ihm immerhin klar. Danach tranken wir Wein auf einer Parkwiese, und ich erzählte ihm von der reinen Seele Aserbaidschans und meinen politischen Aktivitäten, und er sagte, ich sei eine erstaunliche Frau. »Was ist daran erstaunlich?«, sagte ich. »Würdest du das auch zu einem Mann sagen? Ist es wirklich so erstaunlich, wenn eine Frau sich für mehr interessiert als die nächste Folge von Sex and the City und den neuesten Klatsch über Bennifer?«
»Ich wollte dir nur ein Kompliment machen«, sagte Marco und ließ sich nicht aus der Fassung bringen. »Immerhin kennst du den Paarnamen von Ben Affleck und Jennifer Lopez«, lachte er.
»Meine blöde Schwester«, sagte ich. »Die lässt immer überall ihre Zeitschriften liegen.«
Ich erzählte dann von meiner Studienreise durch Syrien und der zerrissenen Seele dieses Fleckens Erde und wie weh es mir tat, wenn ein Cowboy wie George Bush die Länder pauschal als Achse des Bösen verurteilte, ohne irgendetwas über die Menschen dort zu wissen.
Wir waren also beim Thema Bush, das war nicht gut. Das brachte mich schnell in Rage. »Man sollte George Bush erst einmal machen lassen und nicht gleich verurteilen, nach den Anschlägen vom 11. September hat er sich jedenfalls ganz ordentlich bewährt«, sagte Marco.

Ganz ordentlich bewährt? Ich dachte, ich drehe durch. Hieß er etwa den Irak-Einsatz der USA gut?
»Dass Saddam Hussein, ein Diktator so schlimm wie Hitler, außer Gefecht gesetzt werden soll? Ob ich das gutheiße? Ja, das tue ich«, sagte Marco trotzig.
Nun erzählte ich ihm aber was! Und zwar von der Doppelmoral und Verlogenheit des Westens und besonders der USA, und außerdem gebe es Hintergründe und Ungereimtheiten zum 11. September, da würden ihm die Ohren schlackern.
Jetzt wurde Marco erstmals lauter: »Ach komm, diese paranoiden Verschwörungstheorien sind keine Diskussion wert! Da purzeln Menschen wie weggeworfene Puppen aus einem Hochhaus, und Leute wie du, die sicher und satt in ihrer staatlich finanzierten Uni sitzen, sagen: Ach, irgendwie sind die da doch selber schuld. Das ist einfach ätzend, und ich will mir das nicht anhören, und dieser arrogante Antiamerikanismus von irgendwelchen Tübinger Mittelschichtstudenten mit ihren abgehörten Meinungen, die sie für ihre eigene halten, ist einfach nur langweilig. Die Amis haben uns vor wenigen Jahrzehnten aus der Barbarei geholt, gerade wir sollten uns hüten, mit dem Finger auf sie zu zeigen!«
Bockig zeigte ich mit ausgestrecktem Arm dorthin, wo ich Westen vermutete und rief: »Böse Amis! Böse Amis!« Das war natürlich total blöde.
»Have a nice day!«, sagte er und ging.
»Ach, verpiss dich!«, rief ich ihm hinterher. Was ging ich auch mit einem zukünftigen Anwalt aus!
Von zu Hause mailte ich ihm noch ein paar wütende Zeilen und schickte ihm einen Link zu einem Politblog, in dem ich mich über die Irak-Lüge der USA ausgelassen hatte.
»Oh Mann, Irina, ich wollte es dir sagen, aber Marco ist bei dem Thema 11. September natürlich superempfindlich. Er hat

letztes Jahr noch in den USA studiert und alles aus nächster Nähe erlebt und sogar einen Freund verloren!«, erklärte mir meine Schwester Vera, die freundlicherweise ihre Gala-Lektüre unterbrochen hatte, um mich darüber aufzuklären. Ich schluckte und schrieb Marco eine kleinlaute Entschuldigungsmail. Er schrieb zurück, dass er meinen Blog wirklich gut finde. Wir trafen uns noch einmal und mieden das Thema Politik. Gute Idee: Gegen meinen Willen verliebten wir uns. Und wurden ein Paar.

Marco war der erste Mann, dem ich meine Artikel und Reportagen für Blogs, für die Uni-Zeitung oder nur für die Schublade zeigte. Er sagte, er sei selten meiner Meinung, ich schriebe oft zu wütend und unausgewogen und anklagend, aber ich sei talentiert. Er liebte meine Personenporträts. Er sagte, von meinen Theaterstücken sollte ich nicht zu viel erwarten. Er hatte recht, sie waren grässlich. Er bestärkte mich darin, Journalistin zu werden. Ich wäre nie auf die Idee gekommen. Ich sagte, ich sei dazu nicht gut genug. Er sagte, das müsse ich erst noch herausfinden. Er machte mir Mut. Wir zofften uns, aber ich lernte durch ihn Güte, Diplomatie und dass es bei jedem Streit drei Aspekte gibt, die Sicht des einen, die des anderen und einen dritten, den keiner von beiden erkennt. Ich predigte Toleranz, er praktizierte sie. Er machte mich milder und gelassener. Er zeigte mir, dass Werte wie Heimat und Tradition ihre Berechtigung haben. Er brachte mich dazu, über meinen Schatten zu springen und mich bei seinen Unternehmer-Eltern nicht aufzuführen wie eine rebellische Göre.

Gleichzeitig hoffte ich, mit einem konservativen CDU-Freund meine anthroposophischen Eltern schocken zu können. Doch ich irrte! Sie schlossen ihn nicht nur ins Herz, sie hielten ihn für ein Wunder. Offenbar hatten sie nie geglaubt, dass ihre kratzbürstige Tochter jemals einen gescheiten Typen an Land ziehen würde. Meine erste große Liebe, ein Kath kauender Jemenit ohne Aufenthaltsgenehmigung, war schließlich nie ihre erste Schwiegersohn-Wahl gewesen. Tief saß der Schock auch, als mein letzter Freund, ein Auslandsstudent aus Turkmenistan, heulend vor der Tür meines Elternhauses stand, indem ich mich nach der Trennung verschanzt hatte, und sich mit einer Glasscherbe in die Handfläche ritzte und so laut rumbrüllte, dass alle Nachbarn es hören konnten: »Irina, ich bluuuute für dich!«

Verständlich, dass sie auf meinen adretten CDU-Marco abfuhren, und wenn sie hundert Mal alte 68er waren! Als ich mich einmal von Marco trennen wollte, drohte meine pazifistische Mutter mir zum ersten Mal in unserem Leben mit Gewalt: »Wenn du es mit Marco vermasselst, schlage ich dich windelweich!« Keine Frage, sie wollte mich loswerden, und ihr war klar, wenn Marco mich nicht mitnahm, würde ich als Drittfrau in einem Beduinenzelt enden, was für eine Mutter fast so schlimm wäre, wie ihre Problem-Tochter für immer am Rockzipfel hängen zu haben.

Inzwischen sind Marco und ich verheiratet (er bestand darauf!), haben zwei Kinder, ich arbeite immer noch als Journalistin und unterrichte Migrantenkids, und Marco hält George Bush inzwischen für den schlechtesten Präsidenten, den die USA je hatten, und Atomkraft für ein unkalkulierbares Risiko. Er isst immer noch Fleisch, aber seltener und nur außer Haus. Er hat mit mir Aserbaidschan und den Libanon bereist, dafür war ich mit ihm in den USA, und ich betrat ihm zuliebe dort sogar einen Wildwest-Saloon und hatte ernsthaft Spaß. Es gibt ein Foto von mir mit Cowboyhut auf einem Rodeobock, man sieht leider auch, dass ich gerade wohl so etwas wie »Yiiiehhaaa!« rufe, das Foto dürfen meine alten Unifreun-

de nie sehen. Marco erpresst mich damit, wenn er etwas will, etwa in ein nicht-vegetarisches Restaurant gehen. Niemals jedoch setze ich einen Fuß auf einen Golfplatz oder wähle die CDU. Jede Liebe und jede Erpressung hat ihre Grenzen.

Als ich ein Castingshow-Sternchen beschnupperte. ***Chris (35):*** *Vorab: Mein Date mit Chayenne-Chiara war kein Dreier. Sondern ein Date mit einem dieser Doppelnamen-Mädchen. Der Einfachheit halber nannte sie sich CiCi.*

»Huhu«, begrüßte sie mich. »Deine Jeans ist scharf! Ist die von BLK DNM? CiCi gefällt das!« Sie, die da in der dritten Person von sich redete, war übrigens eine Ex-Castingshow-Kandidatin. »Und wie gefällt dir mein Outfit?«, schnatterte CiCi und drehte sich im Kreis. »Ich hab's mir mit einer App zusammengestellt, die heißt ›Pose‹, die ist der Wahnsinn. Du postest noch in der Umkleidekabine die Klamotten, die du kaufen willst, und die anderen Userinnen sagen dir, ob der Look funzt oder nicht!«

Unter uns, die anderen Userinnen mussten belämmert oder böswillig gewesen sein, denn CiCi sah aus, als hätte sie beim Garagenverkauf von Christina Aguilera zugeschlagen. Während des Dates kannte sie nur ein Thema: ihren warholschen 15-Minuten-Ruhm bei der Castingshow im Privatfernsehen. Und ich werde doch so schnell müde bei Themen, bei denen es nicht mal im Ansatz um mich geht!

CiCi erzählte die ganze Zeit von ihrem Lebenstraum, Moderatorin einer Castingshow zu werden oder in der Jury zu sitzen. »Ich bin in einer ziemlich miesen Gegend aufgewachsen, meine Mutter hat uns als Altenpflegerin allein durchgebracht. Die Castingshow hat mich da rausgeholt, ohne sie wäre ich jetzt nicht da, wo ich bin«, sagte sie pathetisch. »Inzwischen habe ich Shows in Discos und auf Feiern, ich trete in ganz Deutschland auf, bekomme 500 Euro pro Abend. Nächste

Woche habe ich ein Casting für Verboli.« »Verboli?«, fragte ich ratlos.

»Verbotene Liebe«, erklärte sie nachsichtig und fuhr fort: »Castingshows sind so wichtig, sie können dein Leben verändern, sie geben Millionen Kids da draußen Hoffnung, dass sie es schaffen können. Deswegen müssen wir Talentshows und Modelshows unterstützen.« Sie horchte auf, als lausche sie ihren eigenen Worten. »Wir brauchen Talentshows, denn sie können eine Tür in die Welt sein!«, flüsterte sie feierlich und kreischte auf: »OMG, das war ja genial, das muss ich twittern!« Und dann tippte sie wie besemmelt in ihr Smartphone (Kim Kardashian hatte die gleiche Smartphone-Hülle wie sie, erfuhr ich).

Ich wartete die ganze Zeit darauf, dass sie sagen würde, kleiner Scherz, um dann zu lachen. Aber nein, sie meinte jedes Wort sehr, sehr ernst. Hilfe, war nicht einmal Bildung der Schlüssel zum sozialen Aufstieg gewesen? Jetzt führte der Weg nach oben offenbar über eine Bühne, auf der sich durchkapitalisierte 17-Jährige in Strapsen vor Windmaschinen rekeln oder als lebendes Buffet rohen Fisch auf ihrem Körper plazieren lassen, weil »der Kunde ja auch mal ausgefallene Wünsche haben kann«, wie Heidi Klum piepsen würde. Schließlich zeigte sie mir auf dem iPhone bei YouTube Filmchen, in denen sie in der Castingshow irgendwas von Rihanna oder Leona Lewis sang, und sie sah fiebrig auf diese Clips, die sie doch schon hundert Mal gesehen haben musste, als passiere es gerade live. Dabei bewegte sie ihre Lippen synchron zu ihrem eigenen Gesang.

Alles an ihr schien bei diesen Auftritten zu schreien: »Mama, Papa 1, Papa 2, Papa 3, liebe Pflegeeltern, lieber Rest der Welt, seht her, was aus eurer kleinen CiCi geworden ist! Habt mich lieb, schaut, wie viel Mühe ich mir gebe!« Ich dachte

nur: ›Abendland, goodbye!‹ Wenn der IQ von Frauen unterhalb ihrer Oberweite liegt, ist das nicht speziell sexy. Und dennoch beschlossen wir, zu mir nach Hause zu fahren. Dates ziehe ich sportlich durch, niedriger IQ hin oder her.
Leider kotzte sie noch im Taxi in ihre Louis-Vuitton-Clutch, und dann plapperte sie unbefangen weiter. Ich weiß nicht, ob sie an einer Magenverstimmung oder einer Essstörung litt oder schlicht betrunken war. Kotzen jedenfalls schien für sie völlig normal. Das Taxi hielt, sie schlang ihre Arme um mich, kam mir kussnah und gurrte: »Ich werde dich aufessen!«
»CiCi«, begann ich vorsichtig. »Du solltest alleine nach Hause fahren. Du solltest das mit deiner Handtasche in Ordnung bringen. Du solltest dir einen Kamillentee machen und dich ausruhen.« Da sah sie mich mit großen, traurigen Augen an: »Du fandest meinen Fummel doch von Anfang an übel«, sagte sie. »Und du hast recht. Sind Tussi-Fetzen. Gute Nacht, Chris. Wann gibt es Typen wie dich endlich als App? Dann wäre alles so viel leichter.«
Dann brauste ihr Taxi davon, und die Erinnerung an ihren verlorenen Blick quälte mich noch eine Weile.
Entführung auf den »Hügel der blutigen Augen«. ***Nicole (30):*** *Er nahm mich mit ins Kino. So weit, so gut. Den Film suchte er aus: »Hügel der blutigen Augen«. In den kurzen Drehbuchsequenzen, in denen keine heraushängenden Gedärme vorgesehen waren, verwickelte er mich dann in einen als Diskussion getarnten Monolog über unsere moderne Wegwerfgesellschaft und das Nichtvorhandensein eines freien menschlichen Willens, wofür dieses Machwerk eine Parabel sei.*
Pannen-Picknick. ***Philip (36):*** *Date im Park. Die Abmachung: Ich mache Salat, sie kümmert sich um Getränke. Sie brachte Energy-Drinks und knallbunte Alkopops mit. Da war klar: Wir sind verschieden.*

Promille-Panne. ***Silke (37):*** *Ich chattete in einer Single-Börse. Spontanes nächtliches Treffen in einer Kneipe. Der Typ: 40, Akademiker, war bereits total betrunken, schlimme Fahne aus Suff und Kippen. Er bestellte weiter, lallte, fiel vom Barhocker.*

Date mit Hummer. ***Sandra (28):*** *In der Fußgängerzone grüßte mich überschwenglich ein riesiger Hummer, der Flyer für ein neues Fischrestaurant verteilt. Ich erkannte mein Date vom Vortag. Ja, er sagte zwar, er sei in der Werbung, aber so?*

Tequila-Terror. ***Martin (28):*** *Ich saß mit ihr in einer Kneipe, zufällig fand dort ein Junggesellinnen-Abschied statt. Sie feierte mit den anderen Mädels, die sie gar nicht kannte, trank Tequila-Bodyshots von den Brüsten einer der Frauen, schleckte schließlich Sahne von einem Stripper. Hatte sie mir vorher nicht noch was von einer Laktoseintoleranz erzählt?*

Game over! ***Silke (37):*** *Ich hatte mal einen Typen, der setzte sich direkt nach dem Sex an den Computer und spielte »Counter-Strike«. Ich war wie Luft für ihn.*

Das gepostete Date. ***Carsten (35):*** *Wie betraten die Bar, sie checkte uns bei Facebook ein. Sie fotografierte das Date lückenlos, was echt nervte. Zu Hause sah ich, dass sie alle Fotos auf Instagram gepostet und »witzig« kommentiert hatte.*

Friedhof der Nutztiere.

Marco (37): *Irina sagt, sie sei Veganerin und könne nicht mit mir schlafen, solange ich tote Tiere esse. Ich sei für sie ein wandelnder Tierfriedhof.*

Irina (35): *Ich bin Veganerin. Marco bestellte ein Steak, so blutig, dass der Tierarzt es hätte wiederbeleben können. Stach mit der Gabel hinein. Blut spritzte in mein Gesicht.*

Umweltmission beim Abendessen. ***Sandra (28):*** *Er erzählte nur von Nachhaltigkeit, Ökospuren, die wir hinterlassen, dem Wahnsinn Massentierhaltung, Global Warming. Ich fühlte* *mich wie die letzte Umweltsau, weil ich es grad mal so schaffe, den Müll zu trennen.*

Date mit einem Salatpicker. ***Doro (37):*** *Der Typ bestellte die Sättigungsbeilage bei seinem Gericht ab, wollte lieber Extra-Salat. Kohlenhydratarme Ernährung. Haben wir Frauen nicht mal mehr das Monopol auf bekloppte Diäten?*

Pünktlichkeits-Taliban I. ***Franziska (23):*** *Er rastete aus, weil ich zehn Minuten zu spät kam. Ich würde seine Zeit stehlen und meine Zeit als kostbarer einschätzen als seine, erklärte er mir.*

Pünktlichkeits-Taliban II. ***Vera (31):*** *Der Typ rief mich zehn Minuten vor dem Date an und fragte, ob ich pünktlich sein werde. Er selbst sei sehr pünktlich und hasse Verspätungen.*

90er-Friese. ***Chris (35):*** *Ich traf diese Callcenter-Leiterin. Ich sah ihre durchgestufte, strähnige Mähne und denke nur: Scheiße, ob die 90er wissen, dass sie noch ihren Haarschnitt hat?*

Ein Händchen für Weihnachtsdeko. ***Catrin (40):*** *Nach dem Weihnachtsmarktbummel zu ihm ins Hotel. Er wohnte da für zwei Wochen. Er hatte das Zimmer mit blinkenden Nikoläusen und Tannenzweigen dekoriert. Ich dachte, ich spinne. Ofen aus.*

Killer-Klingelton. ***Nicole (30):*** *Sein Handy klingelte. Ein polymorpher Vogelzwitscher-Klingelton. Es war seine Mutter!*

Granaten-Jargon. ***Silke (37):*** *Der Typ begrüßte mich schon beim ersten Date mit: »Altachen, du bist ja 'ne Granate!« Der Jargon setzte sich fort: »Unser Abend hier ist doch voll Jackpot!« »Ich bin nun mal ein fett heißer Typ«, sagte er schließlich. Ich: »Wo hast du das her, hat dir das eine deiner Tussis aus der Shopping-Mall erzählt?«*

Schnauze voll von okidoki. ***Trixi (29):*** *Ich hatte einen Typen, der sagte wirklich die ganze Zeit: Okidoki. Ich dachte: Noch einmal Okidoki, und ich reiße dir die Zunge raus und zwinge dich, sie zu essen.*

Bitch-Sprech. ***Christian (40):*** *Ich verstehe nicht, wieso Frauen neuerdings immer so versaut daherreden. Ich glaube, dahinter steckt eine uneingestandene Verklemmung und Unsicherheit: Die neuen Möglichkeiten treffen auf alte kollektive Scham. Unsere Sexualität ist befreit, und jetzt wissen wir noch nicht so richtig, wie wir damit umgehen sollen, also retten wir uns in versautes Daherreden. Bei einem Date erzählte mir eine Frau sehr detailliert, dass sie einmal bei einem Typen war, der wollte, dass sie lange Ringelsocken anzieht zum Sex, und er hatte auch gleich welche in der Schublade, und dann ging es los. Vielleicht hatte sie dieses Erlebnis so verstört, dass sie daraus eine Zote machen musste.*

Falsches Wort an einem schicken Ort. ***Simone (20):*** *Top-Restaurant, er aß auf meine Empfehlung die erste Languste seines Lebens und rief begeistert durch den Laden: Die schmeckt so geil, ich hoffe, ich kack die nie wieder aus!*

Gefallen dir meine drei Möpse? ***Jan (22):*** *Treffen an der Uferpromenade. Sie kam mit drei japsenden Möpsen zum Date. Die heißen Kate, Gisele und Naomi. Die Viecher speichelten alles voll. Und sie gab ihnen Zungenküsse!*

Wozu mach ich das ganze Theater?

Irina (35): *Ich lud den Typen zu einem Theaterstück ein, in dem ich mitspielte. Ich sah von der Bühne aus, dass er eingeschlafen war. So richtig mit Kopf nach hinten, Mund auf, jede Wette auch Speichelfluss und Schnarchgeräusche. Ich fand das sehr unhöflich.*

Wieder Irina: Ich ließ mich nicht entmutigen und lud wieder einen Typen in das Theaterstück ein. In der Pause nach dem zweiten Akt sah ich vom Backstage-Bereich aus, wie er seine Sachen raffte und sich leise auf Zehenspitzen davonstahl. Er kam nicht wieder und meldete sich auch nie wieder. Sein Glück!

Noch einmal Irina: Ich lud wieder einen Typen in mein Theaterstück ein. Während ich als eine der drei Schwestern von Tschechow alles gab, sah ich, wie er die ganze Zeit mit seinem Smartphone spielte. Da rastete ich aus, brüllte von der Bühne: »Liebes Publikum, wir haben acht Wochen durchgeprobt, um Ihnen einen intensiven Abend zu bieten. Wenn ich noch einen Kerl hier sehe, der während unserer Vorstellung in sein Handy tippt, komme ich persönlich runter und zerre ihn an seinen Eiern auf die Straße! Und ich meine tatsächlich: AN DEN EIERN!« Ach ja, ich wurde danach für eine Woche von meinem Intendanten suspendiert. Aber das war es mir wert.

Marco (37): *Sie lud mich in ihr Off-Theaterstück ein, in dem sie eine tragende Rolle spielte. Ich bin sicher, das Stück wies auf irgendeinen Missstand in der Welt hin, ich kriegte nur nicht raus, auf welchen, denn ich kapierte nix. Also machte ich unauffällig ein Nickerchen – doch sie registrierte es von der Bühne aus und machte mir hinterher die Hölle heiß.*

Date mit Sachsen-Sandy. *Sascha (30):* *Sie hieß Sandy und hat gesächselt. Sachsen ist ein großartiger Freistaat, aber ich hab es nicht so mit Akzenten.*

Vermehrungsdruck. *Doro (37):* *Der Typ fragte mich, wie alt ich sei. Ich sagte: 35. Er sagt: »Oh, da werden deine Eier ja auch langsam müde, und die Fabrik schließt bald. Weißt du, ich will unbedingt noch Kinder.«*

Überzeugter Alleinwohner. *Sarah (29):* *Er sagte mir direkt beim ersten Date, dass er niemals wieder mit einer Frau zusammenziehen wolle. Außer dass man sich beim Sex die Anfahrt spare, bringe das doch nichts. Na, schönen Dank auch!*

Date-Crasher Nr. 6: Spleens

Es mag durchaus süß sein, wenn ein gestandener Kerl Schlümpfe sammelt. Was aber, wenn er es ernst meint mit Schlumpfhausen? Wie werden Sie in einem halben Jahr zu seinen Schlümpfen stehen, wie in zwei Jahren? Wann werden Sie beginnen, die blauen Racker ernsthaft zu hassen? Wollten Sie jemals zu einer Person werden, die unschuldige kleine Schlümpfe hasst? Spleens können zur Zerreißprobe werden. Werden wir bei einem Date mit einer Macke, einer Marotte, einer Angewohnheit, einem bizarren Hobby oder aber gar der handfesten Neurose des anderen konfrontiert, können wir uns nur die Frage stellen: Ist es mir möglich, damit zu leben? Oder nehme ich besser gleich Reißaus?

Dreier-Date mit Ryan Gosling. ***Chris (35):*** *Sie schwärmte das ganze Date über quasi nur von Ryan Gosling. Wie geil der in jenem Film gewesen sei und wie geil in dem anderen. Und dass sie davon träume, Schokolade von seinem Körper zu lecken. Sie hatte sogar Ryan-Gosling-Ohrringe (zum Glück gerade nicht an, sie erzählte mir davon) und ein Ryan-Gosling-Malbuch. Ich hatte das Gefühl, sie hatte ein imaginäres Date mit Ryan Gosling statt ein echtes mit mir. Ist der Typ nicht mit Eva Mendes zusammen? Gegen die hätte ich auch nichts.*

Jedes Date ein Gedicht. ***Merlin (39):*** *Ich traf mich mit einer Kommilitonin aus meinem Germanistikseminar, die schrieb* *mir Messages, in denen sie Zeitpunkt und Ort unseres nächsten Treffens in Gedichtform verschlüsselte. Etwa so: »Ich werde dich dort erwarten, wo die Wasserfontäne den Fisch küsst und das Glockenspiel erklingt, während die Sonne den Kirchturm Richtung Süden wirft.« Ich erzählte meinen Freunden von dieser Marotte, die mir erklärten, dass es gerade einen Bestseller-Krimi namens »Gone Girl« gebe, in dem eine Ehefrau mit ihrem Mann genau in derartigen Rätseln und Versen spricht. Die Ehefrau in dem Buch sei eine waschechte Psychopathin. Mir machte das Ganze keine Lust auf mehr …*

Gebärdensprache. ***Claudia (23):*** *Ich ging einmal mit einem Kerl aus, der unterlegte jeden Satz seiner Erzählung (er war nach einem turbulenten Flug mit einer Cessna haarscharf auf dem Miniflughafen einer Karibikinsel gelandet, später wurde er auf jener Insel von einer Horde wilder Affen überfallen, die den Proviant aus seinem Rucksack stahlen) mit riesigen ausladenden Gesten und lautmalerischen Geräuschen, so dass ich mir vorkam wie eine Taubstumme und es mir vor den anderen Gästen im Café ziemlich peinlich war.*

Penispropeller. ***Dora (26):*** *Wir hatten grad zum ersten Mal miteinander geschlafen, ich lag noch im Bett, er kam aus der Dusche, nackt, und spielte Penispropeller. Er stand vor dem Bett und rotierte so mit dem Hüften, dass sein Penis herumgeschleudert wurde wie ein Propeller und Wassertropfen durch die Luft spritzten. »Brumm brumm brumm«, rief er dabei, »gleich heb ich ab!« Geht es noch schlimmer? Seufzend zog ich mir die Bettdecke über den Kopf.*

Seifenoperette. ***Juliette (26):*** *Ich lernte auf einer Party einen gutaussehenden Typen kennen. Am nächsten Morgen bestätigte ich seine Freundschaftsanfrage bei Facebook. In seinem Profil hielt er nicht hinter dem Berg damit, dass er eine Rolle* *bei »Gute Zeiten, schlechte Zeiten« hatte. Er postete Bilder vom Dreh, Online-Artikel über sich, zitierte aus seinem Fan-Blog, vermeldete in seinem Status, wie erschöpft er von schwierigen Szenen sei oder dass er jetzt noch den Text für den nächsten Tag lernen müsse. Er machte also wirklich kein Geheimnis daraus, was ja auch in Ordnung ist. Als wir uns dann das erste Mal trafen, fragte ich ihn: »Und, wie ist es denn so, bei GZSZ zu arbeiten?« Er daraufhin stolz: »Aha, du hast mich erkannt?«*

Überzeugter Herrenrockträger. ***Stephanie (37):*** *Nach drei Dates und einer gemeinsamen Nacht lud Henning mich für ein Wochenende in seine Datsche an einem Brandenburger See ein. Dort war es wunderschön, und Henning war auch sehr nett. Was mich allerdings irritierte: Die ganzen zwei Tage trug er als einziges Kleidungsstück ein schwarzes, knielanges Etwas, das man wohl als Herrenrock bezeichnet. Er trug das Teil mit einiger Überzeugung und schien sich so demonstrativ pudelwohl darin zu fühlen, dass es mich ganz aggressiv machte. Hier in der Natur sah er sich offenbar dazu berufen, sich von städtischen Konventionen zu befreien. Auf der Rückfahrt war mir klar: Dieses Teil würde immer zwischen uns stehen.*

Cliff-Richard-Besessenheit. ***Lars (23):*** *Ich lernte Guido in einem Club kennen und dachte, er sei ein richtig cooler, älterer Typ. Doch als wir uns trafen, redete er nur über Cliff Richard. Er war geradezu besessen von Cliff Richard. Er reiste zu allen Konzerten, postete Bilder, die beweisen sollten, dass Cliff Richard mindestens so cool war wie Justin Timberlake und für einen 120-Jährigen noch unglaublich viel Sexappeal hatte. Ich wusste nicht einmal, wer Cliff Richard war. Jetzt weiß ich es, denn Guido hat es mir ziemlich ausführlich erzählt. Ich weiß auch, dass man Cliff Richard den englischen Elvis Presley nannte. Ich weiß zudem, dass er der einzige Sänger ist, der*

Nummer-1-Hits von den 50ern bis zu den 90ern hatte. Großartig für ihn. Ich bin 1990 geboren.

Unter den Tisch getrunken. ***Jeremy (24):*** *Ich ging mit Nadine aus, einem legendären Partygirl. Mit ihr macht es riesigen Spaß, aber sie kriegt einfach nie genug. Noch eine Bar, noch ein Wodka, die nächste Bar, noch eine Runde. Am Ende schlürfte ich einen Bodyshot aus ihrem Bauchnabel und konnte nur noch eiernd sprechen. »Noch einen Absacker, bitte, bitte, bitte!«, jauchzte sie daraufhin und klatschte in die Hände. Das ganze Saufen schien ihr nicht im Geringsten etwas auszumachen, dabei war sie zierlich wie Kate Moss. Das Ende der Nacht: Ich erwachte im Krankenhaus. Alkoholvergiftung.*

Dominierende Dating-Partnerin. ***Frank (34):*** *Martina war sehr dominierend bei unseren ersten Dates und legte genau die Abläufe fest: »Wir gehen erst auf die Eisbahn, dann sehen wir uns dieses Melodram mit Naomi Watts und Robin Wright an, und dann essen wir bei Vapiano Nudeln.« Ich sagte: »Ich nehm dann da eine Pizza!« Sie: »Okay!« Ha, wer war da der Mann?*

Tai-Chi-Adonis. ***Frauke (32):*** *Ich traf mich mit einem coolen Typen, und eines Morgens sah ich ihn zufällig im Park. Er machte Tai-Chi-Übungen im Kimono, das sah irgendwie seltsam aus. Wobei: Ein Mann, der sich in Gelassenheit übt und gut im Kimono aussieht, so verkehrt ist das nicht.*

Twitternder Hund. ***Alexander (35):*** *Ich datete Mona, die mir stolz zeigte, dass sie ihrem Hund einen eigenen Twitter-Account angelegt hatte. Sie retweetete wiederum die Hunde-Posts, führte also über ihren eigenen Twitter-Account Dialoge mit ihrem Hund. War mir eine Spur zu durchgeknallt.*

K.-o.-Tropfen-Paranoia. ***Joe (33):*** *Ich war mit dieser schönen, aber etwas rätselhaften Frau in einer Lounge-Bar, und wir* *tranken einen Cocktail. Als sie von der Toilette kam und der Kellner inzwischen die Drinks gebracht hatte, bestand sie darauf, dass ich zunächst von ihrem Drink kostete. Ich fragte sie, was das sollte, ich hatte mich ja bewusst für meinen Whiskey-Cola entschieden und wollte keinen süßen Cocktail. Da sagte sie: »Ich habe schlechte Erfahrungen gemacht mit Typen, die einem K.-o.-Tropfen in die Drinks schütten. Du scheinst ein netter Kerl zu sein, aber wie kann ich da sicher sein? Würdest du also bitte einen großen ersten Schluck von meinem Cosmopolitan nehmen?« Ich tat sogar, was sie wollte, aber das war mir doch eine Spur zu paranoid.*

Jetzt geht die Stimmung App! *Sharif (23):* *Ich ging mit diesem Mädel aus, das machte während des Dates plötzlich ein Foto von mir mit seinem Smartphone und jagte es durch eine Stimmungs-App, die anhand von Gesichtsausdrücken mitteilt, was in deinem Gegenüber wirklich vor sich geht. »Du bist skeptisch!«, quietschte sie. »Die App sagt es, du bist skeptisch! Und wenn es eine App sagt, dann ist es wahr!« Wie soll man gucken, wenn nicht skeptisch, wenn man in einer Bar plötzlich von einem Blitzlicht überrascht wird?*

Disziplinarstrafe. *Christoph (30):* *Ich kam siebeneinhalb Minuten zu spät zum Date, ich hatte nicht mit so einem Verkehr gerechnet und entschuldigte mich natürlich. Doch sie fauchte mich nur an: »Entweder du bist pünktlich, oder wir lassen es gleich sein.« Das war mir etwas zu kiebig, also sagte ich: »Oh, ich kann es mir aussuchen? Na gut, dann entscheide ich mich fürs Seinlassen.«*

Baby-Entzücken. *Joe (33):* *Ich hatte das dritte Date mit Ronja, und wir verstanden uns wirklich gut. Wir beschlossen, es langsam angehen zu lassen. Wir verließen das Café, und draußen kam eine Kollegin von ihr mit einem Kinderwagen vorbei. Ronja rastete völlig aus, riss das Kind an sich, wollte* *es nicht mehr hergeben, jauchzte: »So einen kleinen Raschelhasen will ich auch!!!« Mir wurde bange.*

Simulant vs. Eisprinzessin. ***Juliette (27):*** *Claudio kam zum zweiten Date plötzlich mit einer fetten Halskrause. Ich hatte die ganze Zeit das Gefühl, er wolle gefragt werden, was passiert sei. Deswegen fragte ich ihn extra nicht. Ich dachte mir: ›Komm schon, Kumpel, spuck's aus.‹ Aber er sagte nichts. Es war wie ein Spiel zwischen uns. Vielleicht hat er ja eh nur simuliert.*

Claudio (31): *Ich hatte diesen echt fetten Unfall und schleppte mich trotz Halskrause zum vereinbarten Date mit Juliette. Und sie? Fragt nicht einmal, was mir passiert ist. Es war, als sei ich ein verwundetes Tier und deswegen für sie weniger wert. So eine kaltherzige Kuh.*

Küss die Hand! ***Susann (33):*** *Er kam im dreiteiligen Anzug mit Einstecktuch ins Restaurant und nahm meine Hand zur Begrüßung wie zum Handkuss entgegen. Ich fand das irgendwie schmierig.*

Waffennarr. ***Susann (33):*** *Er nannte mir das Unternehmen, für das er arbeitete. Ich sagte: »Oh, ist das nicht ein Rüstungskonzern?« Da sagte er mit weinerlicher Stimme: »Du verurteilst mich, und das tut weh.«*

Hipster-Depression. ***Sonja (22):*** *Er saß da im Frühstücks-Diner mit Wollmütze im Gesicht und war völlig fertig von der 90er-Jahre-Quiznacht. Er quatschte von seinen Start-up-Plänen und dass er »unbedingt ein Jahr Mittelamerika machen« wollte, aber er hatte kein Geld, um seinen – geschweige denn meinen – Kaffee zu bezahlen.*

Film-Freak. ***Sanja (27):*** *Er erzählte stundenlang von schrägen Undergroundfilmen und den neuesten amerikanischen Kultserien und sagte immer wieder zwei Sätze: »Was, kennst du nicht?« und »Musst du gesehen haben!«*

Stalkerin. ***Serkan (26):*** *Ich erhielt in den ersten 24 Stunden nach dem Date mit Mareike 17 SMS, 12 Anrufe und 11 Facebook-Nachrichten, in denen sie unser Date verarbeitete oder weitere Dates plante oder ihre Gefühle zu mir formulierte oder über unsere gemeinsame Zukunft fantasierte. Angsteinflößend!*

Knochenknackerin. ***Lukas (27):*** *Beatrice war ein zartes, wunderschönes Mädchen. Wir waren in einer Bar in Kreuzberg, als sie Heißhunger anmeldete. Sie kenne einen hervorragenden türkischen Imbiss in der Nähe. Also sind wir dorthin, und sie bestellte ein halbes Grillhähnchen. Genüsslich zog sie dem Vogel die Haut ab, nicht um sie auszusortieren, sondern um sie zu verschlingen. Dann nagte sie wie eine ausgehungerte Hyäne die Knochen ab und riss sie auseinander und puhlte neben den Sehnen nach Fleischresten. Schließlich zerbiss sie sogar die Knochen. Bald war ihr ganzer Mund verschmiert mit einem Gemisch aus Lippenstift und Fett. Dann leckte sie sich säuberlich das Fett und das Salz von jedem einzelnen Finger. Keine uninteressante, aber eine doch sehr merkwürdige Vorstellung.*

Schwester der Unbarmherzigkeit. ***Michael (40):*** *Ich datete ein süßes junges Mädel, Krankenschwester. Sie erzählte mir, dass ihr Ex mit einer guten Bekannten von ihr durchgebrannt sei. Und nun stelle sie sich jede Nacht vor, wie die Rivalin einen schweren Unfall habe, den sie gerade so überlebe. Sie sei ans Bett gefesselt, könne sich kaum bewegen – und ganz abhängig von ihr und ihrem Wohlwollen. Wie bei Stephen King!*

Breaking-Bad-Fanatiker. ***Juliane (29):*** *Beim Date erzählte er mir anderthalb Stunden lang, was für eine geniale Serie »Breaking Bad« sei und warum man sie gesehen haben müsse. Es ging um nichts anderes! Ich wollte »Breaking Bad«*

immer mal sehen, aber nun werde ich es niemals schaffen – so ist das immer bei mir, wenn man mir Dinge zu sehr empfiehlt.

Immer im Dienst! ***Tanja (40):*** *Ich hatte ein Date mit einem Polizisten. Wir schlenderten durch den Park, als er sah, wie ein paar Skateboarder einen Joint rauchten. »Stehen bleiben! Nicht bewegen!«, brüllte er und holte seine Dienstmarke hervor – wohlgemerkt, er war gar nicht im Dienst. »Sie verstoßen gegen das Betäubungsmittelgesetz!« Alle Leute im Park sahen zu uns. Hätte mein Schicksal es so gewollt, dass ich einmal von einem Erdriss verschlungen werde, wäre das genau der richtige Zeitpunkt gewesen.*

Moderationssuperstar. ***Joe (33):*** *Sie gab unendlich mit ihrer Karriere als Moderatorin an – sie führte durch eine Internetsendung! Sie sagte Sätze wie: »Man stellte früh fest, wie geeignet ich war … bla bla … Charity ist mir sehr wichtig bla … bla …« Und dann entschuldigte sie sich für die Toilette mit einem einstudierten Haifischlächeln, als sage sie eine Werbeunterbrechung an: »Ich gehe jetzt ins Badezimmer« – sie machte eine Kunstpause und zeigte eine Fünf mit der Hand – »wir sehen uns in wenigen Minuten wieder …«*

Das Lied vom Tod. ***Maike (23):*** *Der Typ, mit dem ich mich einmal traf, wirkte zunächst ganz normal. Es war also nicht so, dass er ganz in Schwarz gekleidet gewesen wäre oder Ähnliches. Aber er war besessen vom Tod. Er erzählte mir die ganze Zeit Geschichten über Leute, die auf absurde Weise ums Leben gekommen waren, weil sie in Gullys gefallen und verhungert waren oder beim Joggen von einem Rudel Kojoten zerfleischt wurden.*

NSA-Opfer. ***Martina (30):*** *Der Typ kam aus bestem Hause, war aber komplett verrückt. Dachte ich zumindest. Er sagte mir, die NSA sei hinter ihm her, er stamme aus einem alten Adelsgeschlecht und er sei der Häuptling eines afrikanischen Stam-*

mes. Wieder zu Hause, googelte ich aus Spaß seinen Namen. Ich war mir sicher, auf einen durchgeknallten Blog von ihm mit wirren Thesen zu stoßen. Stattdessen fand ich einen Artikel der Offenburger Lokalzeitung. Überschrift: »Wie ein Offenburger Häuptling in Tonga wurde«.

Pedantischer Klamottenfalter. ***Özlem (27):*** *Nach unserem dritten Date gingen wir zu mir nach Hause und begannen im Wohnzimmer zu knutschen. Wir zogen uns aus, unsere Klamotten landeten auf dem Boden. Er unterbrach das Küssen, um seine Klamotten vom Boden aufzulesen und fein säuberlich zu falten. Ecke auf Ecke. Dann legte er sie aufs Sofa. Ich stutzte, dann machten wir weiter rum. Wir landeten auf dem Sofa, und ich fegte meine sperrige Kissenwurst und seine Klamotten von den Polstern. Da unterbrach er unser Liebesspiel erneut und hob die Sachen wieder vom Boden auf und faltete sie noch einmal zusammen. Er setzte meiner Meinung nach eindeutig die falschen Prioritäten!*

Die schlimmsten Fehler beim Date

- Den Kopf nicht frei haben, weil Sie zum Beispiel noch einer abgelaufenen Geschichte hinterhertrauern oder gestresst vom Job sind.
- Auf Unwichtiges fokussieren: Ist er/sie schlau, schön, witzig genug? Trägt er/sie die richtigen Schuhe? Mit solchen Nebenkriegsschauplätzen wollen wir uns selbst nur von inneren Ängsten und Konflikten ablenken.
- Lügen. Glauben Sie nicht, dass der andere Ihnen glaubt, nur weil er nicht widerspricht. Die meisten Menschen haben ein besseres Lügenradar, als man denkt.
- Bedürftig wirken. Niemand will ein Rettungsboot sein.

- Zu viel preisgeben. Überfordert den anderen.
- Zu wenig preisgeben. Ist feige und langweilig.
- Spielchen spielen. Männer neigen dazu, zielgerichtete Pick-up-Kniffe stoisch anzuwenden, Frauen spielen gerne »schwer zu kriegen«. Durchschaut der andere meist. Keine Frage: Es ist gut, sich zu informieren und sich Anregungen zu holen. Doch jede Situation ist anders und fordert flexibles Handeln. Der beste Ratgeber ist die eigene Intuition. Vertrauen Sie sich!
- Nonstop reden. Besser: Fragen stellen, zuhören!
- Passiv sein. Besser: Das Date immer mitgestalten: Wo es hingeht, worüber geredet wird, wie es weitergeht. Mit Initiative kommen Sie weiter!

Date-Crasher Nr. 7: Überraschungsei mit faulem Inhalt

Ein Date ist eine Wundertüte – aber es sind nicht immer nur Süßigkeiten drin! Oft werden wir mit unangenehmen Fakten aus dem Leben des anderen konfrontiert oder mit unguten Charaktereigenschaften. So schockierend es mitunter sein mag – besser, wir entdecken sie jetzt gleich als später.

Krawall-Schwester. ***Martin (28):*** *Wir kamen aus der Bar, als ein paar Polizisten gerade veranlassten, dass Romys Range Rover abgeschleppt wurde, den sie vor einer Einfahrt geparkt hatte. Sie legte sich fürchterlich mit den Polizisten an und beleidigte sie. Ich bedeutete ihr, sie solle sich beruhigen, aber sie schimpfte sich immer mehr in Rage. Schließlich war es den Polizisten zu bunt (Ich glaube, bei »ich zieh euch an euren dämlichen Bullenklöten durch die ganze verfickte Stadt, ihr Frauenhasser in Uniform« war das Maß für die Beamten voll.) – und sie packten Romy in den Streifenwagen. Sie leistete Widerstand, rief mir dann aber zu: »Schatz, ich ruf dich an, ja?«, und warf mir einen Kussmund zu, ehe sie sich dann weiter gegen die Polizisten wehrte. Total irre!*

Schuss nicht gehört. ***Anne (32):*** *Ich hatte ein Date mit einem deutsch-französischen Fotografen, den ich auf einer Vernissage kennengelernt hatte. Er quatschte vier Stunden lang von seinem Paparazzi-Job, wie er Kate Moss eine Ewigkeit aufgelauert hatte, wie er in Saint-Tropez an einem Geschirr aus* *dem Helikopter gehangen hatte, um gute Fotos schießen zu können. Keine einzige Frage, was ich so mache. Dann wollte er die Rechnung teilen, was insofern ungerecht war, weil ich einen Vorspeisensalat und ein Glas Wein hatte und er drei Gänge verspeist und dabei gesoffen hatte wie ein Loch. Als wir das Lokal verließen, war ich ziemlich verstimmt. Doch es kam noch schlimmer: Er drückte mich plötzlich gegen eine Wand und versuchte, seine Zunge zwischen meine Lippen zu drängeln. Bei der Verabschiedung bat er noch darum, dass ich ihn in meiner Zeitungsredaktion vermittle.*

Durchgeknallte Ex. ***Maria (31):*** *Schon beim Date merkte ich, dass irgendjemand ihn immer anrief und ihn das beunruhigte. Ich sagte zu ihm: »Geh doch ruhig ran, gar kein Problem für mich.« Er sagte: »Nein, nein« und stellte sein Handy aus. Als wir bei ihm waren, schellte es Sturm. Seine eifersüchtige Ex stand schreiend und heulend vor der Tür. Er stand hilflos im Hausflur rum. Dann schrie sie durch die Tür: »Liebling, ich habe deinen Namen in meinen Oberschenkel geritzt!« Ich dachte nur: Diese Trulla hat doch mal richtig die Pfanne heiß! Er ging vor die Tür, ich hörte, wie sie schluchzend in seinen Armen zusammenbrach. Er kam dann noch mal kurz rein, sagte: »Mir tut das deinetwegen schrecklich leid. Ich muss sie nach Hause fahren. Bitte warte hier auf mich.« Dann ging er. Ich wartete nicht.*

Sex und Video. ***Corinna (37):*** *Ich hatte mich nach dem ersten Date von Lars abschleppen lassen und lümmelte morgens bei ihm auf dem Sofa, während er Brötchen beim Bäcker holte. Ich spielte mit der Fernbedienung, als plötzlich der DVD-Player ansprang und ein Porno lief. Es handelte sich um eine ziemlich wüste Gruppensexszene, in der es jeder mit jedem trieb. Schließlich erkannte ich Lars als einen der Akteure. Er trieb es mit allen Frauen der Orgie. Mein Mund muss so weit offen* *gestanden haben, dass problemlos ein Range Rover hätte reinfahren können. Ich war schockiert und sprach ihn darauf an, als er wiederkam. Er sagte: »Och, das mach ich nur so nebenbei, ich verwirkliche auf diese Weise meine Sexualität. Du hast doch nichts gegen Pornos?« Ich war mir nicht sicher …*

Diebstahl-Unterstellung. ***Viola (23):*** *Einmal ging ich direkt nach dem ersten Date mit einem Typen nach Hause. Am nächsten Morgen verschwand ich, bevor er aufwachte. Wenig später rief er mich an und schimpfte los: Ich sei eine miese Schlampe, weil ich seine Rolex gestohlen hätte. Die Polizei sei informiert, und er werde sich die Uhr wiederholen, auf die eine oder die andere Art. Mir machte das wirklich Angst. Zum Glück habe ich nie wieder etwas von dem Kerl gehört und ihn auch nie mehr gesehen.*

Fußfesselnde Femme fatale. ***Martin (28):*** *Ich wollte meine neue Eroberung zu einem Brandenburger Badesee mitnehmen. Als wir die Grenze von Berlin verließen, wurde über ihre Fußfessel die Polizei alarmiert. Sie gestand mir, eine Strafe wegen Drogenschmuggels abzusitzen.*

Mann für gewisse Stunden. ***Tina (32):*** *Ich hatte ein Date mit einem sexy Typen, muskulös, aufmerksam, so wie ich es mag. Ich dachte mir: Wow, endlich mal wieder. Dann das: »Du, ich will mit offenen Karten spielen«, begann er. »Ich arbeite als Escort-Boy.« Stille. Ich schluckte. Ich schluckte noch einmal. Dann fragte ich, nur um sicherzugehen: »Du lässt dich von Frauen buchen, um mit ihnen Sex zu haben?« Er antwortete: »Nun, eigentlich von Männern. Mit Frauen verdient man nichts. Der Markt ist zu klein, Frauen sind geizig. Nur mit Männern macht man richtig Kohle.« Ich verschluckte mich.*

Als ich mit dem Feind ins Bett ging. ***Nina (41):***
Nachdem meine Affäre mit Erwin zu Ende war, hatte ich das dringende Bedürfnis, meine Wohnung von einer Schamanin

reinigen zu lassen. Simira stellte die Anwesenheit einer verstorbenen Bewohnerin fest, eines unglücklich verliebten Dienstmädchens, das aber im Frieden mit sich selbst starb und mir wohlwollend gegenüberstand. Wäre toll, wenn sie mal feucht durchwischen könnte, dachte ich mir. Simira empfahl mir allerdings, ein großes Billy-Regal aus meinem Arbeitszimmer zu entfernen, der damaligen Kammer des Dienstmädchens, es verstelle die ehemalige Tür. Sie trug mir außerdem auf, noch ein paar weitere Möbelstücke umzustellen, da sie den energetischen Strömen, den Laylines, wie sie sagte, im Wege stünden. Ich tat wie geheißen, denn eine energetische Grundreinigung bedeutet mir mehr als die Ideen meines Innenarchitekten.

Ich sollte außerdem ein altes Bild einer traurigen, schönen Frau vom Trödelmarkt entfernen, das mit negativen Energien assoziiert sei, und verbannte es folgsam.

Doch Simira war immer noch nicht zufrieden, sie schnüffelte in der Luft herum, als rieche sie einen angebrannten Braten im Ofen. Dann steuerte sie zielstrebig auf mein Regal in der Diele zu. Dort fischte sie aus einer Schale eine Totenkopfkette hervor. Ich erschauerte. Diese Kette hatte mir Erwin in New Orleans in einem Krimskrams-Voodoo-Laden geschenkt. »Die hier muss weg!«, sagte sie bestimmt. »Sofort!«

Ich hatte Erwin sieben oder acht Mal getroffen, als ich ihn spontan einlud, mich zu einem Ärztekongress nach New Orleans zu begleiten. Als er mir und sich im französischen Viertel die gleiche Totenkopfkette kaufte, war klar, dass wir nun vom Dating in die nächste Phase übergehen würden – ich fand das spannend, es machte mich glücklich, aber es beunruhigte mich auch. Auf dem Rückweg im Flieger, als Erwin vor Hangover 2 eingeschlafen war, sah ich ihn an. Ich dachte darüber nach, dass jeder Mensch schläft, selbst den grauen-

haftesten Vertretern unserer fragwürdigen Rasse fallen nach circa 16 Stunden Wachzeit die Augen zu. Man darf sich also von dem Anblick eines schlafenden Menschen nicht täuschen lassen. Mir ging aber auch durch den Kopf, dass er wirklich aussah wie ein schlafender Johnny Depp und auf dem Trip sehr süß zu mir gewesen war.
Wäre da nicht die unangenehme Bemerkung in einem Blues-Club gewesen, eine Bemerkung, die der echte Johnny Depp nie gemacht hätte, da bin ich mir sicher. In dem Club gefiel es uns beiden ausgezeichnet. Wir sprachen über seine 17-jährige Tochter, und ich fragte ihn, wie er reagieren würde, wenn sie jetzt schwanger würde, in demselben Alter, in dem er damals Vater wurde. Er sagte: »Wäre mir egal, solange sie nicht von einem Schwarzen schwanger ist.« Ich hatte plötzlich ein eisiges Gefühl und wünschte mir sehr, dieser Satz wäre nicht gefallen.
Ich dachte im Flieger auch an seine T-Shirts mit Südstaatenflagge. Trug er die, weil er ein Fan von ›Vom Winde verweht‹ war? Ich musste auch wieder an die Sache mit der Band denken, in der er Schlagzeuger ist. »Verdammnis«, heißt sie, ein idiotischer Name, ich dachte allerdings, die würden auf den Schwedenkrimi-Zug aufspringen. Die Band spielte mit teutonischen Elementen und Mittelalter, nichts Ungewöhnliches für eine Gothic-Rockband. Doch ich hatte ergoogelt, dass Erwin offenbar noch in einer anderen Band spielte. Und diese Band gefiel mir gar nicht: Auf ihrer Website fand ich widerliche Symbole der Whitepower-Bewegung, so eine beschissene Faust zum Beispiel. Ihre Texte waren hart an der Grenze. Ich war früher Antifa, engagiere mich bei »Deutschland gegen Nazis«, bin bei jeder Anti-NPD-Demo dabei. Ich stellte ihn zur Rede. Er gab zu, früher in dieser Band gespielt zu haben, aber als die ihm zu krass geworden seien, sei er zu

»Verdammnis« gewechselt. Ich hatte mich damals mit dieser Antwort zufriedengegeben. Weil ich sie glauben wollte.

Doch als wir nach New Orleans wieder in Deutschland waren, googelte ich erneut, und ich fand Fotos von Auftritten jener angeblichen Ex-Band, die auf wenige Wochen zuvor datiert waren und in denen Erwin ganz eindeutig am Schlagzeug saß. Ich stellte ihn zur Rede, als wir uns im Park erstmals nach der Reise wiedertrafen. »Wer bist du, eine Stasi-Agentin?«, fragte er mich, und der Ton wurde schärfer. Ich sagte ihm, dass wir ehrlich zueinander sein müssten, wenn es mit uns etwas werden sollte, und fragte ihn, warum er mich bisher nicht ein einziges Mal zu sich nach Köpenick eingeladen hatte. »Die Unordnung-Ausrede zieht nicht mehr!«

»Dir würde nicht gefallen, was ich sammle«, sagte er.

»Was sammelst du denn?«, fragte ich und war nicht sicher, ob ich die Antwort hören wollte.

»SS-Uniformen«, sagte er. Ich muss speziell entsetzt ausgesehen haben. »Ich bin kein Nazi, ich sammle die aus geschichtlichem Interesse«, sagte er schnell. Ich drehte mich augenblicklich um und ging.

Ich fühlte mich wie eine elende Kollaborateurin. Ich hasste mich dafür, nicht hingehört zu haben, nicht richtig gegoogelt zu haben, nur das gesehen zu haben, was ich sehen wollte. Weil er doch aussah wie Johnny Depp. Weil er doch aus einer ostdeutschen Schauspielfamilie mit Hippie-Flair kam. Weil er doch so süß sein konnte. Ich hatte den Feind in meinem Bett. Ich rief ihn nach diesem Geständnis nie wieder an, und auch er meldete sich nie wieder. Er hatte verstanden. Jetzt bin ich mit einem tollen Schwarzen zusammen und sehr glücklich. Vielleicht auch zu einem winzigen Teil, weil ich etwas gutzumachen hatte. Die Totenkopfkette warf ich unter strengem Blick meiner Schamanin in den Sondermüll.

Als ich mein Date in den Schwulen-Club schleppte. ***Ariane (31):*** *Ich bin ein »schwules« Mädchen, sprich: Ich habe einen großen schwulen Freundeskreis. Ich bin nicht Cher und auch nicht Lady Gaga, aber wenn die beiden zusammen eine Tochter hätten, könnte ich das sein. Wenn jemand meine homosexuellen Freunde Schwulis nennt, raste ich aus. Das darf nur ich. Ein Typ, der Probleme mit meinen Schwulis hat, hat bei mir nichts zu suchen. Der kann in einer seiner heterosexuellen Höllen schmoren. Wissen Sie, was das Angenehme an schwulen Freunden ist? Dass sie einen genau vor diesen heterosexuellen Höllen bewahren. Also vor Discos oder Bars, die Prisma, Speicher oder Ku'dorf heißen und in denen es zur Happy Hour Vier-Euro-Cocktails namens »Sex on the Beach« oder »Orgasm« gibt.*

Schwule dagegen führen einen in elegante Clubs mit elektronischer Musik und einem breiten Angebot an Stimulanzien, Champagner mit Aperol etwa. Samstagnachmittags geht es statt in Baummärkte in Bekleidungsgeschäfte, und Schwule begreifen, wie wichtig Schuhe sind. Statt die X-Box-Convention besuchen sie die Möbelmesse, statt in der Hertha-BSC-Fankurve sitzen sie mit einem in der ersten Reihe bei der Fashion Week.

Meine Schwulis bedeuten mir sehr viel, und das hat ein Mann, mit dem ich ausgehe, zu verstehen. Nun habe ich auch einen ziemlich schwulen Männergeschmack: Ich stehe auf kernige, muskulöse Jungs mit einem Touch Unterschicht. Diplome hab ich schließlich selbst, und ins Theater gehe ich – richtig – mit meinen Schwulis. Leider sind die Männer, auf die ich stehe, oft genau diejenigen, die die größten Berührungsängste mit meinen Schwulis haben.

So auch Johannes, ein Tier von einem Mann, gutmütig, ein bisschen tumb. Er besaß seine eigene Gebäudereinigungsfirma,

nun, warum nicht, schmutzige Gebäude gibt's schließlich immer. Ich lernte ihn am Potsdamer Platz kennen, ich wollte zu H & M, und direkt davor machte ein Clown Faxen, warb für einen Zirkus oder Übleres.
So etwas Vertrautes, so etwas hoffnungslos Altmodisches wie ein Clown! Wie sollte er die Kids zwischen all den Playstations, 3-D-Animationsfilmen und Castingshow-Gewinnern auf Autogrammstunde für sich gewinnen? Nicht einmal die Jüngsten ließen sich begeistern. Sie klammerten sich erschrocken an ihre Eltern, fingen an zu weinen, als der Clown versuchte, ihnen bunte Ballons zu überreichen. Clowns sind so out, dass man ein neues Wort für out erfinden müsste. Das alles ging mir durch den Kopf, und dann erblickte ich diesen schönen, kräftigen, blonden Hünen, der als Einziger über die erbärmlichen Faxen des Clowns lachte, ein aufrichtiges, klares, lautes Männerlachen, und ich sah, wie der Clown sich freute und ihn dankbar ansah. Da musste ich vor Rührung weinen, aber ich ließ es so aussehen, als weine ich vor Lachen, und der Typ reichte mir ein Taschentuch und lud mich auf einen Bananensplit in seine bevorzugte Shopping-Mall-Eisdiele ein.
Ich bewunderte, in welchem Tempo er einen XXL-Milchshake verdrückte. Er erzählte mir von der Kunst der Gebäudereinigung und von seinem letzten Ibiza-Urlaub, und ich dachte immer nur: Mann, will ich mit dir schlafen. Wir verabredeten uns für ein Date.
Da ich wegen des Bananensplits eine Stunde auf den Stepper musste, wählte ich diesmal ein Café aus, in Mitte, und überredete ihn zu einem Ingwer-Mango-Shake. Ich mochte Johannes, er war charmant, schien mich und meinen Lifestyle zu bewundern, lachte über meine Witze und war einfach süß. Dann rauschten Stephen und Henry herein, zwei meiner

Schwulis, winkten mir hektisch zu, sahen dann Johannes an meinem Tisch und glotzten ihn mit offenen Mündern an.
»Wie ihr so dasteht mit euren offenen Mündern seht ihr aus wie eine Glory-Hole-Wand!«, sagte ich, und wir lachten alle drei hysterisch über meinen Witz. Nur Johannes blickte ratlos.
Ich stellte ihm die beiden vor, sie rieben sich nach seinem Händedruck mit schmerzverzerrten Gesichtern die Knochen.
»Du hast tolle blonde Haare«, sagte Jerry zu Johannes. »Passt der Teppich zu den Vorhängen?«, fügte er keck hinzu und blickte ihm anzüglich in den Schritt. Dann kauten wir die gestrige Topmodel-Sendung durch. »Ich liebe Heidi Klum«, sagte ich, »sie hat bewiesen, dass man mit einem Wortschatz, der hauptsächlich aus ›super‹ besteht, seine eigene Sendung moderieren kann. Sie hat uns allen Hoffnung gemacht!«
»Wie findest du Heidi Klum?«, wollte Henry von Johannes wissen.
»Gute Titten für ihr Alter«, sagte Johannes. Dann rauschten die beiden davon. »Was waren das denn für Vögel?«, fragte Johannes kopfschüttelnd.
›Oh oh‹, dachte ich mir. ›Homophobie-Alarm!‹
Nach dem dritten Date gingen wir ins Bett, in mein Bett, denn er wohnte in Friedenau, und ich habe das Gefühl, ich falle von der Erdscheibe runter, wenn ich die Innenstadtbezirke verlasse. Der Sex war grandios, auch wenn ich das Gefühl hatte, dass Johannes die Sache beschleunigte, um Champions League gucken zu können. Ich ließ ihn gewähren, aber als seine Mannschaft verlor, brüllte er: »So eine schwule Scheiße!«
Da fasste ich einen Plan. »Johannes, ich habe Lust auf einen Drink. Lass uns ausgehen.«
»Okay«, sagte er. »Wohin?«

Muskeljungs mit nacktem Oberkörper, kirchturmhohe Transvestiten, Tänzer mit goldenen Slips auf den Boxen, Zungenküsse zu dritt – das waren die ersten Eindrücke, als uns der Aufzug in den Weekend-Club über den Dächern Berlins ausspuckte.

»Wir sind in einem Schwulenclub«, stellte Johannes ganz richtig fest.

»Ja!«, sagte ich und zerrte ihn zur Bar. Ich fühlte mich wie Moses, der das Meer teilte, denn ehrfürchtig wichen alle zur Seite und bewunderten meine heterosexuelle Beute. Ich traf Stephen und Henry.

»Mist«, sagte Henry zu mir. »Wieso sind alle geilen Männer hetero?«

»Guck dich um, hier sind die schönsten schwulen Männer!«, sagte ich. »Ach, diese Diven. So einer wie Johannes«, seufzte Henry, »der ist einfach ein richtiger Mann!«

Johannes schlug sich erstaunlich gut im Club. Er kannte den Barkeeper – vom Kickboxen – und versorgte uns mit einer Wodkaflasche aufs Haus. Er zog sein Hemd aus und tanzte im Tanktop weiter – Szenenapplaus auf der Tanzfläche. Er scherzte mit Stephen und Henry und ließ sie seine Muskeln fühlen. Ich sah ihn an, stolz auf diesen fetten Fisch, den ich mir geangelt hatte und mit dem man auch noch so viel Spaß haben konnte.

Und irgendwann hatte ich ihn im Getümmel verloren. Ich begann ihn zu suchen, ich wollte langsam heim, noch einmal in seinen starken Armen liegen. Im Gang zum Klo traf ich Stephen und Henry. »Habt ihr Johannes gesehen?«, fragte ich. »Nein, ich nicht«, sagte Henry sofort und wandte sich an Stephen: »Hast du ihn gesehen?« Stephen schüttelte übereifrig den Kopf.

Da kam Fridolin, die bissigste Schwulette, die man sich den-

ken kann. Er war mein erster schwuler Freund in Berlin gewesen und hat mir bis heute nicht verziehen, dass ich mich mit Stephen und Henry angefreundet habe. »Guck einer an, hallihallöchen, wenn das nicht Ariane ist, die ihre Muskelschnitte Gassi führt! Wie geht es dir, du grauenhafte Person?«
»Nun, ich finde tiefe V-Ausschnitte bei Männern mit flacher, blasser Brust grauenvoll, aber ich bin zu höflich, um das zu sagen, du Flachbrust!«, säuselte ich.
»Ach Häschen, wenn ich Frauen wie dich treffe, weiß ich immer, warum ich schwul bin!«, zischte er. Dann küssten wir uns zur Begrüßung. »Übrigens«, fuhr er vielsagend fort, »deine Hete scheint sich ja ganz wohl zu fühlen hier. Vielleicht war es zu früh, die Leine loszulassen.«
»Hast du ihn gesehen?«
»Auf dem Kloooo-hooo!«, sang Fridolin bedeutungsvoll und schwirrte ab. Ich ahnte Ungutes: War Johannes etwa ein Kokser? Mein sportlicher, heterosexueller Johannes aus Friedenau? Das hätte ich nie vermutet. Wenn meine schwulen Freunde koksen, okay, bei zukünftigen Lebensabschnittsgefährten dagegen schätze ich das gar nicht. Kokser sind unzuverlässig, unberechenbar und polygam. Alle Klos waren besetzt. Ich blickte unter jede Klotür. Unter der ersten Tür zwei Gucci-Slipper. Unter der zweiten zwei Paar Boots und ein paar Hände in abgeschnittenen Lederhandschuhen. Handstand in der Klozelle? Ich konnte mich jetzt nicht darum kümmern. Unter der dritten Klotür drei paar Boots, um die heruntergezogene Slips hingen. Unter der vierten Tür ein Paar Turnschuhe, ein Paar Mega-High-Heels und zwei riesige rote Vogelfüße. War Bibo hier in einer Klozelle? Mich wunderte in diesem Laden wirklich nichts mehr. Das fünfte Klo war frei. Im sechsten Klo zwei Paar Turnschuhe, aber nicht die von Johannes.

Das letzte Klo war das einzige mit einer anderen Spezies Tür, unter der man nicht durchsehen konnte. Ich war mir sicher, Johannes befand sich ausgerechnet hinter dieser Tür. »Was zum Teufel macht der da?«, schoss es mir durch den Kopf, und dann: »Das kriege ich raus!«

Ich ging in Klozelle Nummer fünf, schloss mich ein und kletterte in meinem Cocktailkleid und auf High Heels auf den Klokasten und dann über die Trennwand in die Nebenzelle. Zwei Jungs standen da mit heruntergelassener Hose und befummelten sich. Als sie mich sahen, erschraken sie und zogen sich hastig die Hosen hoch. »Wer bist du, was willst du, bist du wahnsinnig?«, schreckten sie auf.

»Schhhht!«, wies ich sie an. »Mein zukünftiger Freund ist hier nebenan in der Klozelle, und ich will rausfinden, was er da drin macht, und ihr müsst mir dabei helfen.«

»Hey«, protestierten sie, »Geh raus, was hast du hier zu suchen? Bist du durchgeknallt?«

»Hört mal zu, ihr beiden Schwulis«, zischte ich. »Ich bin auf eurer Seite, seit ich ein Teenager bin! Ich war 1997 beim CSD in Freiburg und habe mich von schwäbischen Spießern mit Eiern bewerfen lassen. Ich hab eure Tränen getrocknet und selber ständig geweint, so oft, wie ich in Schwule verliebt war. Ich war mit euch auf Circuit-Partys in Miami, wo ich in der Discotittensuppe komplett ignoriert wurde und nicht mal einen Drink an der Bar bekam. Ich habe in Schöneberg die Kuss-Demo gegen schwulenfeindliche Restaurantbesitzer mitorganisiert. Und jetzt, verdammt noch mal, ist es Zeit, dass ihr etwas für MICH tut. Also helft mir, verdammt!«

»Okay«, sagten sie eingeschüchtert. »Und wie?«

»Hebt mich hoch, und seid leise dabei!« Und sie stemmten mich an den Hüften über die Trennwand. Ich lugte vorsichtig hinüber. Es war wirklich Johannes in der Zelle nebenan. Die

gute Nachricht: Drogen nahm er nicht. Die beiden Jungs ließen mich wieder runter, ich stutzte kurz und befahl ihnen, mich noch einmal hochzuheben. Ich musste mich verguckt haben. Wieder lugte ich über die Trennwand. Nein, es war wahr. Ich stürmte verstört aus dem WC und suchte Henry und Stephen.

»Johannes hat Sex auf dem Klo!«, schrie ich ihnen entgegen.

»Oh mein Gott!«, riefen sie. »Mit einem Mann?!?«

»Mit einer Frau!«

»So richtig Sex?!«

»Eindeutig.«

»Na dann steht er ja tatsächlich auf Frauen«, sagte Henry ein wenig enttäuscht.

»Ja«, sagte ich. »Und er legt keinen Wert darauf, dass sie als Frauen geboren wurden. Hauptsache, sie sind jetzt Frauen.«

»Nein!?!« Henry konnte es nicht fassen. »Er macht mit einer Transe aufm Klo rum?!«

»Mit einer Transsexuellen. Einer Umgebauten. Oben Brüste. Untenrum noch Mann.«

»Das konntest du sehen?«

»Ja.«

»Tja, er dachte sich wohl, Loch ist Loch …«, sagte Stephen.

»Es ist nicht so, dass er es ihr machte.«

»Sondern?«

»Sie machte es ihm.«

Als Paris & Nicky davonflogen. ***Philip (36):***

Ich ahnte, dass Melissa ihre Nymphensittiche Paris und Nicky sehr wichtig waren. Schon beim ersten Date zeigte sie mir zahlreiche Handyfotos der beiden Racker mit dem kessen Kopfschmuck. Paris auf den Klaviertasten, Nicky am Weinglas nippend, Paris und Nicky bei schwesterlichen Inzestspielen, Paris und Nicky in symmetrischer Anordnung auf Melissas dunkelhaarigem Kopf. Dass sie so tierlieb war, machte Melissa noch anziehender für mich, diese sanftmütige Pianistin zypriotischer Herkunft mit den dunklen Augen, die wachsam ihr Geheimnis hüteten. Melissa, die Gedichte von Rilke und Lord Byron zitieren konnte.

Als ich nach dem dritten Date erstmals ihre Wohnung betrat, war ich zunächst einmal abgeschrieben, denn Paris und Nicky kamen angeflattert, setzten sich zwitschernd auf ihre Schultern, und dann tauschten die drei Mädchen Zungenküsse aus. Mir blieb nichts anderes übrig, als neidisch zuzusehen. Doch ich wurde belohnt: Die erste Nacht mit Melissa war warm und weich und sanft, sie roch nach Thymian und Lavendel und ganz viel Frau. Melissa war Gesundheitsfanatikerin, eigentlich stand immer eine dampfende Kanne in ihrer Nähe, darin biologisch korrekter Tee. Dass ich mir manchmal gerne eine Kippe ansteckte, hatte ich taktierend verheimlicht. Als sie am nächsten Morgen zum Bäcker ging, um Vollkornbrötchen für unser erstes gemeinsames Frühstück zu holen, öffnete ich das Fenster und rauchte erleichtert hinaus. Eine gute Gelegenheit lasse ich ungern verstreichen. Draußen zwitscherten die Vögel, und drinnen zwitscherten sie auch.

Aber nicht mehr lange. Denn plötzlich schossen Paris und Nicky abenteuerlustig kreischend und in wilder Entschlossenheit geeint über meinen Kopf hinweg aus dem Fenster, hinaus in die Freiheit. Sie ließen sich auf einer Straßenkastanie nieder. Nach einem Moment der Schockstarre arbeitete mein Hirn auf Hochtouren an einem Notfallplan. Das Einzige, was dabei herauskam: Flüchten! Weg von hier! Sofort! Da ging das Schloss, ich hörte Melissa in der Diele flöten: »Ich habe Laugenstangen, Kümmelbrötchen, Vollkorncroissants …«

Sie kam ins Zimmer, blieb an der Tür stehen. Sie sah zum Käfig, blickte sich panisch im Zimmer um, sah zum offenen

Fenster, suchte dann, noch panischer, mit ihren Augen wieder das Zimmer ab, blickte noch einmal in den trostlosen Käfig. Dann schrie sie, wie ich noch nie eine Frau habe schreien hören.

»Ich konnte doch nicht ahnen, dass der Käfig offen ist!«, stammelte ich.

»Meinst du, ich sperre Nicky und Hilton ein!?!«, brüllte sie und packte mich. Ich war mir sicher, sie würde mich aus dem Fenster schmeißen. »Ihre Tür ist immer offen! IMMER! Sie waren meine Freunde. Sperrst du deine Freunde ein???«

Sie ließ von mir ab, lehnte sich aus dem Fenster, brach in Tränen aus, sah sich verzweifelt draußen um, flötete immerzu in einer irren Tonlage die Namen ihrer beiden Lieblinge, sackte schließlich heulend vor dem Fensterbrett zusammen. Ich näherte mich ihr vorsichtig, stotterte, dass es mir leidtue, und legte ungeschickt eine Hand auf ihre Schulter.

»Ich wette, Nicky und Hilton erleben gerade ein wahnsinniges Abenteuer!«, sagte ich.

Da fuhr sie hoch, wutrot im Gesicht, und pestete mich an: »Willst du mich auch noch verhöhnen? Die Krähen werden sie zerreißen, noch ehe die Sonne untergeht. Das ist das ganze Abenteuer. Und du bist schuld an allem, nur du! Du verdammter Scheißidiot, du bist schuld, mit deiner verdammten Nikotinsucht!« Sie beugte sich wieder aus dem Fenster. Dann drehte sie sich um, sah mich mit einem entrückten Blick an, der mich erschauern ließ. »Ich muss Paris und Nicky retten. Und du wirst mir dabei helfen.«

Schließlich standen wir auf einer belebten Straße mitten im Prenzlauer Berg unter der Kastanie, auf der wir Paris und Nicky vermuteten. Ich hatte diesen dämlichen Vogelkäfig in der Hand, während Melissa unermüdlich Vogelstimmen imitierte, um ihre gefiederten Gefährtinnen anzulocken. Passanten sahen uns verwundert an, manche schmunzelten, begriffen aber bald, dass sie Zeuge einer Tragödie waren. Und wer Zeuge einer Tragödie wird, geht in Berlin besser schnell weiter. Stunden verbrachten wir auf diese Weise. Als ich Melissa bat, wenigstens etwas zu trinken holen zu dürfen, brüllte sie mich an: »Du bleibst hier!« Schließlich aber schwanden ihre Kräfte, sie ließ sich erschöpft vor dem Vogelkäfig auf die Pflastersteine sinken und weinte bitterlich.

Plötzlich erklang vertrautes Gezwitscher. Melissa horchte auf wie eine Mutter, die ihr vermisstes Baby weinen hört. Paris und Nicky saßen direkt vor uns auf dem Fahrradständer eines Spätkaufs und sahen keck zu uns hinüber. Die beiden Pieptiere befanden sich auf Augenhöhe! Sie wirkten aufs höchste erregt. Einerseits schienen sie ihr Heim und ihre verzweifelte Herrin zu erkennen, andererseits aber überwältigt zu sein von ungeahnten Verlockungen und auflodernden Instinkten. Vielleicht las ich aber auch etwas zu viel in ihren kleinen Vogelgesichtern.

»Wenn du jetzt ein Geräusch machst oder eine falsche Bewegung, bringe ich dich um!«, flüsterte Melissa. Ich zweifelte nicht daran. In Zeitlupe nahm sie den Käfig und robbte auf den Knien über den Bordstein an den Fahrradständer heran. »Hallo, meine beiden Süßen, tirili, tschirp tschip«, gurrte sie wieder und wieder.

Interessiert reckten die beiden Viecher die Hälse, wippten nervös und richteten den Kopfschmuck auf. Bald war ihr Heim ihnen so nah, dass sie nur einen Satz hätten machen müssen, um hineinzuschlüpfen. Ich betete um meiner selbst willen, dass sie begreifen würden, dass Freiheit gefährlich und gemein ist und nichts als ein trügerisches Versprechen, das sich niemals einlöst. Ich betete, dass sie sich für viele weitere Vogeljahre in einem 20-Grad-Zimmer mit Trill-Hirsestangen

und Gurkenscheibchen zum Abwinken entscheiden würden. Dass sie bemerken würden, dass sie in ihren lächerlich bunten Vogelkleidern in dieser rauhen Fauna nur zum Gespött taugten. Dass sie in ihrer Unbeholfenheit dazu bestimmt waren, Opfer eines unbarmherzigen Verbrechens zu werden, dass düstere Gestalten schon in diesem Moment auf sie lauerten.
Aber wie hätte ich es Paris und Nicky verdenken können, wenn sie sich geweigert hätten, den Sprung zurück in ihr altes Leben zu machen! Wie mickrig, wie konstruiert wirkte dieser Käfig mit seinem Leckstein, seinem Trinkfläschchen, seinen Kletterleitern und seiner geöffneten Tür, die eine tückische Einladung aussprach, hier draußen.
Vielleicht sollten sie fliegen, vielleicht hatten sie eine Chance, vielleicht waren die wenigen Tage, die vor ihnen lagen, bis eine feindselige Witterung oder eine Krähe sie dahinraffen würde, so viel mehr wert als all die langen Vogeljahre in der 50-Quadratmeter-Wohnung. Sie müssen so gedacht haben, die Biester, als sie zielsicher durch das Fenster geflogen waren. Einem geheimnisvollen Kompass waren sie gefolgt, dem Ruf ihrer wilden Ahnen, und all die Zähmung, das Sitzen auf Fingern und Schultern und Christbäumen und das drollige Hüpfen auf Klaviertasten und das Geschnäbel mit ihrer Gebieterin waren nur eine Tarnung gewesen, um auf diese eine Gelegenheit zu spähen. Und um diese Gelegenheit, sollte sie kommen, ob in einer Woche oder in fünf Jahren, um jeden Preis zu nutzen. Vielleicht hießen die beiden gar nicht Paris & Nicky, vielleicht waren Thelma & Louise ihre wirklichen Namen. Melissas Wispern war ein Flehen an ihre unschlüssigen Vögel, ihre schützende Liebe nicht zu verraten. Diesen Gedanken ging ich in endlosen Minuten nach. Plötzlich bretterte ein Kind auf einem quietschbunten Dreirad den Bordstein entlang. Aus reiner Lust am Lärm ahmte der Bub eine

Polizeisirene nach und drückte dabei eine Bart-Simpson-Hupe. Kreischend flatterten Nicky und Paris Richtung Straße und knallten gegen die Windschutzscheibe eines vorbeifahrenden SUVs. Der Aufprall verursachte ein dumpfes, entsetzliches Geräusch, der SUV bremste quietschend.
Wenig später hob ich unter großer Anteilnahme der Bevölkerung zwei blutige, bunte Federknäuel vom Asphalt auf, mit einem rosa Kehrblech, das mir der hilfsbereite vietnamesische Spätkaufbesitzer brachte. Ich legte die Überreste von Paris und Nicky in eine Orangensaftkiste, während Melissa nicht aufhören wollte zu weinen. Sie blickte auf zu mir, ihre Augen rot und wässrig, Haarsträhnen klebten auf ihrem glühenden Gesicht. »Du Mörder«, hauchte sie hasserfüllt.
Date mit einem Stalker ***Sarah (29):*** *Der Typ war wirklich schräg. Stellte komische Fragen, schien nach Liebe zu betteln, vermittelte gleichzeitig aber auch so eine unterschwellige Gereiztheit. Ich verabschiedete mich schnell, lief nach Hause. Meine Freundin Simone rief an, wollte vorbeikommen. Es klingelte, ich drückte auf den Türöffner und öffnete schon mal meine Wohnungstür, ging in die Küche und entkorkte den Wein. Plötzlich stand ER im Flur. Ich erstarrte vor Schock. Er: »Ich will nicht, dass es das schon war. Es könnte echt was werden mit uns, ich weiß es. Du musst mir eine Chance geben.« Ich fragte: »Wie kommst du hier rein?« Er: »Du hast mir doch aufgemacht.« Ich: »Woher weißt du, wo ich wohne?« Er: »Ich bin dir gefolgt, wollte noch mal mit dir reden. Sarah, ich …« Er trat auf mich zu. In dem Moment klingelte Simone unten an der Haustür. Er ging.*
Schnorr-Date. ***Ira (34):*** *War lange verliebt in Hannes, Musiker. Er zieht nach New York. Kommt zurück nach Deutschland, unser erstes Date wieder in Berlin. Er: Ich bin blank, kannst du mir 1000 Euro leihen?*

High-Heels-Phobie. ***Johanna (33):*** *Ich hole ihn fürs Date von zu Hause ab, ziehe extra für ihn Killer-High-Heels an. Er: Pass bloß auf, du zerkratzt mir mein Parkett.*

Gangbangerin. ***Carsten (35):*** *Ich traf mich mit Shyun, so einem süßen, zarten China Girl. Wir waren ganz ausgelassen und kicherten und spielten »Ich darf dich was fragen, und du darfst nicht lügen«. Also frage ich sie: »Mit wie vielen Männern hast du geschlafen?« Sie gluckst verlegen, zögert, sagt »Drei … oder vier … hundert … Ungefähr … Und mit etwa 20 Frauen …« Sie offenbarte mir, Pornodarstellerin zu sein, Künstlername Lovely Li, spezialisiert auf Gangbang, Bukkake, aber auch Füße und Bondage. Ich dachte, mir zieht's die Schuhe aus, ich kam gar nicht klar damit.*

Verloren im K-Hole. ***Marcell (25):*** *Ich hatte ein Date mit Nadine. Alle wollen ein Date mit Nadine, darum tat ich an dem Abend, was sie sagte. Ich folgte ihr durch drei Clubs, stand dumm rum, wenn sie 1000 Leute traf, bis sie zu mir sagte: »Steh da nicht so rum wie eine trübe Tasse, ich geb dir was, das dich auf Trab bringt!« Sie zerrte mich in eine dunkle Ecke und hielt mir einen Schlüssel mit weißem Pulver unter die Nase. »Was soll das sein?«, fragte ich. »Du Dummerchen, was soll das schon sein? K natürlich!« K, dachte ich, Koks also, hab ich schon mal genommen und ich lebe ja noch, jetzt bloß nicht auf Weichei machen, also, was soll's – und zog es weg. Nur wenig später saß ich wie erstarrt kaltschweißig in einer Ecke und hatte die Orientierung verloren. Als ich mich endlich wieder bewegen konnte, suchte ich den Ausgang. Ich muss ihn stundenlang gesucht haben, denn als ich ihn endlich fand und den Club verließ, war es Mittag. Nadine hatte sich nicht die Spur um mich gekümmert. Ach ja, das Zeug: Es war vermutlich Ketamin, wie ich im Internet recherchierte. Damit betäubt man in Zoos Nashörner.*

Fetisch-Vati. ***Franzi (28):*** *Drittes Date. Wir gingen zusammen zum Katy-Perry-Konzert. Er: Du hast ja ein Korsett an wie Dita von Teese. Ich: Gefällt's dir? Er (verstört): Es erinnert mich an meinen Vater. Der läuft auch manchmal so rum.*

Kontrolle ist besser. ***Claudia (23):*** *Nach dem Essen kontrollierte er die Rechnung mit dem Taschenrechner in seinem iPhone. Mir fehlten die Worte.*

Sensibler Killer. ***Lucy (34):*** *Er erklärte mir beim Date, dass er aus seinem Karrierejob für eine große Firma ausgestiegen sei, weil ihn der Druck und die Machtspiele belastet hätten. Heute tue er, was ihm Spaß mache, teile sich seine Zeit selbst ein und sei als freier Berater tätig. Später erfuhr ich, dass er als Consulter in Firmen ermittelt, wo sich sparen lässt, und vor allem, welche Mitarbeiter nicht profitabel genug arbeiten, um dann den Druck zu erhöhen oder gleich Köpfe rollen zu lassen – eine Art Auftragskiller! Hat meiner Meinung nach ein wenig Beigeschmack, dass er sich vor seinem eigenen Burn-out retten konnte, indem er anderen das Leben zur Hölle macht.*

Wie Sie schlechten Dates entkommen

Ihr Gegenüber faselt stundenlang detailliert über seine Doktorarbeit zum Thema staatenbildende Insekten? Die Frau an Ihrem Tisch legt haarklein ihre Strategien dar, wie sie die ganz große Modelkarriere starten will, auch wenn sie nur 1,60 Meter misst? In solchen Fällen haben Sie nur einen Wunsch: Weg hier! Nicht gleich. Jetzt! Ich habe mich unter Dating-erfahrenen Menschen nach ihren Notfalltaktiken umgehört – und deren Wirksamkeit und Fairness beurteilt.

Taktik: Treffpunkte mit Vorsicht wählen

Geschickt vorbeugen: Wenn ich wenig bis gar nichts vom anderen weiß, wähle ich einen unverbindlichen Treffpunkt. Also kein Restaurant mit Drei-Gänge-Menüs, sondern eine Starbucks-Filiale – da muss ich nicht mal auf die Rechnung warten und kann mich schnell verabschieden. Auch gut: Spaziergänge. Man ist sowieso in Bewegung und kann jederzeit einen Haken schlagen.
Problem: Wenn der andere ein Restaurant vorschlägt, ist es manchmal schwer, sich dagegen zu wehren.
Note: 1

Taktik: Weiterleitung

»Du fährst nächste Woche zur Star-Trek-Convention? Du musst meine Kollegin Mirella kennenlernen, sie ist der größte Star-Trek-Fan, den man sich denken kann! Sie hat sogar eine original Prinzessin-Leia-Knotenfrisur!« Den Dating-Partner verkuppeln zu wollen, ist eine charmante Art, ihm mitzuteilen: Du bist zwar nichts für mich, aber du bist so okay, dass ich dich an Bekannte vermitteln würde. Eine Absage mit Ausblick ist weniger niederschmetternd.
Problem: Manche Dating-Partner sind so entsetzlich, dass man sie seinem schlimmsten Feind nicht wünscht. Und selbst in gut sortierten Bekanntenkreisen findet sich wahrscheinlich niemand, der ein Faible für Termiten als Haustiere hat.
Note: 2

Taktik: Die Wahrheit nett verpacken

»Ich denke nicht, dass es mit uns klappt. Dennoch halte ich dich für einen sehr interessanten Typen, und ich hatte ja keine Ahnung, wie ausgeklügelt Termiten sich strukturieren. Ich habe eine

Menge gelernt und bin sicher, du findest noch deine Termiten-Freundin.« Wichtig: Der zweite Teil ist der positive, denn ein negativer zweiter Teil, womöglich noch verknüpft mit einem »aber«, entwertet automatisch den ersten, positiven Teil der Botschaft.
Problem: Die Wahrheit tut immer ein bisschen weh, und wenn sie noch so nett daherkommt.
Note: 1. Denn: Wenn Sie clever genug sind, ein Flop-Date zu erkennen, sind Sie auch eloquent genug, da halbwegs würdevoll wieder herauszukommen.

Taktik: Anruf gaukelt Notfall vor

Der Klassiker: Auf der Toilette per Handy eine Freundin bitten, in 15 Minuten anzurufen. Die Freundin ist dann die Chefin, die die Präsentation überarbeitet haben möchte, und zwar noch heute Nacht, oder aber die Mutter, die den Vater beim Fremdgehen mit seiner Orthopädin erwischt hat und heult.
Problem: Jeder Typ kennt diese Taktik aus sehr schlechten Filmen. Läuft auf ein Schmierentheater hinaus, mit dem Sie unwürdig dastehen.
Note: 5

Taktik: Ich habe eigentlich gar keine Zeit

Auch dies eine vorbeugende Taktik: Direkt zur Begrüßung betonen Sie, dass Sie eigentlich gar keine Zeit haben. Bei der Arbeit sei die Hölle los und Sie müssten gleich ins Büro, Ihre Schwester erwarte jederzeit ein Baby, Sie müssen morgen um 4 Uhr aufstehen, um einen Flug zu bekommen. Trotzdem sei es Ihnen wichtig gewesen zu kommen. Unbedingt beachten: Halten Sie sich in Ihren kleinen Lügen so eng an die Wahrheit und Ihre Lebenswelt wie möglich. Jetzt können Sie das Date jederzeit abbrechen,

ohne dass Ihr Gegenüber es auf sich bezieht. Besser als ein Notfall, der vom Himmel fällt. Und wenn das Date gutläuft, rechnet Ihr Gegenüber es Ihnen umso höher an, dass Sie bleiben.
Problem: Ihr angebliches Auf-dem-Sprung-sein schafft eine ungemütliche Atmosphäre. Auch Ihre Grundhaltung, das Schlechteste zu erwarten, könnte sich auf das Date übertragen. Am Ende ist Ihr Gegenüber derjenige, der die Flucht ergreift.
Note: 3

Die Gegenteil-Taktik

- Sie erzählen dem braven Mädchen, dass Pornodarstellerin Sasha Grey Ihr liebster Star ist und sie Ihnen auf einer Sexmesse ein Autogramm aufs Glied geschrieben hat, obwohl, leider passte nur ›Sash‹ drauf.
- Dem Veganer erzählen Sie auf dem Weg ins von Ihnen ausgewählte Steakhaus von der Befriedigung, die es Ihnen verschafft, sich das Abendbrot selbst zu schießen.
- Der Frau, die begeistert von ihrer Pilgerreise erzählt, verklickern Sie, dass alles Religiöse Sie herunterzieht.
- Dem Partylöwen erzählen Sie, dass Sie Alkohol für Teufelszeug halten und immer nach »Gute Zeiten, schlechte Zeiten« ins Bett gehen.
- Dem Klassik-Fan sagen Sie, dass Mozart und Mahler Sie deprimieren, aber Scooter würde man völlig unterschätzen, außerdem hätten die echt geile Pyro-Shows.
- Der karriereorientierten Bankerin gestehen Sie, Sie wüssten mit 32 noch nicht, was Sie machen wollten, Sie würden da an eine Lizenz zum Schiedsrichter oder Fitnesstrainer oder einen Immobilienkurs denken, da wollten Sie sich nicht vorschnell festlegen. Wichtiger seien Ihnen im Moment Ihre Aktivitäten in der Occupy-Bewegung.

Problem: Kann tüchtig nach hinten losgehen: Vielleicht fühlt sich Ihr Gegenüber von Ihrem provokanten Stil und Ihrem scheinbar so gegensätzlichen Wesen angezogen und denkt so etwas wie: Wow, was für ein Rockstar!
Note: 3+; das Plus, weil es ziemlich lustig werden kann.

Die Schock-Taktik

- Sie berichten, wie sehr Scientology Ihnen geholfen hat, von Ihrer Drogensucht wegzukommen, und dass Sie ihr Gegenüber gerne zu einem Persönlichkeitstest mit ins Zentrum nehmen würden.
- Sie erzählen, regelmäßig Besuch von einem Ufo zu bekommen.
- Für Männer: Sie erzählen, dass Sie sich bei TV-Filmen mit Veronica Ferres, Christine Neubauer oder Maria Furtwängler gerne einen von der Palme wedeln.
- Für Frauen: Sie erzählen, Sie seien sexuell so ausgehungert, Sie könnten es gerade mit einer ganzen Büffelherde aufnehmen.
- Für Männer: Sie sagen angesichts der Rechnung: »80 Euro? Ich wollte hier essen und nicht den Laden kaufen!«
- Für Frauen (sagt es ein Mann, wirkt es fast noch besser): Sie berichten, dass Sie Barbiepuppen sammeln, Ihre ganze Wohnung sei voll davon.

Problem: Autsch!
Note: 3+. Das Plus für den Mut, Ihren Ruf dauerhaft zu ruinieren, um den Rest Ihres Abends zu retten.

Die Unverschämt-Taktik

- Für Männer: Sie sagen: »Hey, du bist genau mein Typ, ich liebe großwüchsige Sexbomben mit lauten Stimmen, die oft mit Transvestiten verwechselt werden.«
- Für Frauen: Wenn er stolz erzählt, dass er ein neues Datenspeicherungsprogramm bei der Arbeit etabliert hat, seufzen Sie gelangweilt und sagen mit beißender Ironie: »Wow, und da heißt es, ein Mann allein kann die Welt nicht ändern!«
- Für beide: Wenn er/sie erzählt, dass er beispielsweise in der Gastronomie arbeitet, fragen Sie mit schneidender Herablassung in der Stimme: »Oha, ist das was Vorübergehendes?«
- Für Frauen: Sie kommen Ihrem Date ganz nah, begutachten seine Gesichtshaut und fragen: »Sag mal, deckst du deine Pickel mit dem Make-up deiner Mutter ab?«
- Für beide: Sie rufen der Kellnerin zu: »Schnell noch einen starken Drink, mein Date wird schon wieder hässlich!«

Problem: unverschämt.
Note: 6

Die Zweifelhafte-Komplimente-Taktik

- Sie sagen, wie erfrischend Sie das Gespräch finden, Ihr Ex-Partner sei so intellektuell gewesen, da seien Sie sich immer ganz dumm vorgekommen.
- Sie sagen, wie individuell Sie es von ihm/ihr finden, dass er/sie sich nicht von diesem verflixten Fitnesswahn anstecken lasse.
- Sie sagen: »Du gefällst mir! Ich mag Männer, die ein bisschen tuntig sind! Das ist so niedlich.«
- Zu einem deutlich jüngeren Dating-Partner sagen Sie: »Ich bin angenehm überrascht, wie viele Worte du in deinem Alter schon kennst.«

- Zu einem deutlich jüngeren Dating-Partner sagen Sie: »Zeig doch mal, wie viele Finger bist du alt?«
- Zu einem deutlich älteren Dating-Partner sagen Sie: »Ich finde es ja faszinierend, was du alles schon miterlebt hast. Wart ihr bei Woodstock wirklich alle nackt?«
- Zu einem deutlich älteren Dating-Partner sagen Sie: »Ich möchte alles über dein Leben wissen. Was war dein erster Wagen? Wie viele Pferde waren davorgespannt?«

Problem: Geht nur, wenn Sie ihn oder sie nie wiedersehen wollen und keine gemeinsamen Bekannten haben. Geht nicht, wenn Freunde dieses Date arrangiert haben, denn die werden Sie danach hassen.
Note: 4+. Das Plus, weil es so lustig sein kann, dass es sich lohnt, seine Freunde dafür zu verlieren.

Die Vergraul-Taktik

- Sie sagen: »Ich kann es gar nicht abwarten, Kinder zu bekommen, ganz viele, und vielleicht auch noch ein paar zu adoptieren, so wie Brangelina.«
- Sie sagen: »Spürst du nicht auch, dass das hier der Beginn von etwas ganz Besonderem ist? Dass wir sie endlich gefunden haben, die ganz große Liebe, die für immer währt?«
- Sie sagen: »Lass uns was total Verrücktes tun! Warst du schon mal in Las Vegas?«

Problem: Wenn sich herumspricht, wie verzweifelt Sie scheinbar sind, wird dieses Image an Ihnen kleben.
Note 3

Taktik: Freunde dazuholen

Auf dem WC die Mädels-Gang von der orientalischen Bauchtanz-Gruppe anfunken (trifft sich eh jeden Donnerstag) oder die Kumpels von der Tischkick-Runde (treffen sich in wechselnder Besetzung fast täglich, obwohl der Kicker schon vor über einem Jahr abgebrannt ist) oder die Schwester (ist grad mit ihren Weight Watchers unterwegs). Sie mögen bitte »zufällig« in das Date platzen und die Zweisamkeit beenden. Bei Jennifer Aniston hat's auf diese Weise funktioniert: Sie soll einmal ein Date mit Jon Stewart sabotiert haben, indem sie die ganze »Friends«-Crew hinzuholte. Der Vorteil der Taktik: Vielleicht ist eine Freundin oder ein Freund mit Verwendung für Ihr Gegenüber dabei. Wenn nicht: Vielleicht wird aus einem krampfigen Date ja noch ein lustiger, geselliger Abend.
Problem: Vielleicht aber auch nicht. Womöglich fühlt sich Ihr Gegenüber vor den Kopf gestoßen, wenn es von Ihrer Rasselbande überrumpelt wird. Respektvoll ist die Freunde-Methode jedenfalls nicht.
Note: 4+

Taktik: Sportlich durchhalten

Die Anti-Taktik: Sie haben sich auf das Date eingelassen, und nun ziehen Sie es durch. Sie versuchen, Ihrem Gegenüber einen so angenehmen Abend wie möglich zu bereiten. Es erweitert Ihren Horizont, sich auch mit Menschen auseinanderzusetzen, die anders sind und anders leben als Sie. Es kann Sie lehren, dass Ihre Sicht auf die Welt nicht die einzig mögliche ist. Sie können Ihre Fähigkeit zu Mitgefühl und Empathie erweitern und Ihre universelle Liebe entwickeln, eine Liebe, die nicht an Absichten und Vorteile geknüpft ist. Auch ein Date, das nicht so verläuft wie erhofft, ist eine Erfahrung und eine Übung. Und je mehr

Übung wir haben, desto besser werden wir – das gilt fürs Klavierspielen genauso wie für Dates. Wer weiß, vielleicht nimmt ein Katastrophen-Date ja noch eine überraschende Wendung? Vieles sieht anders aus, wenn der erste Druck erst einmal abfällt. Aber das werden wir nie erfahren, wenn wir zu schnell flüchten. Schließlich erliegen wir auch beim Dating einem Phänomen, das die Psychologie den »Bestätigungsfehler« nennt: Haben wir ein Urteil über unser Date einmal gefällt, nehmen wir nur noch wahr, was unsere Meinung bestätigt.
Problem: Wenn Sie sich schrecklich fühlen oder sich ein Date gar zerstörerisch gestaltet, sollten Sie auf Ihren Instinkt hören und die Situation abbrechen, universelle Liebe hin oder her.
Note: 1

Date-Crasher Nr. 8: Konfusion

Es gibt für ein Treffen zwischen Mann und Frau in unserem Kulturkreis keine Konventionen mehr. Alles ist möglich. Nur Freunde? Okay! Direkt ins Bett? Auch okay. Partygenossen, Bürokumpanen, Sexpartner, Kumpels, Freunde ohne Verpflichtungen, Freunde mit gewissen Vorzügen – es gibt unzählige Arten der Verbindungen zwischen den Geschlechtern. Niemand kann einem mehr sagen, welche Rolle ein Mann und welche eine Frau einnehmen muss. Es existieren keine Regeln. Das bedeutet Freiheit, Vielfalt, unendliche Wahlmöglichkeiten und die Chance auf vollendete Gleichberechtigung. Aber wie jede Freiheit überfordert uns auch diese. Was ist überhaupt ein Date? Haben wir gerade eines? Wo läuft die Sache hin? Vielleicht wähnt der eine sich in einem Date, das auf eine Beziehung hinausläuft, während der andere glaubt, einfach nur mit jemandem ein Bier zu trinken. Eines der wenigen ungeschriebenen Gesetze, das überhaupt noch gilt, macht die Sache auch nicht leichter. Denn nach wie vor ist es tabu, den Stand der Dinge explizit zu machen, also beispielsweise zu fragen: »Wie stehen wir beide zueinander? Was machen wir hier?« Alles soll schließlich ganz zwanglos und beiläufig wirken. Da ist es eigentlich logisch, dass so viele Missverständnisse entstehen und Dates zu handfesten Desastern werden.

Druck auf dem Kessel. ***Tiffy (32):*** *Ich traf mich auf einen Drink mit einem Typen, den ich erst eine Nacht davor in einem Club getroffen hatte. Jedenfalls fragte er mich direkt, ob ich ihn mit zu sich nach Hause nehme. Ich: »Das geht mir etwas schnell.« Er: »Es muss schnell gehen, ich bin auf Hafturlaub. Ich muss Sonntagabend wieder zurück in den Bau.« Ich: »Das kann ich nicht machen … Das ist gegen meine Prinzipien.« Er: »Ich muss dringend einen wegstecken, ich habe Druck auf dem Kessel.« Ich: »Ich habe Verständnis für deine Lage. Warte mal, ich habe auch schon eine Idee, wie ich dir helfen kann …« Ich wählte die Nummer meiner frivolen Freundin Bianca, die auch sogleich angebraust kam. Die beiden beschnupperten sich zehn Sekunden lang und zogen ab. Ich blieb allein sitzen mit meiner Margarita – und dem Gefühl, eine gute Tat vollbracht zu haben.*

Falscher Vorwand. ***Anne (32):*** *Endlich lud Hannes mich zum DVD-Gucken zu sich ein. Ich zog meine heißeste Unterwäsche an und dachte: Heute ist die Nacht. Dann, nach einer geteilten Flasche Wein und einem Film, sagte er mir: »Ich bin so verliebt …« Ich wurde hellhörig, mein Herz begann zu rasen, als er denn Satz vervollständigte: »… in Florence.« Florence ist eine gute Freundin von mir. Er hatte mich nur zu sich eingeladen, um mich auszuhorchen, wie seine Chancen so wären – und wie sich Florence am besten erobern ließe.*

Keine Vertreter, bitte! ***Nina (24):*** *Ich wusste ja, dass Luis bei einer Versicherung arbeitete. Doch als er bei unserem zweiten Date allen Ernstes fragte, wie ich denn krankenversichert sei und ob ich denn schon mal überlegt hätte, zu wechseln, da meine Versicherung ja wohl offensichtlich überteuert sei, da wurde mir langsam klar, was Sache war. Er versuchte, mir eine Versicherung anzudrehen, wollte sogar einen Kostenplan* *für mich erstellen. Womöglich hatte er sich nur deswegen mit mir getroffen!*

Bruderliebe. ***Nadine (25):*** *Ich war grade in L. A., als ich mir in einer Bar in Venice Beach einen zwischen die Hörner goss und Eddie kennenlernte. Wir gingen zu ihm, ich schlief besoffen ein. Nachts wurde ich begrabbelt und ließ mich darauf ein. Er drang gerade in mich ein, als ich mich zur Seite umdrehte und sah, dass Eddie neben mir schlief. Es war ein anderer Mann auf mir und in mir! Ich machte Lärm, Eddie wurde wach und stellte mir seinen nackten Bruder Johnny vor, der noch immer halb auf mir drauflag. Johnny wohnte im gleichen Haus. Eddie lachte nur und sagte: »So, jetzt will ich aber auch!«*

Nur zur Sicherheit. ***Nadine (25):*** *»Kommst du noch mit hoch auf einen Kaffee?«, fragte ich den Typen, als er mich zu Hause absetzte. Wir gingen meine Treppen hoch. Er fragte mich plötzlich: »Nur damit es nicht hinterher irgendwie peinlich wird oder wir uns missverstehen: Hier geht es doch ums Ficken, oder?« Okay, das war sogar mir ein wenig zu direkt.*

Sie will Liebe, er will tanzen. ***Nina (24):*** *Ich ging mit dem Typen zu mir, »auf eine DVD«, alles klar. Wir knutschten. Da klingelte sein Handy, Freunde luden ihn zu einer Party ein. Er fragte, ob ich Lust hätte, noch dorthin zu gehen. Ich: »Eigentlich finde ich es schön hier mit dir.« Er: »Ich würde lieber noch hin, wenn es dir nichts ausmacht.« Und dann ging er!*

Unerwünschte Kumpelei. ***Ira (34):*** *Endlich ein Date mit einem Typen, den ich schon eine ganze Weile durch gemeinsame Freunde kannte. Ich war sooo scharf auf ihn! Und er sagte beim dritten Mojito: »Du bist wie ein Kumpel für mich, das find ich super. Ein Kumpel mit Titten.«*

Klopapier alle? ***Klara (31):*** *Wir verabredeten uns zur Fahrradtour. Besichtigten ein Schlösschen. Seine Idee. Fand ich super, so kultiviert. Wir schlenderten durch den labyrinthartigen*

Schlossgarten. Er rief mich. Ich folgte ihm. Er stand in einer dunklen Nische, zog mich ran, wir knutschten, er ließ die Hosen runter. Ich sagte: »Du Assi!« – und ging weg. Er rannte hinter mir her, die Hose an den Knöcheln, stammelte Entschuldigungen. Ich sage: »Wie du da läufst, als wäre das Toilettenpapier alle.« Es war so lächerlich!

Verstörende Sex-SMS. ***Alex (30):*** *Nettes erstes Date. Konzertbesuch. Zwei Gläser Wein. Wir verabredeten uns fürs nächste Mal. Ein keuscher, aber verheißungsvoller Kuss zum Abschied. Zwei Stunden später die SMS von ihm: Ficken, jetzt?!*

Offene Beziehung. ***Alexander (31):*** *Ich ging mit dieser tollen Frau aus, die mir fröhlich erzählte, dass sie verheiratet sei. Aber sie lebe in einer offenen Ehe. Ich fühlte mich funktionalisiert: Da will jemand nur seine sexuelle Abenteuerlust mit mir ausleben, weil es in der Ehe nicht mehr scheppert, ansonsten aber gibt es keine Option.*

Abba nicht doch! ***Marcantonio (28):*** *Er lud mich zu sich nach Hause ein, ich war richtig spitz auf ihn. Er zauberte ein Drei-Gänge-Menü. Zum Dessert wollte ich ran an den Speck, doch er zog es vor, eine DVD zu gucken: ›Mamma mia!‹. Er kannte den Film komplett auswendig und sang alle Abba-Songs mit. Als ich das überstanden hatte, sagte er mir, ihm sei heute nicht so nach Sex.*

Väterliche Warnung. ***Juri (23):*** *Ich holte sie ab, sie wohnte noch bei ihren Eltern. Der Klassiker: Ihr Vater baute sich bedrohlich an der Tür auf und warnte mich: »Behandle sie besser gut!« Ich wollte doch nur einen Kaffee mit ihr trinken und nicht gleich heiraten!*

Trennungsschmerz. ***Tessa (38):*** *Mein Date vom Vortag lungerte winselnd auf den Treppen vor meiner Haustür. Warum ich mich so lange nicht gemeldet hätte, er sei völlig verstört deswegen.*

Als ich dachte, dass ich ein Date habe. ***Anika (28):***
So sehr kann man sich täuschen! Nennen wir den Herrn einfach mal Horst, weil er sich genauso verhalten hat. Horst war eigentlich eine ziemlich geile Sahneschnitte. Bissl Macho, bissl Beschützer. 1,87 Meter, Knackarsch, dunkle Haare, grüne Augen. Aber man hatte auch das Gefühl: Der Mann hat ein gutes Herz. Wir kannten uns vom Sport. Dort baggerte er mich derbe an, und ich war von seiner selbstbewussten und charmanten Art schwer beeindruckt. Wir schrieben SMS, telefonierten, das ganze Programm. Ich dachte: Endlich mal ein Typ, der Eier in der Hose hat. Tja, denkste!
Aber das merkte ich erst bei unserem ersten Date. Es war der Tag nach meinem Geburtstag. Wir trafen uns im Restaurant. Ich war ein wenig spät, und schon als ich reinkam, sah ich, wie verunsichert er an seinem Tischchen hockte. Wir bestellten Essen und Drinks, so weit, so gut. Ein bisschen aufgeregt darf man(n) ja auch sein, dachte ich. Aber eigentlich war das schon der Anfang vom Ende, ich hatte es bloß noch nicht kapiert.
Als wir fertig waren, schleppte er mich in eine schicke Cocktailbar mit unverbautem Blick auf den Hamburger Hafen. »Zur Feier des gestrigen Tages mal hübsch«, wie er meinte. »Uiuiuiiii«, dachte ich. »Alkohol in Kombination mit romantischer Aussicht, das wird ja doch noch was!«
Wir gingen also an einen Fenstertisch, jeder bestellte einen großen Cocktail. Ich redete und erzählte, zwischendurch nippte ich an meinem Cocktail. Er schlürfte seinen Drink und war total schweigsam. Keine Annäherungsversuche, kein zufälliges Berühren, nichts. Als sich das auch nicht änderte, nachdem er sich innerhalb von anderthalb Stunden den dritten (!) Mai Tai reingezogen hatte, dämmerte mir zum ersten Mal: Sollte sein cooles Gehabe etwa nur Fassade gewesen

sein? War der Typ in Wirklichkeit ein Mäuschen?! Schon war der ganze Zauber verflogen. Auf einmal sah ich nicht mehr den leckeren Kerl vom Fitness, sondern einen tapsigen, kleinen Jungen, und mein Hormonpegel sank auf Montagmorgen-Level. Aber es wurde noch besser.

Als er nämlich dann doch seine Zähne auseinanderbekam.

Horst: »Wenn kein Nebel ist, kann man hier bis Finkenwerder gucken.«

Ich: »Mhhhh …«

Er: »Also, wenn du mal ein Date hast und denjenigen beeindrucken willst, dann geh mit ihm genau hier hin!«

BITTE? Da verschluckte ich mich fast an meinem Caipi. Aber Horst wusste noch mehr zu erzählen: »Ich steh ja total auf schickes Ambiente. So edle Hotels und so. Wenn meine Freundin und ich uns was Gutes gönnen wollen, dann nisten wir uns in ein Fünf-Sterne-Objekt ein und verlassen das ganze Wochenende unser Zimmer nicht.«

Da war für mich der Moment gekommen zu gehen … Keine Ahnung, was mit der Rechnung passiert ist. Im Nachhinein frag ich mich, was Horst geritten hat. Spontane Angst davor, seine Freundin zu betrügen? Was ja an sich sehr löblich ist, aber wieso hat er mich wochenlang angebaggert? Oder habe ich das Ganze völlig falsch eingeschätzt? Keine Ahnung. Ich werde es nie erfahren. Das war jedenfalls ein Horror-Date!

Als mein Date mir Blumen pflückte. *Vera (31):*

Wir Mädels jammern ja immer, dass Männer zu tumb sind für Romantik. Andererseits: Romantik muss präzise dosiert werden. Sie kann das zarte Pflänzchen Romanze düngen, aber auch eingehen lassen.

Ich hatte mal einen Verehrer, Roger, der war der bestaussehende Mann Düsseldorfs, ein blonder Schönling. Aber er machte immer alles falsch. Beim ersten Date waren wir im

Kino, und er fütterte mich mit Popcorn, bis ich ihm die Packung aus der Hand riss. Beim zweiten Date wollte er mich am See treffen, ich dachte okay, gurken wir mit den Rädern rum, trinken irgendwo einen Kaffee, warum nicht. Doch als ich zum vereinbarten Treffpunkt am Ufer kam, sah ich, dass er eine Picknickdecke auf einem Bootssteg ausgebreitet hatte. Er hatte auch so einen stilvollen, altmodischen Picknickkorb dabei und servierte teuren Burgunder in echten Gläsern, dazu eine Platte mit verschiedenen Käsesorten. Mir war das alles viel zu viel! Sollten wir uns jetzt kompositorisch anordnen wie auf einem Impressionisten-Gemälde? Ich musste schmutzige Witze erzählen, um der Situation das Gekünstelte zu nehmen, eine andere Idee als diese billige Rebellion hatte ich nicht. Trotzdem kam es zu einem dritten Date. Am Ende des Abends fuhr er mich nach Hause, und ich bemerkte unvorsichtigerweise, wie schön der Mittelstreifen der Fahrbahn bepflanzt sei. Da hielt er an, pflückte Blumen aus dem Beet und überreichte sie mir mit einem Hundeblick. Ich hätte brechen können. Vor meiner Haustür (ich war schon bis zum Anschlag schlecht gelaunt) erzählt er mir dann (da war er wieder, dieser Hundeblick!) von seinen tiefen Empfindungen für mich: »Ich möchte sie kennenlernen, die wahre Vera. Wie tickt sie, wie fühlt sie? Wo will sie hin, was fürchtet sie? Ich will die Vera hier drin.« Und er tippte mit beiden Zeigefingern auf meine Schläfen und bedachte mich mit einem Frauenversteher-Blick. Ich dachte nur: Geh mir aus der Sonne, Diogenes, und schickte ihn schnell weg. Hätte er mich einfach gepackt und geknutscht, der Abend wäre womöglich anders verlaufen.

Als Swing in unser Date kam. ***Frank (37):***

Ich hatte Natascha an einem Ort kennengelernt, der erst mal gar nicht sexy ist: in der Kita. Ich hole fast täglich meinen

Sohn von dort ab, der Kleine lebt bei seiner Mutter, von der ich getrennt bin. Natascha, alleinerziehende Mutter eines Jungen, war eine dezent elegante Erscheinung. Gelegentlich wechselten sie und ich ein paar Blicke und ein paar Sätze. Sie verriet mir, dass sie als Heilpraktikerin in Zehlendorf arbeitete.

Bei allen Elternangelegenheiten hielt Natascha sich zurück. Während die anderen Eltern sich fortlaufend beschwerten, das Essen sei nicht Bio genug, die Kita nicht so zweisprachig wie versprochen, die Kinder zu oft sich selbst überlassen, beteiligte sie sich kaum an den Debatten, und wenn, dann nahm sie eine distanzierte und beschwichtigende Haltung an. Ihre Stimme war sicher, leise und unaufgeregt. Überhaupt schien sie nur das Nötigste mit den Erzieherinnen und anderen Eltern zu reden.

Die anderen Eltern, und damit meine ich in erster Linie die anderen Mütter, mochten sie nicht. Sie hielten sie für kühl, unnahbar, desinteressiert. Was die anderen Väter über sie dachten, ließ sich nur vermuten. Offenbar empfanden die anderen Mütter es vor allem als Affront, dass Natascha, wenn auch schlicht, so doch unerhört sexy gekleidet war. Einmal wurde sie beobachtet, wie sie ihr Kind abholte, es an der Hand über den Bürgersteig führte und sich dabei eine Zigarette anzündete. Hätte sie ihrem Kind einen Schuss Heroin gesetzt, die Eltern hätten sie nicht stärker verurteilt. Eine rauchende Frau, ein Affront, vielleicht auch, weil sie damit Abenteuer und Aufgeschlossenheit signalisierte.

Ich fühlte mich geschmeichelt, als diese etwas rätselhafte junge Mutter mit mir zu flirten begann. Zur selben Zeit wünschte ich, sie würde es nicht tun, denn es brachte Unruhe in meine täglichen Kita-Abläufe. Es begann nach einer Elternversammlung, bei der die engagierten Eltern eine Erzieherin mit ihren Vorhaltungen zum Weinen gebracht hatten. Ich sah, wie Natascha nach dieser erhitzten und unglückseligen Sitzung vor der Tür stand und eine Zigarette rauchte. Ich fragte, ob sie eine für mich hätte.

Sie sagte: »Ich warne Sie, auf Rauchen steht im Prenzlauer Berg die Höchststrafe«, und reichte mir die Schachtel. Sie fragte, wo meine Frau sei. Ich erklärte ihr, dass wir nie verheiratet gewesen seien und getrennt lebten. Sie erzählte, sie sei glücklich geschieden. Ihr Mann sei heute ihr bester Freund.

»Wie ist es bei Ihnen?«, fragte sie dann.

»Meine Ex und ich hassen uns«, antwortete ich wahrheitsgemäß.

»Ihre Ex sieht unentspannt aus. Sie sollte sich mehr gönnen«, sagte sie, und ich ahnte, was sie damit meinte. Meine Ex hatte seit der Trennung dieses Gebrochen-aber-stark-Gesicht. Sie schien mit diesem Ausdruck ihrer Umwelt mitteilen zu wollen, dass die Zumutungen ihres Lebens eigentlich kaum zu bewältigen waren.

Ganz anders Natascha: Sie wirkte so ruhig, so gelassen, so völlig zufrieden mit dem Moment. Ich war hingerissen. »Gehen Sie mit mir etwas trinken!«, stieß ich hervor.

»Ich date nicht, das sage ich Ihnen gleich«, antwortete sie und nahm einen letzten Zug von ihrer Zigarette.

»Was tun Sie dann?«, fragte ich.

»Ich amüsiere mich lieber. Rufen Sie mich an«, sagte sie, reichte mir ihre Visitenkarte und verschwand.

Eine Woche später traf ich sie bei einem Italiener, den sie ausgesucht hatte. Sie kannte die ganze Belegschaft, alle Ernestos und Massimos umgarnten sie, schwirrten sogar aus der Küche und aus dem Hinterzimmer auf sie zu. Sie honorierte die Aufmerksamkeit mit charmanten Blicken und Gesten und mit freundlichen Sätzen in sicherem Italienisch. Sie sah umwerfend aus, trug etwas Schwarzes, das mit Sicherheit auf den Namen Miu Miu oder Chanel hörte. »Das ist kein Date!«, betonte sie, als wir uns setzten.

»Richtig! Wir amüsieren uns einfach«, sagte ich, und sie schenkte mir ein warmes Lächeln.

»Genau!«, hauchte sie.

Sie wählte ihre Speisen mit Bedacht. Sie aß sich langsam und genussvoll durch eine erstaunlich umfangreiche Menüfolge. Sie erzählte wenig von sich und stellte stattdessen ungewöhnliche Fragen: Was würdest du aus deinem brennenden Haus retten? Wer hat dir beigebracht, was Schönheit ist? Wer würde sich für dich ein Körperteil amputieren lassen? Wann hast du zuletzt Liebe gespürt? Schweigepausen schienen sie nicht nervös zu machen. Im Gegenteil, sie nutzte sie, um mich eindringlich zu mustern, ihre dunklen Haare nach hinten zu werfen oder mir ein herausforderndes Lächeln zu schenken.

»Was machen wir jetzt?«, fragte ich sie, als ich die Rechnung bezahlt hatte.

»Wir amüsieren uns, das hatten wir uns doch vorgenommen!«, sagte sie. Draußen winkte sie ein Taxi heran, wir landeten irgendwo in Mitte in einem düsteren Hinterhof, ein Türsteher öffnete uns mit großer Geste die schwere Tür, daneben stand ein eleganter Transvestit, der sich mit einem Fächer Luft zuwedelte. Natascha begrüßte beide mit einem Bussi auf die Wange. Auf der Bühne des Clubs sang eine als gehörntes Fabelwesen verkleidete Indie-Elektropop-Sängerin seltsame Lieder auf Schwedisch.

Natascha begrüßte ein paar Bekannte mit warmherzigen Umarmungen. Sie begann zu tanzen, ließ mich links liegen, kam dann auf mich zu, zerrte mich auf die Tanzfläche und küsste mich. Ihr sanfter Geruch ließ mein Hirn nach Assoziationen suchen, aber es kam zu keinem Ergebnis, verlor

sich in einem Strudel aus Träumen und Erinnerungen. Keine Frage, um mich war es geschehen!
»Ich will mit dir nach Hause. Ich will mit dir den Morgen erleben«, sagte ich ihr ins Ohr.
»Und ich will mit dir noch woanders hin«, sagte sie, schob mich hinaus auf die Straße. »An einen Ort, an dem es kein Morgen gibt.«
Wieder ein Taxi, diesmal fuhren wir in irgendeine Ecke von Tempelhof. Karstadt, C & A, Imbisse, Arztpraxen. Was sollte sich hier verbergen? Durch eine unauffällige Tür kamen wir in einen hallenartigen Vorraum mit Wandgemälden so hoch wie in Kirchen, mit riesigen Tropfkerzen, gotischen Skulpturen. Eine zarte Asiatin mit kleinen nackten Brüsten bat mich, mein Hemd auszuziehen und an der Garderobe abzugeben, und kassierte den Eintritt. Eine Eisentür öffnete sich, und ich wusste plötzlich, was für ein Ort das war. Ich fühlte mich nicht wohl dabei, mich mit nacktem Oberkörper unter Fremden zu bewegen. Aber mein erster Drink breitete sich warm in mir aus und beruhigte mich wie ein alter Freund. Ich erkannte, dass es ein unsichtbares Band zwischen diesen Menschen hier gab, weil jeder von ihnen an der Tür etwas abgegeben hatte, seine Kleidung, seinen Status, seine Scham.
Nachtclubs, das bedeutet für mich normalerweise: Aufgedrehte Möchtegernmodels trampeln mir auf den Füßen herum, überdrehte kleine Koksnasen drängeln sich vor, Barkeeper hassen mich auf diese ihrem Berufsstand eigene blasierte Art, mit der sie das Gefälle, das entsteht, weil sie andere bedienen, auszugleichen versuchen. Hier war alles anders: Sowohl das Personal als auch die Gäste schienen sich auf eine federleichte Freundlichkeit geeinigt zu haben. Ich fühlte mich frei und sexy und wie in einer Szene aus Basic Instinct, als Natascha und ich uns auf der Tanzfläche bewegten. Sie traf

ein bekanntes Paar, wir tanzten zu viert, die Frau flirtete mit mir. Ich sah fragend zu Natascha, die mir aufmunternd zulächelte, und ich begann die Frau zu küssen, sie führte meine Hand zu ihrem in ein Korsett eingezwängten Busen.
Später streifte ich wie ein unentschlossenes Tier durch die hinteren Räume und beobachtete die Geschehnisse. Ich stellte fest, dass die Aktivitäten gewissen Zyklen zu folgen schienen und einem Regelwerk unterlagen. Einzelne, oft zögerliche sexuelle Handlungen führten bald zu Ansammlungen, die sich wie einem geheimen Signal gehorchend plötzlich wieder auflösten. Wurden Aktionen abgebrochen, wandten sich die Beteiligten meist unmittelbar und wortlos voneinander ab und manchmal direkt jemand anderem zu. Als könne das Verlangen sich nicht entscheiden. Alle schienen in einem geheimnisvollen Auftrag zu handeln und schlichen herum wie Agenten. Sachlich wurden Vorgänge ausgeführt, die doch eigentlich Freude, ja, Ekstase hervorrufen sollen. Was ich nicht sah, waren Hemmungslosigkeit oder Gier. Es herrschte eine gewisse Nüchternheit.
In einer Ecke hatte sich wieder eine jener zyklischen Menschentrauben gebildet. Ein Mann, der mit präzisem Blick seine Vereinigung mit einer vor ihm knienden Frau überprüfte: Dieses aufflammende Ereignis hatte magnethaft den Zustrom weiterer Männer ausgelöst. Die Frau war Natascha. Einige der Umstehenden fassten sie an, manche forsch, andere zögernd, wieder andere testend. Natascha zuckte, ihr Körper stand in Flammen, ihr Blick jedoch war aus Eis. Sie sah mich, oder sah sie mich nicht? Sie lächelte auf verstörende Weise. In diesem Augenblick hatte sie ihr Geheimnis verloren. Später lief ich alleine durch die Stadt. Die warme Sommernacht roch noch immer nach einem Versprechen, aber sie würde es nicht mehr halten.

Als ein braver Bub durch mich böse werden wollte. ***Tessa (38):*** *Ich glaubte, in Marco den Richtigen gefunden zu haben. Den Mann fürs Leben. Er hatte nichts mit der Partyszene zu tun, trank nicht, rauchte nicht, war ehrgeizig und sportlich. Nach dem Essen gingen wir zu mir, es war ja schon das dritte Date und ungewöhnlich für mich, so lange zu warten. Zu Hause flitzten noch zwei Freundinnen in Unterwäsche rum, die ich zu Besuch hatte und die sich für die Clubnacht fertig machten. Ich bekam mit, wie er sie anstierte. Als sie weg waren, fragte er mich allen Ernstes, ob ich da nicht mal einen Vierer arrangieren könnte, das wäre so eine Fantasie. Ich war empört, sagte: »Geh für deine Fantasien doch in den Puff!«*
Und er sagte: »Ach komm, hab dich nicht so, ich weiß doch, dass du so was machst!«
Da wusste ich, wir hatten aneinander vorbeigedatet: Ich wollte durch ihn braver werden, er aber wollte durch mich verruchter werden! Nach dieser Erkenntnis schlief ich dann doch noch mit ihm – und warf ihn raus, bevor meine Freundinnen zurückkehrten.

Warum Dates so kompliziert sind

- Weil zwei Menschen aufeinandertreffen, die keine Übung im Umgang miteinander haben und nervös oder unsicher sind.
- Weil wir uns oft unstimmig verhalten, weil unser cooles Gebaren beispielsweise unser nervöses Inneres verschleiern soll. Und weil wir zur überzogenen Selbstdarstellung neigen, wenn wir unsicher sind.
- Weil ein Date trotz der ganzen Nervosität zwanglos und selbstverständlich erscheinen muss: Niemand gibt Nervosität zu, und es gilt als tabu, explizit über den Status der Beziehung zu sprechen.

- Weil wir stattdessen versuchen müssen, die Erwartungen des anderen zu erraten, während wir wissen, dass gleichsam der andere versucht, unsere Erwartungen abzulesen. Wir liegen auf der Lauer und werden belauert – und müssen dabei auch noch locker rüberkommen.
- Weil wir bei den lückenhaften Signalen darauf angewiesen sind, zu interpretieren, was wir wahrnehmen. Also lesen wir in die Worte des anderen hinein, wie er etwa zu uns steht. Aber unsere Interpretation entspricht nicht immer der Wirklichkeit.
- Weil es keine klaren Regeln mehr gibt. Wer ist Jäger, wer ist der Gejagte? Wie geht das Spiel aus Verführung und Hingabe? Und wer zahlt am Ende die Rechnung? Wann sollte er angerufen haben, darf auch sie anrufen? Wer soll als Erster den dritten Schritt tun? Handelt es sich um ein Date, eine Freundschaft plus X, eine Sexbereitschaftsaffäre per »Bootycall«, eine offene Beziehung oder um Freundschaft? Oder wollen wir ganz traditionell ein exklusives Paar werden? Aber woran merken wir, dass wir diesen Punkt erreicht haben? Und woran merkt man, dass daraus Liebe wird? Es gibt alle Freiheiten und alle Lesarten – das verwirrt uns.
- Weil Menschen sich zwar ähneln in ihrem Wunsch nach Liebe, aber sonst ziemlich verschieden sind.
- Weil der andere eine Wundertüte ist – und weil wirklich eine Menge Freaks dort draußen rumrennen.

Was auch immer Ihnen passiert während des Dating-Prozesses, es ist nicht Ihre Schuld und auch nicht die des anderen. Das System Date ist heikel und störanfällig. Ein Date ist ein mutiges Unterfangen unter schwierigen Bedingungen. Ein gutes Date ist die Ausnahme. Ein schlechtes Date der Normalfall. Alles Quatsch, sagen Sie? Bei Ihnen ist alles ganz anders, Ihre Dates sind immer klasse? Dann schreiben Sie bitte ein Ratgeber-Buch!

Date-Crasher Nr. 9: Das tückische Internet

Im Internet wird gelogen, dass sich die Balken biegen! Die unendlichen Wahlmöglichkeiten – hinter jedem Klick könnte sich ja noch etwas Besseres verbergen – lassen die Partnersuche kalkuliert und kalt werden, heißt es. Mutieren wir durch soziale Netzwerke und Dating-Portale tatsächlich zu oberflächlichen Monstern mit frisierten Profilen und überzogenen Erwartungen? Alles Unsinn, findet der Soziologe und Buchautor Christian Schuldt (»Romantik 2.0 – Vom Suchen und Finden der Liebe im Internet«, Gütersloher Verlagshaus, 17,99 Euro). »Das Internet sorgt für ein Comeback der Romantik!«, sagt er. Denn früher war auch nicht alles besser. Da wurde eben ausschließlich in Bars und Discos besoffen abgeschleppt und aufgerissen. Im Vergleich dazu nehmen wir uns im Internet Zeit füreinander und lernen uns erst einmal kennen. »Platonisch, von innen nach außen«, wie Schuldt es formuliert. Wir tasten uns vergleichsweise behutsam voran, lernen, uns mitzuteilen und auf den anderen einzugehen. Schuldt: »Dabei lernen wir auch viel über uns selbst und unsere Bedürfnisse.« Das Internet ermögliche es den weitgehend gleichberechtigten Geschlechtern, das Projekt Partnerschaft frei und selbstbestimmt anzugehen – und dabei Pragmatik mit Romantik zu verbinden. Trotzdem: Die Netzkultur hat ihre Tücken. Manchmal entsteht durch intensive Chats eine scheinbare Intimität, die beim ersten Treffen in der Realität nicht aufrechterhalten werden kann. Manchmal sind Profile derart gefiltert und Erwartungen so hochgejazzt, dass das Date nur in einer Enttäuschung enden kann. Daher rät auch Schuldt, nicht lange zu fackeln: »Gehen Sie eher zügig als zögerlich zu einer Begegnung im wahren Leben über!«

So geht Ihnen die Liebe ins Netz: Die besten Tipps fürs Internet-Dating

- **Bye, bye, Klischees:** Vergessen Sie die Glücksversprechen der Partnervermittlungen, die Schwarzmalereien der Kulturkritiker (»Partnershopping«) und die Angstmacherei der Massenmedien (»Sexkiller im Chatroom«). Online-Dating ist nicht nur besser als sein Ruf, sondern in vielerlei Hinsicht auch romantischer als Offline-Kennenlernen.
- **Daten Sie sich selbst!** Wer online einen Partner finden will, muss sich erst einmal selbst finden. Was will ich? Was kann ich anderen geben? Nur wer das weiß, kann auch wissen, welche Partner passen könnten. Zugleich trainieren Sie damit Ihre soziale Kompetenz: Wer sich der eigenen Gefühle bewusst ist, kann sie anderen verständlicher vermitteln – und lernt, sich besser mit anderen auszutauschen.
- **Welche Anbieter sind seriös?** Vertrauenerweckend sind unter anderem detaillierte Informationen über das Dating-Prozedere und den Datenschutz, Kundenservice-Kontaktdaten sowie schlicht die Angabe einer deutschen Postadresse oder Telefonnummer.
- **Dating-Börse oder Partnervermittlung?** Registriere ich mich bei einer kostenlosen bzw. günstigen Singlebörse – oder bei einer teuren Partnervermittlung? Das ist vor allem eine Typfrage, denn sichere Erkenntnisse über Erfolgsquoten gibt es nicht. Viele Online-Dater bevorzugen aber Dating-Börsen, gerade weil man hier keinen Partner vermittelt bekommt, sondern selbst aktiv werden muss.

- **Welches Portal passt zu mir?** Ob Sie beim Online-Dating Erfolg haben, hängt nicht zuletzt davon ab, dass Sie ein Portal finden, dessen Stil zu Ihnen passt. Grundsätzlich ist es nicht verkehrt, die etablierten Portale zu testen: bei den Singlebörsen z. B. *Friendscout24, Neu.de, Datingcafé* oder *Finya,* bei den Partnervermittlungen *Parship, Elitepartner, eDarling* oder *Partner.de.* Ebenfalls hilfreich: die Webseite *Singleboersen-Vergleich.de* und die Bewertungen der Stiftung Warentest.
- **Der Nickname:** Mit Ihrem Nickname, Ihrem Online-Pseudonym, vermitteln Sie bereits einen ersten Eindruck von sich. Jeder Nickname verrät einiges über das Selbstbild der Person, die dahintersteckt, etwa über kulturelle Vorlieben oder Humor. Nicknames können gute Anreize sein, mehr über eine Person erfahren und einen Kontakt herstellen zu wollen – zum Beispiel mit fantasievollen oder rätselhaften Namen, die zu Rückfragen anregen.
- **Das Profilfoto:** Sie sollten unbedingt ein Foto hochladen, wenn Sie kontaktiert werden wollen. Bei dem Foto selbst kommt es auf ein Quäntchen Natürlichkeit an. Weder sollte es ein unbeholfenes Urlaubsselfie sein noch ein durchgestyltes und fotogeshopptes Fotostudio-Porträt. Beraten Sie sich mit guten Freunden, die keine Scheu haben, ehrlich ihre Meinung zu sagen – und gegebenenfalls die Kamera in die Hand zu nehmen, um Sie abzulichten.
- **Nicht verbiegen:** Versuchen Sie nicht, Mr. oder Mrs. Perfect zu sein. Allzu großartige oder überambitionierte Selbstdarstellungen werden schnell entlarvt – falls sie überhaupt Beachtung finden. Ein selbstverliebter Single hat seinen Traumpartner vermutlich längst gefunden: sich selbst. Stehen Sie also lieber dazu, ein leidenschaftlicher Schlumpffiguren-Sammler zu sein, statt ein möglicherweise peinliches

Hobby zu verheimlichen. Eine einzige Zuschrift eines verwandten Schlumpfsammlers bringt mehr als hundert enttäuschende Dates.

- **Nicht langweilen:** Bieten Sie den Besuchern Ihres Profils etwas – und sei es nur die Abwesenheit von Klischees oder Plattitüden! Öffnen Sie sich, erzählen Sie Persönliches über sich selbst, statt kluge Weisheiten anderer zu übernehmen. Werden Sie konkret, damit andere anknüpfen können. Schreiben Sie statt »Ich lese gern« lieber, wer Ihre Lieblingsautoren sind – und warum. Wichtig: Witz und Kreativität. Und: Füllen Sie nur die Felder aus, bei denen Sie wirklich etwas über sich zu erzählen haben. Im Zweifelsfall gilt: weniger ist mehr.
- **Nicht schwindeln – höchstens ein bisschen …:** Darf ich mich in meinem Profil jünger, größer, leichter machen? Online-Dater unterscheiden klar zwischen »erlaubten« Verschönerungen und »illegalen« Lügen. Ein paar Zentimeter mehr oder ein paar Jahre weniger müssen nicht verwerflich sein. Entscheidende Dinge zu unterschlagen, dagegen schon.
- **Das Profil pflegen:** Bringen Sie Ihr Dating-Profil immer wieder auf den neuesten Stand. Stellen Sie zum Beispiel hin und wieder ein neues Foto von sich ein, berichten Sie von einem neuen Lieblingsbuch oder einem tollen Film, den Sie gesehen haben. Jedes Dating-Profil ist ein Spiegelbild des wahren Lebens – und wird auch dadurch attraktiv, dass es mit Ihnen zusammen wächst.
- **Zwischen nah und fern:** Online-Dating ist ein Balanceakt zwischen Nähe und Distanz. Wer sich zu schnell öffnet, überfordert den anderen und zerstört die Spannung. Wer sich zu zögerlich annähert oder Angst vor Nähe hat, kann keine romantischen Potenziale erschließen. Es hilft, sich diese Gratwanderung immer wieder bewusst zu machen.

- **Learning by Dating:** Online-Dating kann helfen, das eigene Verhalten zu überdenken. Zum Beispiel, wenn Kontakte immer wieder an ähnlichen Stellen abbrechen, weil man zu empfindlich oder zu forsch reagierte. Werfen Sie also nicht gleich die Flinte ins Korn, wenn es nicht klappt, sondern versuchen Sie, aus der Erfahrung zu lernen.
- **Die erste Mail:** Bei der ersten Kontaktaufnahme ist die Form viel wichtiger als der Inhalt. Eine erste Botschaft sollte weder zu kurz sein (das wirkt schnell unpersönlich und dilettantisch) noch zu lang (das kann undistanziert und bedrängend wirken). Gehen Sie auf das Profil der Person ein, die Sie anschreiben. Nichts ist tödlicher als der Verdacht, man bekomme nur eine Rundmail oder vorgefertigte Formulierungen. Zeigen Sie Charakter und überzeugen Sie mit Charme und Witz. Heben Sie sich von den anderen ab, ohne aufdringlich zu wirken. Studien zeigen: Am erfolgreichsten sind lockere, eher zurückhaltende Anreden, die zugleich Einfühlungsvermögen signalisieren. Was gar nicht geht: plumpe Komplimente, Online-Slang, Abkürzungen (»LG« für »Liebe Grüße«), schlechte Grammatik und Schreibfehler.
- **Stress als Chance:** Gerade am Anfang können Ungeduld oder Missverständnisse die Kommunikation anstrengend machen. Zugleich kann das aber auch ein nützlicher Stresstest sein, der zeigt, ob man grundsätzlich zueinanderpasst oder nicht. Probleme, die sich vielleicht hier schon zeigen, können später eine ganze Beziehung prägen. Und wenn es einfach nicht passt, ist eine ehrliche »Nein, danke«-Botschaft fair.
- **Das richtige Timing:** Online-Dating erfordert ein gutes Gespür für Dramaturgie. Kommunizieren Sie auf einem direkteren, persönlicheren Weg, etwa per Chat oder Telefon, wenn klar ist, dass beide Seiten einverstanden sind. Ein Sig-

nal dafür ist zum Beispiel die Preisgabe konkreter, nachprüfbarer Details über die eigene Person. Und wählen Sie den richtigen Zeitpunkt, um Ihre Erwartungen an Exklusivität und Verbindlichkeit kundzutun. Passiert dies zu früh, könnte es den anderen verschrecken.

- **Wann treffen?** Auch hier ist das Timing wichtig. Vor allem, weil ab einem gewissen Zeitpunkt die Gefahr steigt, dass das erste Treffen enttäuschend verläuft. Je länger das virtuelle Vorspiel dauert, desto riskanter wird der Abgleich mit der Realität. Um aber eine Online-Beziehung erfolgreich ins Offline-Leben übertragen zu können, muss nun einmal ein persönlicher Kontakt entstehen. Grundregel: Gehen Sie das erste Treffen eher zügig an, aber achten Sie auf mögliche bremsende Signale des anderen.
- **Das Kopfkino kontrollieren:** Das »Fantasieproblem« vom Traumprinzen, der nur im eigenen Kopf interessiert, ist seit der Epoche der Romantik (ab 1800) bekannt. Im Internet erlangt es eine ganz neue Dimension. Damit Sie sich nicht in haltlosen Idealisierungen verlieren, ist mitlaufende Selbstkontrolle wichtig: Setzen Sie sich selbst Grenzen, lassen Sie bei den Übergängen von online zu offline nicht zu viel Zeit verstreichen. Beim Online-Dating ist nicht der Weg das Ziel, sondern die reale Begegnung. Und alles, was danach im besten Fall noch kommt.
- **Take it easy:** Was tun, wenn Sie eine unfreundliche Absage erhalten – oder gar keine Rückmeldung? Beurteilen Sie das Online-Geschehen nicht 1:1 nach Offline-Maßstäben. Gerade weil wir uns an die losen Kontakte in sozialen Netzwerken gewöhnt haben, kann es auch beim Online-Dating unverbindlicher zugehen als im echten Leben, gerade in der Anfangsphase eines Kontakts. In so einem Fall gilt: Nicht persönlich nehmen!

- **Online daten – aber sicher!** Zuletzt noch fünf Sicherheitsregeln:
  1. Geben Sie private und berufliche Anschriften nicht zu früh preis.
  2. Richten Sie sich für das Mailen außerhalb der Flirtbörse eine E-Mail-Adresse ein, die Sie jederzeit wieder löschen können.
  3. Überprüfen Sie im Zweifelsfall die Aussagen anderer User (z. B. durch Google-Recherchen oder anhand einer Festnetznummer, über die sich der Wohnort checken lässt).
  4. Wenn Sie ganz sichergehen wollen: Nutzen Sie für Telefonkontakte ein Handy mit Prepaid-Karte.
  5. Wählen Sie für das erste Treffen immer einen öffentlichen Ort, von dem Sie bei negativem Verlauf jederzeit ohne Aufwand verschwinden können. Die nächste Starbucks-Filiale ist fürs erste Date besser als das gehobene Lokal mit Menüfolgen. Romantisch steigern können Sie sich immer noch!

Samenraub. ***Joe (33):*** *Ich hatte Diane im Internet kennengelernt und mich mit ihr in einem Café getroffen. Ich mochte direkt ihre schnörkellose Art, sie hatte Klasse. Nach ein bisschen Geplänkel kam heraus, dass sie lesbisch war und mit ihrer Freundin ein Kind haben wollte. Im Internet hatten die beiden meine Bilder gesehen und aus dem ersten Eindruck geschlossen, dass ich womöglich erhaltenswerte Gene habe. Ob ich bereit wäre, ihnen zu helfen? Natürlich käme Sex nicht in Frage, die Befruchtung sollte auf dem Weg Onanie –*

Becher – Spritze erfolgen. Ich fühlte mich wie ein Bulle, der eine Attrappe besteigen soll und am Ende dafür vielleicht einen Kranz um den Hals gelegt bekommt.

Photoshop-Unterstellung. ***Sarah (29):*** *Erstes Date in der wirklichen Welt nach Kennenlernen im Dating-Portal. Da sagte der Typ tatsächlich zu mir: »Gib mir mal den Kontakt zu deinem Fotografen. Wie hat der das nur geschafft, dein Foto auf ne 3+ hochzujazzen?« Ich dachte, ich knall ihm eine, tat es dann aber doch nicht. Stattdessen verschwand ich wortlos.*

MILF-Rätsel. ***Christian (25):*** *Ich hatte ein Internet-Date mit einer ziemlich geilen MILF, ich schätze sie auf Ende 40. Sie: »Ich sage dir nicht, wie alt ich bin, nur so viel: Ich bin seit 35 Jahren sexuell aktiv.« Das wiederum klang für mich ziemlich abschreckend.*

Boylie. ***Tessa (38):*** *Ich kannte Max von einem Dating-Portal, er gab sich als 26 aus, was ungefähr seinem Foto entsprach. Doch als er vor mir stand, dachte ich nur: Oh Schreck, das ist ja ein richtiger Milchbubi. Ich fragte ihn, was er denn beruflich mache. Er druckste herum. Ich sagte: »Du gehst noch zur Schule, richtig?« Er gab es zu. Ich fragte ihn, wie alt er sei. Er druckste wieder herum. »Sag Mama die Wahrheit, sonst kriegst du die Öhrchen langgezogen!«, mahnte ich. »19«, gab er verlegen zu. Ich weiß, dass junge Männer sich gern von reiferen Frauen in Sachen Sex einweisen lassen. Dieses MILF-Ding. Aber ich bin doch keine Sex-Lehrerin! 19! Ich habe Dinge in meinem Kühlschrank, die sind älter …*

Schummel-Hintern. ***Tim (23):*** *»Gayromeo«-Date. Der Typ von den Profilbildern hatte sich verdoppelt. Ein Hintern so groß wie der Mond. Aber der Mond bekommt mehr Besuch, so viel ist klar.*

Botox-Starre. ***Chris (35):*** *Ich hatte ein Internet-Date mit einer Frau unklaren Alters, die war so gebotoxt und gefaceliftet, dass sie aussah, als würde sie Achterbahn fahren.*

Internet-Date from hell. ***Lukas (29):***

17. Oktober

Drei Nachrichten bei Neu.de: Monika, Zahnarzthelferin aus Bottrop-Kirchhellen, die es lustig fand, eine Katze zu haben, die wie Hitler aussah, und einen Prinzen suchte, der mindestens ebenso verkuschelt war wie ihr hitleresques Haustier. Sie liebte nicht nur Tiere, sondern auch Tierprints: In ihrem Profil präsentierte sie Bilder von ihrem leopardengemusterten Sofa, das in einer Karibik-Situation aus Zimmerpalmen plaziert war: »Meine Wohlfühlecke«, stand darunter.

Ganz anders Susan, »flippiges Girl aus Chemnitz«, mit einem Hang zu Körperkunst, Jennifer-Rostock- und Unselig-Fan. Sie suchte jemanden, der Festivals (»Je mehr Matsch, desto besser«) genauso liebte wie sie und mit dem sie auch mal den Berliner Kit-Kat-Club unsicher machen konnte. Bondage-Interesse sollte vorhanden sein.

Und dann Sanna. Eine Fee. Blond. Schöne große Zähne. Ich liebe Frauen mit großen Zähnen. Eine Schwedin, geschieden, alleinerziehende Mutter einer Tochter, wohnhaft in einem schwäbischen Städtchen. Ihr Schreiben: auf fast altmodische Weise höflich, ohne den Anspruch, witzig, originell oder skurril zu sein. Heutzutage wollen alle skurril sein, jeder erzählt schräge Geschichten, die er erlebt hat, von bewaffneten gesichtstätowierten Gnomen, die den Überlandbus durch Paraguay ausgeraubt haben, von einem Restaurantbesuch, bei dem eine bis dahin unerkannt speisende Opern-Diva plötzlich eine Rivalin in Grund und Boden sang, oder vom Sitznachbarn im ICE, der seinen Eigenurin in einer Thermoskanne mitgebracht hat. Alles schon gehört in Chats oder bei Dates.

Und wer so etwas nicht erlebt hat oder sich so etwas nicht ausdenken mag, erzählt von seinen Träumen, in denen riesige weiße Hasen Bäume absägen und dabei Schüttelreime aufsagen, eben diese Art von Träumen, die sich vorbildlich für die Psychoanalyse oder ein surrealistisches Gemälde eignen. Sanna dagegen schrieb herzerfrischend normal: Sie liebe die Natur und wolle bald wieder mit dem Reiten anfangen, sie vermisse Schweden, aber fühle sich in Schwaben nach neun Jahren heimisch, auch wenn sie nicht alles verstehe, was dort so passiere. Sie verriet ein wenig über sich, stellte mir ein paar Fragen und nahm Bezug auf ein paar allgemeine Dinge. Die richtige Mischung. Das Schönste aber war: Sie schrieb, sie fühle sich von mir angezogen, weil meine Augen in meinem Profilbild etwas Gütiges hätten.

18. Oktober

Chattete mit Sanna. Wir schickten uns Bilder, überschütteten uns mit Komplimenten. Sie ist meine Traumfrau! Kann es wirklich sein? Ist das der Beginn meines eigentlichen Lebens? War alles vorher nur Lektion, nur Vorbereitung, um das hier möglich zu machen?

20. Oktober

Der Wahnsinn! Chattete vier (!) Stunden mit Sanna. Es wurde späte Nacht, die Stunden rasten vorbei. Wir flirteten wie wahnsinnig, dann wühlten wir wieder freimütig in unseren Herzen. Ich erzählte von meiner Trennung, sie mir von ihrer Scheidung und dass sie ihrer Tochter zuliebe in Deutschland bleibe, da diese nur Deutsch spreche, auch wenn sie selbst Familie und Freunde in Uppsala schrecklich vermisse. Eine schöne, etwas einsame Schwedin, in Schwaben gestrandet, die das Wohlbefinden ihrer Tochter über ihr eigenes stellte und sich mit keinem Wort bedauerte. Eine wundervolle Frau! Was für ein Unterschied zu meiner Ex, die sich nur für Partys, Klamotten und oberflächliche Pseudo-Freunde interessierte. Ich war verliebt!

23. Oktober

Sanna sendete mir ein Bikinifoto, sie sah aus wie Karolina Kurkova. Sie war süß und smart und ein wenig traurig und ein wenig fröhlich. Wir sagten, dass wir es kaum erwarten könnten, zu erleben, wie der andere sich anfühle, wie seine Stimme sei, wie er rieche und schmecke und spreche. Wir wollten uns getragene T-Shirts schicken. Wir beschlossen, morgen zu telefonieren.

24. Oktober

Ich rief sie an, meine Hand zitterte, sie meldete sich mit glasklarer Stimme, ich sagte: »Ich bin's!« Stille, ich hörte sie atmen. »Ich kriege keine Wort raus«, sagte sie dann. »Ich auch nicht«, sagte ich. Wir atmeten beide ins Telefon, ich lauschte gebannt ihrem Rhythmus. »Lass uns lieber chatten, das hier ist too much«, sagte ich schließlich und hängte ein. Ich ertrug es nicht, und ihr muss es genauso ergangen sein.

25. Oktober

Ihr T-Shirt in meiner Post. Es zauberte Bilder in meinen Kopf, von einer Wiese mit den schönsten Blumen, von ihr in einem weißen Sommerkleid. Ihr Duft: weiblich, dezent, ein Hauch von Geheimnis.

27. Oktober

Wir hatten Cybersex! Detailliert schrieben wir uns, wo wir uns anfassen und küssen wollten und wie wir uns festhalten, ineinander verbeißen wollten wie Tiere, ich sie an den Haaren ziehe, sie mich am Gesicht wegdrückt, weil sie die Lust nicht mehr aushält, in meine Schulter beißt. Wir kamen beide. Ich hatte so etwas noch nie erlebt.

12. November

Sanna und ich chatteten jeden Tag. Ich war verliebt, ich wollte sie und keine andere. Endlich hatte ich freie Tage in Sicht und Zeit, sie zu besuchen. Sie sagte, sie freue sich und habe

zugleich Angst und fühle sich wie ein Feigling. Ich sagte, seine Angst zu gestehen, sei mutig, und auch ich hätte Angst.
16. November
14 Uhr
Autobahn Richtung Stuttgart, mit jedem Kilometer kam ich ihr näher.
18 Uhr
Ein gesichtsloses Hotel in einem Gewerbepark. Eine fade Frau reichte mir mechanisch die Schlüsselkarte, ohne mich anzusehen. Sanna und ich hatten ausgemacht, dass ich erst einmal noch nicht bei ihr schlafen würde. Wenn alles so wäre, wie es sein musste, würde ich sofort auschecken und bei ihr einziehen. Zunächst für das Wochenende, aber dann für immer. Ich würde meinen Job in Köln sausenlassen. Ich konnte etwas Vergleichbares auch im Raum Stuttgart finden. Wir hatten das schon durchgespielt. Wir waren verrückt.
20 Uhr
Ich stand vor dem italienischen Restaurant in der Innenstadt von Stuttgart. Es hieß San Remo oder auch Toskana. Mein Herz schlug bis in den Hals. Ich ging hinein.
22 Uhr
Ich war schon wieder in meinem Hotel, sah eine Sendung über Messie-Wohnungen und trank eine Cola aus dem Flurautomaten. Sanna war pünktlich ins Lokal gekommen, sie war so schön wie auf den Bildern, sie lächelte, gab mir die Hand, die Hand fühlte sich kalt und fremd an.
Sie setzte sich, und ich stellte fest, dass sie eine mir unbekannte Frau war. »Und, gut hergefunden?«, fragte sie. »Ja, dank Navi kein Problem«, antwortete ich.
»Ich bin der Beweis dafür, dass man sich sogar mit Navi verfahren kann«, sagte sie.
»Verfährst du dich oft?«, wollte ich wissen.

»Oh ja, immer.« Das erste betretene Schweigen. Ich kannte diese Frau nicht. Sie war schön, sie war sympathisch, aber das verbundene Gefühl aus den Chats: Es war im Computer geblieben. Wir bestellten etwas zu essen, ein Kellner mit blutunterlaufenen Augen bediente uns mit übertriebener Gestik und halbitalienischen Floskeln, von denen er glaubte, dass wir sie erwarteten.

Wir sprachen kurz über das Essen. Wir blickten uns an, schwiegen wieder. Ich dachte: Jetzt muss jemand etwas sagen, das Bedeutung hat, etwas, das die Intimität wiederherstellt, das uns einen Schritt weiterführt. Es lag quälend in der Luft. Wir standen vor einer Weiche, jemand musste sie stellen. Sie sah wieder zu mir, fast bangend. »Ganz schön leer hier drin«, hörte ich mich sagen. Sie sagte: »Komisch, sonst ist es hier ziemlich voll, vielleicht, weil gerade ›Wetten, dass ..?‹ läuft.« Wir überprüften gegenseitig unsere Teller, wie lange der andere wohl noch brauchen würde, um seine Mahlzeit zu beenden.

»Lass uns morgen noch einmal treffen. Ich muss leider gleich schon los, meine Babysitterin hat nur bis 22 Uhr Zeit, sie hat morgen einen Sportwettkampf«, sagte sie dann. »Als alleinerziehende Mutter muss man sich seinen Zeitplan von Babysittern diktieren lassen«, fügte sie mit müdem Lächeln hinzu.

»Ist mir recht, ich bin auch total k. o.«, griff ich den Rettungsring dankbar auf.

Wir lehnten den Vorschlag des Kellners, noch einen Espresso zu trinken, ab, und vereinbarten, uns am nächsten Tag um 16 Uhr zu Kaffee und Kuchen in der Altstadt zu treffen. Ich notierte den Namen des Cafés, das sie ausgesucht hatte, in meinem Smartphone. Unsere Erleichterung schien das vorher noch so drückende Raumklima völlig zu verändern. Wir hatten beide einen guten Grund, den Abend abzubrechen, einen Grund, der nichts mit uns und dem Abend zu tun hatte, aber

wir hatten eine Aussicht für den nächsten Tag. Dann würde alles besser, anders, richtig werden, so wie im Chat. Ich zahlte, sie bestand darauf, sich zu beteiligen, was ich vehement ablehnte. Wir betonten beide noch einmal, wie müde wir waren. Die Verabschiedung fiel vergleichsweise herzlich aus, unsere Entscheidung hatte uns beide entkrampft.
Ich hatte Lust, noch einen Drink zu nehmen, ich konnte unmöglich schon zurück in dieses freudlos funktionale Hotel. Ich hatte Lust, mit einer Frau zu schlafen, die nach Möglichkeit keine Prostituierte sein sollte.
5 Uhr
Ich konnte nicht schlafen, neben mir lag eine fremde Frau, das Zimmer roch nach Sex. Ich hatte die Bar betreten, mir einen Wodka Tonic bestellt und mich umgesehen. Ich stellte fest, dass das Publikum tatsächlich freundlich gesinnt war und die Stadt doch nicht so tot, wie sie mir im Hotel und im Restaurant erschienen war. Die übliche Lounge-Musik, ziemlich genau Thievery Corporation oder was anderes.
Vasen mit Lilien. Dunkles lackiertes Holz und grauer Beton, Wandstrahler, rechteckige Formen, irgendwo zwischen Asien und Apple-Store. Es sah aus, wie es in allen neuen oder neu gemachten Lokalen und Hotels gerade so aussieht, wenn sie den Ehrgeiz haben, als angesagt zu gelten.
Ich sah eine Gruppe von zwei Frauen und drei Männern neben der Bar stehen, es wurde gestikuliert und gelacht, eine Frau richtete sich ihren dunklen Zopf neu und sprach dabei, die andere Frau war Sanna. Sie erstarrte, als sie mich sah. Ich nickte ihr zu, den Drink in der Hand, es sollte lässig sein, sie hob verkrampft zum Gruß die Hand. Mit unseren Blicken sagten wir das Café-Date für den nächsten Tag ab. »Sie sind aber nicht von hier?«, hörte ich neben mir die Stimme einer fremden Frau.

Das sagt die Statistik: Unter 1200 Chattern gaben 80 Prozent der Männer und 35 Prozent der Frauen zu, falsche Angaben zu machen (Studie »Internetsucht – neue Suchtformen und Gefahren«).

Als ich mich hoffnungslos verzettelte. ***Sylvia (33):***
Ich bin der Typ quietschvergnügte Single-Frau. Ich halte mich fit mit Jogging, Pilates und Masturbation. Ich werfe bei Dates nicht vorschnell die Flinte ins Korn. Jakob sah zwar schon so aus wie auf seinem Profilbild: Ende vierzig, längeres Haar, eine gegerbte Haut, der man anmerkte, dass sie manches Mal gnadenlos der Sonne ferner Länder ausgesetzt gewesen war. Unruhige, blaue Augen. Eine Stimme, der man anhörte, dass der Whiskey auch schon mal zu einer Uhrzeit schmeckte, zu der andere ihren zweiten Kaffee tranken. Im Internet hatte ich mir bei seinem Bild einen französischen Regisseur existentialistischer Dreistundenfilme vorgestellt. In Wahrheit aber war der Mann international agierender Pressefotograf, krisengebietserfahren.
»Irak ... die Amis haben sich die Suppe selbst eingebrockt«, murmelte er.
»Es ist nichts besser geworden inzwischen?«, fragte ich vorsichtig.
»Besser?« Er sah mich zynisch an. »Korruption, Gewalt, Chaos, überall. Ich kenne den Irak noch unter Hussein. Er war ein Riesenarschloch, aber das Leben hatte Struktur für die Bevölkerung. Ich war auf einer seiner Partys. Ein üppiges Fest, das kann man sich hier gar nicht vorstellen. Er thronte in einer Loge, blickte auf die Tanzenden. Plötzlich wurden

zwei weiße Tiger losgelassen, sie streiften an den Gästen entlang, orientieren sich, schnupperten. Unter den Gästen brach Panik aus. Saddam saß da oben und grinste. Die Angst der Leute erregte ihn …«

»Weiße Tiger, was zum Teufel machen Siegfried und Roy bei Saddam Hussein?«

»Sie sind witzig, das ist gut, das kann man immer brauchen«, sagte er und lachte nicht die Spur. Dann beugte er sich vor: »Dann brachten sie ihm Mädchen. Blutjunge Mädchen. Verschleppt aus den Provinzen. Wenn sie sich weigerten, mit Saddam ins Separee zu gehen …« Er schwieg bedeutungsvoll, setzte sich dann den Zeigefinger auf die Schläfe: »Peng!«

Ich schlug die Hände vors Gesicht. »Oh Gott, das ist grauenvoll. Ich meine, ich habe Respekt vor Ihrer Arbeit und vor dem, was Sie erlebt haben, aber warum erzählen Sie mir diese schrecklichen Geschichten …« Ich war ernsthaft verstört.

»Was schreiben Sie?«, fragte er. Ich hatte ihm im Internet verraten, dass ich Autorin sei. Wie gerne hätte ich ihm jetzt gesagt, dass ich gerade eine sensible Annäherung an Sinti-Frauen in Deutschland verfasste.

Aber ich wollte nicht lügen.

»Ich schreibe Telenovelas!«, sagte ich schnell.

»Sie schreiben Telenovelas«, wiederholte er und nahm einen Schluck von seinem Gin Tonic. Ich sagte ihm, dass ich eben mal zur Toilette müsse. Ich brauchte eine Minute für mich, um mir etwas einfallen zu lassen, wie ich aus dieser Situation herauskomme.

Jakob war nur einer der Männer, die ich in jener datingreichen Zeit traf. Ich hatte in Berlin das Internet-Single-Portal Neu.de für mich entdeckt, und es verschaffte mir zeitweise eine Art Dating-Flatrate. Ich traf mich mit den verschiedensten Männern, und mit manchen ging ich auch ins Bett, nur so zum Spaß. Ich fühlte mich frei und verrucht, wie eine echte zugezogene Berlinerin, nicht mehr wie eine Touristin aus der Provinz. Ich, die vor ihrem Umzug erst mit drei Männern Sex gehabt und sieben Jahre in einer Beziehung festgesessen hatte! Ich holte im Schnelldurchlauf auf. Und auch wenn einige meiner Dates sich als ziemlich schrullig erwiesen, so waren doch alle Männer liebenswert gewesen und eine gute Erfahrung fürs Lebensbuch. Dieser Pressefotograf mit seinen Horrorgeschichten war der Erste, der mir wirklich unangenehm war.

Ich traf alle meine Neu.de-Dates im selben Café, dem 103 auf der Kastanienallee. Es war zu der Zeit das einzige Café, dessen Namen ich mir merken konnte. Und es war ganz in der Nähe meiner Wohnung, so dass ich schnell nach Hause konnte, allein oder auch nicht, je nachdem. Man konnte im 103 essen, wenn das Treffen nett war, aber man musste nicht, wenn man sich nicht länger aufhalten wollte. Die anderen Gäste waren mit der üblichen Berliner Unaufgeregtheit ausgestattet, die an Gleichgültigkeit grenzt. Kurz, das 103 war mein optimales Dating-Café.

Der Gästebereich ist hufeisenförmig um die Küche und Bar angeordnet, so dass man am einen Ende nicht sehen kann, wer am anderen Ende sitzt. Ich saß nun mit diesem Fotografen namens Jakob am einen Ende, die Toilette war am anderen Ende.

An einem Tisch vor den Toiletten wiederum saß ein Mann, der unglaublich gut aussah, lässiger Schick, wie Skandinavier ihn tragen. Ich musterte ihn, er musterte mich. Er kam mir bekannt vor. Ich wusste nicht, woher. Womöglich kenne ich ihn aus einer Seifenoper, dachte ich. In Berlin trifft man ja ständig Schauspieler. Da stand er auf. »Sie sind Lesley Anne! Sie sind also doch noch gekommen!«, sagte er freudestrahlend.

Lesley Anne, das war mein Nickname bei Neu.de, nach der großen 80er-Jahre-Seriendarstellerin Lesley Anne Down. Mein Kumpel Marcantonio hatte mir prophezeit, dass so ein Name schon einmal 80 Prozent der Männer abschrecken würde, aber er hatte mir durchaus Glück gebracht. Nach einem Moment der Verwirrung war mir nun klar, woher ich diesen Prachtmann kannte: Vor mir stand mein Neu.de-Chatpartner »Lionel Hutz«, Anwalt einer Umweltorganisation – und mein Date für morgen! Gleiche Zeit, gleicher Ort.

»Sie sind Lionel Hutz!«, sagte ich. »Anwalt für Umweltrecht. Wir sind morgen verabredet.«

»Wir sind jetzt gerade verabredet«, berichtigte er mich mit ruhiger, tiefer Stimme. »Ich warte schon auf Sie, ich dachte, Sie kommen nicht mehr. Setzen Sie sich, was wollen Sie trinken?« Er rückte einen Stuhl vor.

»Nein, nein«, sagte ich. »Morgen, am Donnerstag sind wir verabredet!« Ich kramte in meiner Handtasche nach meinem zerfledderten Notizblock, blätterte nervös darin herum, während er elegant sein iPad aufschlug und mir den Bildschirm zeigte. Ich schämte mich ein bisschen, dass ich so wenig multimedial bin. Das war schon immer so, das Internet hielt ich lange Jahre auch für eine Modeerscheinung, die ich zunächst mal abwarten wollte.

»Sehen Sie hier, ich habe gerade noch einmal unseren Chat-Dialog aufgerufen, um mich zu vergewissern, dass ich mich nicht im Datum geirrt habe. Und hier steht's ja: ›Freu mich auf Sie, Lionel, auch wenn es ja immer heißt, Umwelt-Anwälte küsst man nicht. Bis Mittwoch, 18 Uhr im 103! Ihre Lesley Anne‹«

»Oh, oh«, stammelte ich. »Ja, richtig, heute, na deswegen bin ich ja auch hier!« Ich setzte mich hastig. »War ja nur ein Test!«, lachte ich schrill auf und schnipste mit den Fingern.

Immer dieses aufgesetzt fröhliche Fingerschnipsen, wenn ich nervös bin. Ich plapperte weiter: »Das ist die erste Hürde, durch die meine Blind Dates müssen. Ich sage: Hey, seid ihr sicher, dass ihr am richtigen Tag hier seid? Und wenn sie sich nicht irritieren lassen, dann ist das schon mal ein fetter Pluspunkt!«

Sylvia, du faselst Mist, schoss es mir durch den Schädel.

Hölle, war er sexy! Er winkte die schöne, coole, tätowierte Kellnerin herbei, die mich etwas verdutzt musterte, weil ich jetzt plötzlich hier am anderen Ende saß und erneut einen Aperol-Spritz orderte.

»Hören Sie, Lionel …«

»Sören«, unterbrach er mich. »Lionel Kutz heiße ich nur bei Neu.de. Eine Figur aus den Simpsons …« »Sören?«, sagte ich baff. »Sind Sie Skandinavier?«

»Meine Mutter kommt aus Dänemark«, sagte er. Ich dankte Gott im Himmel. Wünschen sich nicht alle Mädchen einen stilsicheren Skandinavier mit dem richtigen Pullover und den richtigen liberalen Einstellungen? Um dann mit ihm in einem mit nachhaltiger Energie versorgten Neo-Bauhaus-Apartment zu wohnen, Bio-Gerichte zuzubereiten und Direktsäfte zu trinken und aufgeweckte blonde Kinder zu zeugen und mit dem vielen Geld, das man so verdient, niemals anzugeben?

»Sören, ich bin Sylvia. Es freut mich wahnsinnig, Sie zu treffen. Ich muss ganz kurz nach hinten, ich habe dort beim Reingehen einen Bekannten gesehen, und dem schulde ich Geld, und ich möchte es ihm gerne eben zurückgeben …«

»Was für eine Sorte Mädchen sind Sie, Sie kommen in eine Bar und schulden den Männern Geld? Arbeiten Sie für ein Drogenkartell?«

»Drogen? Ich? Ach nein. Damit habe ich aufgehört, als ich 14

war. Der Satz ist aus Pretty Woman, hätten Sie's gewusst? Ich bin sofort wieder da.« Nervös stand ich auf und ging zu meinem Date Nr. 1 am anderen Ende des Cafés, Jakob. Ich war eindeutig überbucht! Mir musste ein doofer Fehler passiert sein. Was jetzt zu tun war: Jakob, den Fotografen, loswerden! Er zappelte schon ungehalten auf seinem Platz, hatte inzwischen einen zweiten Gin Tonic vor sich, und fragte mich: »Wo waren Sie denn die ganze Zeit?«
Ich setzte mich wieder auf meinen Stuhl und sagte ihm: »Hören Sie, Jakob, es war sehr nett, Sie getroffen zu haben. Aber unser Date – ich muss es hiermit beenden. Sie sind ein interessanter Mann, Sie haben Dinge gesehen, die kein anderer gesehen hat, was Sie tun, ist wichtig, aber Ihre Geschichten liegen mir schwer im Magen. Es ist zu viel für eine Seifenopern-Autorin wie mich, ich bin Happy Ends gewohnt … Es tut mir leid.«
»Sie sitzen lieber bei dem Kerl dort drüben … Ist der Ihr Happy End?«
»Dem Kerl? Was für einen Kerl meinen Sie?«
»Ich hab Sie doch dort sitzen sehen, als ich die Kellnerin gesucht habe, bei diesem Kerl mit dem blöden Pullover. Halten Sie mich doch nicht für dumm.«
»Jakob, Sie sollten besser gehen. Ich zahle.«
»Oh, machen Sie sich nicht die Mühe. Ich habe schon gezahlt. Und jetzt trinke ich hier in Ruhe meinen Gin Tonic aus.«
Ich stand auf. Ich fühlte mich schrecklich. Als ich zu Sören zurückhuschte und bestätigt fand, was für ein prächtiges skandinavisches Mannsbild er war, ging es mir allerdings rasch besser. Etwas außer Atem setzte ich mich wieder. Zum Glück war mein Drink inzwischen da. Auf den Schreck genehmigte ich mir einen kräftigen Schluck.
»Na, haben Sie Ihre Schulden bezahlt?«, fragte Sören mit

leisem Spott. »Nicht alle Frauen sind da so gewissenhaft. Pluspunkt für Sie!«
Das nun folgende Gespräch kam etwas zäh in Gang, weil ich noch so durcheinander war: weiße Tiger bei Saddam Hussein, meine versemmelte Terminplanung, diese ungemütliche Reaktion von Jakob ... Doch es kam noch schlimmer: Plötzlich stand Jakob vor unserem Tisch!
»Na, was erzählt dir unsere kleine Telenovela-Tussi? Denselben Mist von der unschuldigen Rheinländerin, die sich ins Abenteuer Berlin stürzt? ›Alles so aufregend hier ...‹«, äffte er mich nach, und Nachäffen trifft immer.
»Wer sind Sie?«, fragte Sören kühl.
»Ich bin ihre Neu.de-Verabredung«, sagte Jakob und wies mit dem Finger auf mich. »Aber ich hatte keine Ahnung, dass ihr ein Speeddating vorschwebt. Ein Dating-Gangbang sozusagen ...«
»Gehen Sie, Jakob!«, sagte ich leise.
»Ich gehe, wenn ich gehen will, das ist nicht Ihre verdammte Bar!«, zischte er zornig und donnerte mit der Faust auf die Tischplatte. Der Tisch wackelte, beide Gläser fielen um, die Getränke liefen aus, ein Glas rollte über die Tischkante auf den Boden und zerbrach. Jakob rauschte fluchend ab.
»Scheiße«, sagte ich, »Scheiße, scheiße, scheiße.« Die anderen Gäste sahen von ihren Apple-Laptops oder Gesprächen auf, nur kurz, dann tippten oder redeten sie weiter.
»So ein Arschloch«, rief Sören, erschrocken von der plötzlichen Aggression eines Fremden. Dann sah er auf mich Häufchen Elend, rettete sein iPad und stoppte mit einer Serviette notdürftig die Überflutung des Tisches.
Ich lächelte gequält. Sören winkte nach der Kellnerin: »Uns ist ein Glas kaputt gegangen, sorry!«, rief er.
»Wir möchten dann zahlen«, sagte Sören zur Kellnerin, nach-

dem sie die Scherben mit aller Beiläufigkeit vom Boden gefegt hatte. »Nein, nein, möchten wir nicht«, sagte ich schnell. »Wir lernen uns doch gerade erst kennen …«

»Hören Sie, Sylvia, es ist mir alles etwas zu ausgeflippt. Sie haben sich hier mit zwei Kerlen gleichzeitig verabredet …«

»Ein Versehen!«, flehte ich.

»Ja, aber vielleicht sollten Sie sich etwas sortieren. Das hier steht jedenfalls unter keinem guten Stern …«

»Vorschlag: Ich geh noch mal raus, und Sie sitzen hier, und ich komme rein und suche Sie und finde Sie und wir tun so, als hätten wir uns noch nie gesehen! Wir spulen einfach zurück und drehen die Szene dann neu!« Um ihn mit verzweifelter Komik zu gewinnen, bewegte ich mich rückwärts und machte Rückspulgeräusche. Sören sah mich nur betreten an und sagte: »Das hier ist keine Serie.« Dann legte er Geld auf die einzig halbwegs trockene Stelle auf dem Tisch und ging. Ich blieb allein zurück und hatte nicht einmal mehr mein Aperol-Getränk gegen den Schmerz. Von der Kellnerin war kein Trost zu erwarten. Nun fühlte ich mich richtig Lesley-Anne-down.

Als ich merkte, dass ich mal wieder meine Handykontakte ausmisten muss. *Tessa (38):*

Es kann fatal sein, wenn man den Überblick über sein Adressbuch im Smartphone verliert. Ich hatte Karten fürs Kino besorgt, meine Freundin war abgesprungen, und ich dachte mir: eine schöne Gelegenheit, einen Typen einzuladen und ein zwangloses Date zu genießen. Mein erster Gedanke: Florian. Mit ihm hatte ich mich in den letzten zwei Monaten drei, vier Mal getroffen, wir konnten toll miteinander schweigen und noch besser vögeln, danach rollte er einen Joint und schwieg weiter, es war unkompliziert und entspannt. Wir belästigten einander nicht mit unserer Vergangenheit, und es stand keine Zukunft im Raum, die man irgendwie zusammen füllen müsste. Wir hatten wenig Lust, viel übereinander zu erfahren, und konnten uns ganz auf die Gegenwart einlassen. Wir aßen zusammen, gingen in den Park oder in den Zoo und dann ins Bett.

Also Florian. »Hab Tickets für Blue Valentine, soll ein prima Film sein, heute 20 Uhr an der Kulturbrauerei?«, textete ich ihm, und prompt piepte die Antwort: »Sehr gerne, ich freu mich!« Wie unkompliziert, triumphierte ich. Das klappt ja wie am Schnürchen. Echt lässig.

Guter Dinge lief ich zum Kino und sah überrascht, dass ein One-Night-Stand, den ich circa zwei Wochen davor kennengelernt hatte, vor dem Eingang auf jemanden wartete: Ein hübscher Typ, Gott war in Bestform gewesen, als er ihn geschaffen hatte. Ich hatte ihn in einer Bar klargemacht, der Sex war super gewesen, doch danach wurde er ein bisschen verschroben. Er plante den ganzen Sonntag durch, fantasierte von seinen Lieblingsorten in Berlin, die er mir zeigen wollte, Badeschiff, ein Picknick auf dem Kreuzberg, was weiß ich, und ich dachte nur: Hat der die Pfanne heiß? Wer ist dieses mir unbekannte Wesen, das mich hier mit großen Hundeaugen zutextet, und wie kriege ich es aus meiner Wohnung? Und genau dieser Typ stand jetzt vor dem Kino, wie hieß er gleich, richtig, war sein Name nicht auch Florian? Da kam er schon strahlend auf mich zu und sagte: »Grüß dich, Tessa! Ich hab mich total über deine SMS gefreut, ich hab echt jeden Tag gewartet und gedacht, warum meldet sie sich nicht zurück? Ich hatte dir ja ein paar Mal auf die Mailbox gesprochen, hast du das denn gar nicht abgehört?« Und er drückte mich an sich.

Ich hatte dem falschen Florian die SMS geschickt! Das war jetzt mein Date. Ich stotterte herum, dann dachte ich: Tessa, vielleicht ist das eine dieser Fehlleistungen, von denen man immer behauptet, dass Freud an ihnen seine Freude gehabt hätte. Vielleicht sollte es dieser Florian sein. Und wie hübsch er aussieht! Nimm es an, wie es ist! Und ich setzte mein Haifischlächeln auf und sagte: »Ja, ich hatte so viel zu tun, aber toll, dass es heute mit uns geklappt hat!«

Wir betraten den Kinosaal und warteten, dass der Film begann. Florian streichelte die ganze Zeit meine Hand. Ich dachte nur: Bin ich eine Idiotin, aber irgendwie ist es ja schon wieder lustig. Da trat ein schluffiger Typ mit Basecap und Schlabbershirt vor die Leinwand und entschuldigte sich, es gebe Probleme mit der Filmrolle und keine Lösung dafür, wir könnten an der Kasse unser Geld zurückbekommen oder uns einen Gutschein ausstellen lassen. »Warst du schon mal abends auf dem Fernsehturm?«, schoss aus Florian beim Hinausgehen eine Idee für ein Alternativprogramm. »Sollen wir zum Teufelsberg fahren und in die Sterne gucken? Ich kenne ein großartiges illegales Restaurant in Friedrichshain, die haben ganz tolles vegetarisches Essen, Brad Pitt war auch schon da. Worauf hast du Lust?«

»Ach«, sagte ich, »lass uns einfach zu mir fahren und vögeln.«

»Vögeln, toll, okay, fahren wir!«, sagte er, und das machten wir dann auch. Ich muss sagen, es war nicht schlecht. Doch mir schwante schon Übles, als er danach mit seinen Festhalteklammersaugküssen fortfuhr. Ich wollte doch einfach nur in Ruhe eine rauchen. Aber er legte los: »Weißt du, ich bin richtig froh, dass du dich noch gemeldet hast. Ich dachte schon, du meldest dich nicht mehr. Du bist eine coole Braut. Ein Kumpel von mir hat eine Datsche am Liepnitz-See, da könnten wir morgen hinfahren. Kann ich in dein Internet? Wir gucken einfach mal, wie das Wetter wird. Ich könnte dich so gegen 10 abholen, um 11.30 sind wir da …«

»Florian!«, unterbrach ich ihn.

»Ist 10 zu früh? Es ist ganz herrlich dort, wir können nackt schwimmen, und ich angle was für uns … Ich bin ein passabler Angler!«
»Florian, ich kann keine Aussage für morgen treffen.«
Schweigen.
»Was meinst du damit? Du kannst für morgen keine Aussage treffen? Was soll das heißen?«
»Ich kann nicht einfach den ganzen Tag hinwerfen und spontan in eine Datsche fahren, so toll das klingt.«
»Wann kannst du? Nächstes Wochenende? Wollen wir morgen einfach noch mal Kino versuchen? Der Film hörte sich wirklich gut an.«
»Florian, sei mir nicht böse, du musst jetzt bitte erst mal gehen, ich muss noch ein bisschen was machen, und wir telefonieren nächste Woche.«
»Was musst du jetzt machen, es ist 23 Uhr?«
»Florian, bitte …«
»Alles klar.« Grimmig zog er sich an. »Alles klar. Ist kein Problem.«
»Sorry«, sagte ich hilflos. Er stampfte zur Tür. »Ja, dann, ich gehe.«
»Es war wirklich schön, Florian.«
Da dreht er sich um, das Gesicht verzerrt wie bei einem kleinen Jungen, der gleich anfängt zu heulen. »Es war wirklich schön? Ist das alles, was dir einfällt, wirklich schön? Was ist nur los mit euch Frauen … ihr seid so … so kalt wie Hundeschnauzen.« Und er fing an zu schluchzen und zu weinen. Ich trat auf dieses Häufchen Elend an meinem Türrahmen zu, das vorhin noch mein Liebhaber gewesen war, reichte dem Mann meine Arme, er machte dankbar davon Gebrauch, klammerte sich an mich, ich nahm den Geruch seiner Haare wahr, seine Wärme, sein Zittern, seinen ganzen Schmerz.

Dann stieß er mich zornig weg und schubste mich voller Verachtung mit beiden Händen gegen die Wand. In dem Moment war mir klar, dass er ein ernsthaftes Problem hatte, und jede meiner Körperzellen schaltete um auf Alarmbereitschaft. Ich sah mich nach Gegenständen um, die ich greifen und mit denen ich mich im Fall verteidigen konnte.
»Verpiss dich. Raus aus meiner Wohnung, sofort!«, sagte ich laut und bestimmt und mit erstaunlich sicherer Stimme. Ich riss die Haustür auf, er sah mich an, wütend, hilflos, traurig, verwirrt, trotzig, alles zugleich. Plötzlich änderte sich sein Ton, er sprach leise und auf beängstigende Weise ruhig: »Irgendwann wirst du auf einer schmutzigen Matratze liegen, und deine Geschwüre platzen, und du wirst winseln, dass dir jemand hilft. Aber da wird niemand sein, denn für die Welt bist du dann schon lange gestorben, keiner erinnert sich mehr an dich, noch während du da liegst und röchelst. Und dein Gewinsel verhallt ungehört im Weltall.«
Dann ging er. Ich schlug die Haustür zu und lehnte mich dagegen und begann zu zittern.
Als meine Facebook-Mail einen Katzenjammer-Flashmop auslöste. ***Kassandra (32):*** *Facebook ist ein Arschloch! Wie oft wollte ich mich abmelden, aber das Portal ist stärker als ich. Schließlich könnte ich sozial verkümmern, die meisten Einladungen gehen inzwischen über Facebook raus. So auch die zur Geburtstagsfeier von Joe, den ich nur flüchtig kannte. Auf seiner Party kamen wir uns näher und verabredeten uns zu einem Date. Das lief ganz wunderbar, er fühlte sich durch meine Geschmeidigkeit an eine Katze erinnert. Als ich zu Hause war, schrieb ich ihm eine Mail: »Hallo Katerchen, hast du nicht Lust, morgen Abend zum Schnurren in mein Körbchen zu kommen? Ich wohne in der Falckensteinstraße 7. Deine Catwoman.«*

Ich hatte für meine Offensive unseren letzten Dialog aufgerufen – meine Zusage zu seiner Party und seine Freude darüber – und nicht bedacht, dass meine Mail an die ganze Facebook-Gruppe ging, also an alle, die er zu seiner Party eingeladen hatte. Am nächsten Abend kam Joe zwar zu mir, aber vor meinem Haus fand so etwas wie ein Facebook-Flashmop statt. Seine besoffenen Freunde versammelten sich auf der Straße, mauzten wie rollige Katzen und jaulten Sachen wie »Catwoman, ich möchte mit dir schnurren«. Einige hatten sich wie Katzen geschminkt oder trugen Tigermasken. Es war ein peinlicher Alptraum, den erst mein Urberliner Nachbar mit einem vom Balkon geschütteten Eimer Wasser und wüsten Kastrationsdrohungen beendete.

Als ich ein Déjà-Date hatte. ***Chris (35):*** *Ich hatte schon so ein komisches Gefühl. Das hat man natürlich immer, wenn man zu einem Online-Date anrückt und nur im Besitz eines Minimums an Informationen ist. Was ist, wenn ich ihre Stimme nicht mag oder ihren Geruch? Oder wenn die Profilfotos vor ihrer Crystal-Meth- oder Fresssucht entstanden sind? Ich erwartete erst einmal nur das Schlechteste, als ich die Strandbar betrat, und meistens kommt es dann ja auch genau so oder noch schlimmer. Ich sah mich unsicher um, und dann kam sie auf mich zugestürmt. Sie trug irgendetwas Giftgrünes und jodelte: »Halli hallo, hallöchen, Popöchen, ich bin's, Doro, und du bist mein Date!« Und da hakte sie sich auch schon bei mir unter, schob mich zu zwei Liegestühlen. »Setzen wir uns.«*

»Moment«, sagte ich. »Hast du gerade gesagt: Hallöchen, Popöchen?«

»Ja!«, sagte Doro vergnügt. »Ich bin die Hallöchen-Popöchen-Doro. Steht sogar auf meiner Visitenkarte!« Dann sah sie mich an, wurde stutzig. »Moooment …«

Ich: »Ja …«
Sie: »Mooment, das glaub ich nicht …«
Ich: »Ich fürchte doch!«
Sie: »Ich flipp aus! Hab ich gerade ein Déjà-Date?«
Ich: »Du bist aus … Dortmund? Und du leitest ein Promotion-Team … Und liebst es zu tanzen …«
Sie: »Ich … ich bin aus Essen, und inzwischen bin ich Stellvertreterin der Geschäftsleitung in einer Promotion-Agentur. Und ich tanze gerne, ja. Und du … du warst BWL-Student … Bist auf vier 7000er geklettert oder so … Oh mein Gott, ich glaub das nicht! Ich muss mit dem Daten aufhören, ich gehe offenbar schon in die zweite Runde!«
Ich: »Inzwischen bin ich Senior Consulter, hab acht 7000er bestiegen!«
Sie: »Und du hattest inzwischen endlich Sex mit einem Yeti.«
Ich: »Du hattest damals noch blonde Haare!«
Sie: »Du hattest damals noch Haare!«
Ich: »Muss so sieben Jahre her sein … War ein nettes Date.«
Sie: »Ja, das war nett …«
Schweigen.
Sie: »Es war beschissen.«
Ich: »Ja, es war ganz grauenhaft.«
Sie: »Sonst hätte sich ja auch einer von uns danach noch mal gemeldet.« Sie sah eine Kellnerin: »Hey, Schätzchen, wem muss man hier einen blasen, um einen Drink zu bekommen?«
Die Kellnerin: »Ich schicke euch jemanden!«
Ich: »Und weißt du, was das Schlimme ist? Auf genau die gleiche Art hast du damals schon nach einer Servicekraft verlangt.«
Sie: »Ja, und so kam ich an Drinks und Sex, vielleicht funktioniert es ja noch einmal.«
Da trat ein unglaublich fetter Kellner an den Tisch. »Sie wollten mir einen blasen und bestellen?«, fragte er. Doro verdreh-

te die Augen. »Einen gut gemischten Mojito auf Eis für mich, und versuche bitte, ihn nicht erst morgen zu bringen, okay, Otti?« Der fette Kellner grinste lüstern und sagte: »Hätte ich gewusst, dass ich heute einen geblasen bekomme, hätte ich mich vorher gewaschen. Andererseits: Soll ja nicht mein Problem sein.«

»Dieses Lokal ist das Allerletzte!«, zischte Doro angeekelt. »Du hast damals schon ein blödes Lokal ausgesucht.«

Ich: »Hey, das war ein Clubrestaurant! Clubrestaurants waren vor sieben Jahren total angesagt!«

Doro: »Es war wahnsinnig hektisch und laut, man musste sich anschreien, um etwas zu verstehen, und es war voller nuttiger minderjähriger Mädels mit dem Berufsziel Paris Hilton.«

Ich: »Du warst sauer, weil ich ein paar heißen Mäusen hinterhergeguckt habe, hast sie angeschrien, 100 Jahre hätten Frauen für Gleichberechtigung gekämpft, und dann kämen ein paar Amöben im Minirock wie sie daher und machten alles kaputt.«

Sie: »Jemand musste es den jungen Schwestern mal sagen!«

Ich: »Eines der Mädchen kam zum Tisch und sagte: ›Hey Laubfrosch, was hast du für ein Problem?‹ Du hast damals schon Grün getragen.«

Sie: »Ich erinnere mich: Der hab ich es gegeben. Ich habe gesagt: ›Verzieh dich, mach was aus deinem Leben, hol deinen Grundschulabschluss nach!‹«

Ich: »Daraufhin hat sie gesagt, sie hätte einen Bachelor in Mathematik. Daraufhin sagtest du: Wenn du es beweisen kannst, hüpfe ich einmal quakend den Gang lang.«

Sie: »Ja, ja, ich weiß, sie kramte ein Schreiben der Uni aus ihrer Tussi-Handtasche. Aber du musst zugeben, ich nehme Wetteinsätze ernst!«

Ich: »Du warst unglaublich überzeugend als Frosch.«

Der fette Kellner brachte mit einem anzüglichen Grinsen die Drinks.
Sie: »Okay, ich war dir peinlich, was hat dich sonst noch gestört an mir?«
Ich: »Wie du den schwulen Kellner umgarnt hast … Sahneschnittchen, Apfelhintern hast du ihn genannt, ihn in den Popo gekniffen, und dann musste ich euch noch zusammen fotografieren.«
Sie: »Und du hast unglaublich schlechte Witze gerissen … Und schrecklich angegeben. ›Ich war mit dem Ed-Hardy-Typen auf einer Yacht vor Saint-Tropez, Champagnerflaschen groß wie der Eiffelturm, aber vergiss Südfrankreich, Dubai musst du gesehen haben, da wird noch wirklich geklotzt, bla, bla, bla.‹ Und dann dein Name-Dropping! Du warst mit Joschka Fischer joggen, der Joschka, wie du immer sagtest, und mit Matt Damon bergsteigen, ja ja, und meine Mutter heißt Oprah Winfrey …«
Er: »Hey, ich war aufgeregt! Ich war unsicher! Ich gebe immer an, wenn ich unsicher bin. Du hast mich verunsichert! Wie du über dein dämliches Headset – bin ich froh, dass die Dinger außerhalb der Telefonsexbranche out sind – dein Team zusammengeschissen hast … Du wirkest so tough. Ich dachte, ich muss dem irgendwas entgegensetzen.«
Sie (plötzlich ganz weich): »Du warst verunsichert? Wow, das finde ich total süß von dir. Dass du dazu stehst, unsicher gewesen zu sein. Das hört man nicht oft von Männern.«
Ich: »War dir direkt klar, dass du dich nicht mehr mit mir treffen willst?«
Sie: »Nein. Ich dachte, er ist ein Angeber, er erzählt lausige Witze, aber vielleicht ist er ja gut im Bett.«
Ich: »Und warum hast du es nicht probiert?«
Sie: »Als du einen Rabattcoupon beim Bezahlen verwendet

hast, da war der Ofen endgültig aus. Jemand, der bei einem Date mit einem Rabattcoupon bezahlt, kann nicht gut im Bett sein.«

Er: »Den Rabattcoupon gab es für eine 150-Euro-Übernachtung im Hotel dazu! Warum sollte ich so etwas nicht nutzen? Ich hätte 10 Euro Ermäßigung einfach so verschenkt!«

Sie: »Wahrscheinlich hast du das Restaurant nur wegen des Coupons ausgesucht. Und wann wusstest du, dass es nichts wird?«

Ich: »Als sie einen dämlichen Song spielten, ich glaube, irgendwas von 2raumwohnung, und du wie wild anfingst zu tanzen, deine hohen Schuhe dazu auszogst. Das war so … als wolltest du zeigen, wie verrückt und unkonventionell du bist. Das fand ich schlimmer als den Augenblick, als du quakend vor dieser Minirock-Schnalle rumgehüpft bist.«

Sie: »So bin ich: Ein guter Song, und die Doro geht steil. Weißt du, was ich auch echt ätzend fand?«

Er: »Was?«

Ich: »Als du eine Münze aus meinem Ohr hervorgeholt hast. Ich hasse Zaubertricks. Ich bin ganz bewusst nicht die Freundin von Uri Geller.«

Der Abend entwickelte sich unerwartet gut, wir scherzten über unser verkorkstes früheres Date. Wir waren schon leicht angeschickert, als wir uns zum Ausgang schoben. Unter einer Import-Palme blieben wir stehen.

Sie (gurrend): »Weißt du, was mich interessieren würde?«

Ich (ängstlich, dass sie jetzt fragt, ob ich gut küssen kann oder so): »Nein, was?«

Sie: »Ob deine Witze inzwischen besser sind.«

Ich: »Sind sie! Pass auf: Eine Familie geht in den Applestore. ›iPod‹, jauchzt die Mutter. ›iPhone‹, freut sich die Tochter. ›iPad‹, jubelt der Sohn. ›iPay‹, stöhnt der Vater. Na?«

Wir lachten beide übertrieben laut auf. Mittendrin aber brach Doro ihr Lachen ab, ihr Gesicht erstarrte, und sie fragte streng: »Was ist daran witzig?«
Ich: »He, du hast da was! Da, an deinem Ohr!« Und dann zog ich ein Cocktail-Papierschirmchen aus ihrer Ohrmuschel hervor.
Plötzlich küssten wir uns. Mit Zunge.
»Und?«, fragte ich nach dem Kuss.
Sie (in die Luft blickend, als suche sie dort nach einem Gefühl): »Da ist … warte mal … da ist … nichts … Bei dir?«
Ich: »Nein. Nein, ich spüre gar nichts.«
Schweigen.
Sie reichte mir die Hand. »Du bist ein netter Kerl. Und du findest ganz sicher noch eine Frau, die sich über deine Witze wundlacht. Ich wünsche es dir.«
Ich: »Und du wirst jemanden finden, der mit dir tanzt, einen richtig heißen hüftschwingenden Latino-Tänzer mit Apfelpopo!«
Sie (ein wenig melancholisch): »Einen Johnny, der sein Baby rumwirbelt … Ja, das wäre schön …«
Dann umarmten wir uns. Wir sahen uns nie wieder.

Date-Crasher Nr. 10: Der Rüpel

Wer ficken will, muss freundlich sein, lautet eine derbe, aber wahre Weisheit. Wir haben uns in den letzten Jahrzehnten von vielen Konventionen im Zusammenspiel der Geschlechter getrennt. Das brachte Freiheiten und Gleichberechtigung. Leider sind auch ein paar Höflichkeitsregeln den Bach runtergegangen. Vor allem Frauen machen immer wieder bei Dates Erfahrungen mit rüdem Benehmen. Der gute alte Gentleman ist eine seltene Spezies geworden, fast so selten wie das Einhorn. Wir können nur spekulieren, was hinter schlechtem Benehmen steckt. Vielleicht die Angst, keinen Eindruck machen zu können – um dann wenigstens einen schlechten Eindruck zu hinterlassen. Vielleicht unterschwellige Aggressionen, die von früheren Erfahrungen herrühren. Offene Rechnungen, die dann bei Ihnen beglichen werden sollen. Vielleicht weiß Ihr Gegenüber es aber auch schlicht nicht besser. Wie auch immer: Nicht persönlich nehmen! Sage ich jetzt mal so. Und wenn Sie wissen, wie das geht, schreiben Sie mir bitte!

Zuckerfalle. ***Frank (41):*** *Beim zweiten Date hatte ich ihr erzählt, wie gut ich mit meiner Zuckerkrankheit lebe und dass ich am Wochenende am Lauf gegen Diabetes teilnehme. Fürs dritte Date bestellte sie mich in einen Cupcake-Laden und schmatzte mir was vor.*

Immer raus, was keine Miete zahlt! ***Vera (31):*** *Spaziergang im Park. Der Typ sagte plötzlich: »Geh schon mal vor!« Dann stellte er sich breitbeinig hin, zog sein Gesicht zusammen und ließ hintereinander drei laute Fürze. »Ahhh, das musste mal raus!«, sagte er danach zufrieden und rieb sich die Wampe.*

Kellnerinnenschreck. ***Juliette (27):*** *Als die Kellnerin aus Versehen etwas verschüttete und ein Tropfen Wasser an sein wertvolles Sakko kam, ranzte er das arme Mädchen an: »Du hast einen der dusseligsten Jobs der Welt, und nicht mal den kannst du richtig?«*

Taktlos auf dem Multikulti-Markt. ***Diane (44):*** *Ich nahm mein Date mit auf den Markt der Nationen bei mir im Kiez. Am polynesischen Stand kaufte ich Vanilleschoten, während er die bezaubernde Verkäuferin mit Fragen nervte: Ob es richtig sei, dass es auf Tahiti keine Paarbindungen gebe und die Frauen ihre Kinder alleine großziehen müssten. Ob das nicht hart für Frauen wie sie sei. Freundlich lächelnd sagte sie: »Das ist nicht richtig. Im Übrigen bin ich Französin, habe in Paris studiert und bin mit meinem Mann, einem Astrophysiker, seit zehn Jahren verheiratet.« Es war mir so peinlich, dass man ein neues Wort für peinlich erfinden muss.*

Taktlos bei den schwulen Freunden. ***Diane (44):*** *Demselben Typen gab ich noch einmal eine Chance. Ich hätte es nicht tun sollen. Diesmal trafen wir auf der Straße zufällig zwei Freunde von mir, ein schwules Paar. »Kommst du zu unserer Hochzeit?«, fragte der eine. »Klar komme ich«, sagte ich. Als wir uns verabschiedet hatten, fragte mich mein Typ tatsächlich: »Dein Freund heiratet? Was hat er denn für eine Frau?« Ich sagte dem Trottel: »Dummerchen, die heiraten einander.« Ich sah, dass ihn das echt überraschte. »Wirklich, das sind Hinterlader?«, sagte er, und allein für diesen Begriff hätte ich ihm gerne eine gezimmert. »Wow. Also ich will mir nicht vorstel-*

len, was zwei Männer miteinander machen. Total eklig.« Nein, ich nahm ihn nicht mit zur Hochzeit. Ich verbannte ihn aus meinem Leben. Endgültig.

Date im Autohaus. ***Klaudia (27):*** *Ich hatte auf ein genüssliches Brunch gehofft. Stattdessen nahm er mich mit ins Autohaus, wo ich stundenlang den Beratungen beiwohnen musste.*

Schnorrerin. ***Viola (39):*** *Diese Frau setzte auch beim dritten Date voraus, dass ich alles bezahlte – nur weil ich 15 Jahre älter war. Dann jammerte sie mir noch vor, sie bräuchte neue Vorhänge, das Licht scheine inzwischen so grell in ihr WG-Zimmer, sie sei aber doch so klamm. Wollte sie etwa darauf anspielen, dass ich ihr die Vorhänge spendieren sollte?*

Video-Games-Junkie. ***Daniela (22):*** *Es war wie in dem Song »Video Games« von Lana del Rey. Nach dem Date fuhren wir zu ihm nach Hause, und er begann sofort zu daddeln. Kurz versuchte er, mich für »The Last Of Us« zu begeistern. Als ich nicht so drauf ansprang, vertiefte er sich völlig ins Spiel und vergaß mich komplett.*

Elch-Pipi. ***Joe (33):*** *Am Morgen nach unserer ersten gemeinsam verbrachten Nacht ging sie auf die Toilette, die an mein Schlafzimmer grenzt, und quatschte dabei weiter. Sie ließ die Tür offen und pinkelte wie ein Elch. Dann entwischte ihr sogar noch ein langgezogener Furz. Ich weiß mit 33 Jahren inzwischen, dass Frauen auch aufs Klo gehen. Aber müssen sie es einem nach der ersten Nacht vorm Frühstück auftischen?*

MILF-Fantasie. ***Kim (21):*** *Ich wohne noch zu Hause, und als mich ein Typ abholte und im Hausflur mit meiner Mutter quatschte, da merkte ich gleich, dass er scharf auf sie war. Wie er sie ansah und wie er mir im Auto die ganze Zeit Fragen über sie stellte, wie alt sie sei, ob meine Eltern geschieden seien, wie unglaublich gut sie aussehen würde …*

Zeigefreudiger Zorro. ***Zarah (25):*** *Er wollte mir Bilder von seinem Hund auf dem iPhone zeigen, und ich scrollte mich durch. Plötzlich war da ein Bild, auf dem trug er eine Zorromaske, ein Ledergeschirr, hatte einen erigierten Schwanz und leckte an einer Peitsche.*

Termindruck. ***Susann (33):*** *Erstes Date im Coffeeshop. Ich fand den Typen ganz heiß. Er sagte mir, er habe nicht viel Zeit, weil er gleich zur Arbeit müsse, ansonsten war er aber ganz zugewandt. Er erzählte von seinem Segeltörn und zeigte mir Bilder auf seinem iPhone, als eine SMS aufploppte: »Hej Tiger, brauche noch zehn Minuten länger, freu mich auf dich!« Das wird wohl kaum seine Bürokollegin gewesen sein.*

Heiß oder nicht so heiß? ***Janet (28):*** *Der Typ war ganz okay, nervte aber ein bisschen, weil er ständig an seinem Smartphone rumfummeln musste. Als er sich im Café zur Toilette aufmachte, nahm ich sein Telefon und guckte nach, was ihn da so beschäftigte. Ich stellte fest, dass er mein Facebook-Foto auf eines dieser miesen Internetportale gestellt hatte und mich bewerten ließ – ob ich heiß war oder nicht.*

Langfingerin. ***Christoph (30):*** *Ich riss mir im Club eine echt geile Braut auf und nahm sie mit ins Hotel. Sie muss mir K.o.-Tropfen in den Absacker geschüttet haben, ich war plötzlich weggetreten und wachte erst am nächsten Mittag auf. Es fehlten: mein iPad, mein iPhone, meine Uhr und 236 Dollar aus meinem Portemonnaie. Ich hoffe, ich hatte wenigstens Sex mit ihr. Beischlafraub ohne Beischlaf ist wie Tripper ohne Beischlaf: eine himmelschreiende Ungerechtigkeit.*

Undank. ***Susanne (41):*** *Wilhelm war der Cousin eines Kumpels, ein Business-Mann und ein totaler Macho. Nach unserem Date nahm ich ihn mit zu mir. Wir fingen an rumzumachen, aber er bekam keine Erektion. Ich sagte ihm, dass es mir nichts ausmache und es genauso schön für mich sei, ein-*

fach nur zu kuscheln. Also kuschelten wir, und er weinte in meinen Armen. Er erzählte mir, wie fertig ihn der Stress bei der Arbeit mache und dass seine Ex-Frau ihn seine Tochter nur so selten sehen lasse. Ich hörte ihm einfach nur zu, und dann schliefen wir die ganze Nacht in Löffelchenstellung. Hinterher hat er seinem Cousin über mich erzählt, ich sei ihm zu fett und zu alt gewesen.

Falls es mal länger dauert. *Sarah (29):* *Er kam mit einem riesigen Rucksack zum Date. Ich fragte ihn, ob er wandern gehen wolle. Er sagte ernsthaft: »Nein, ich habe da drin meinen Hygienebeutel und Sachen zum Wechseln. Für den Fall, dass der Abend heute gemäß meinen Erwartungen positiv verläuft.« Und das war nicht als Scherz gemeint. Nur fürs Protokoll: Das Date dauerte nicht sehr lange.*

Sitzengelassen. *Klaudia (27):* *Ich saß im Café, wartete auf mein Internet-Date – und wurde versetzt. Wieder zu Hause sah ich, dass er mir eine E-Mail geschrieben hatte. Sorry, hieß es darin, er habe mich im Café gesehen und festgestellt, dass ich nicht sein Typ sei. Ich fühlte mich wie die schlimmste Netzhautpeitsche, der man nicht mal hallo sagen kann. Dann dachte ich mir: Nimm es nicht persönlich, sei froh, dass du mit so einem Hund nicht noch plänkeln musstest. Später traf ich ihn auf einem Stadtfest, und er grub an mir herum und machte mir Komplimente für mein Aussehen. Er hatte keine Ahnung, dass ich das Mädchen war, das er erst wenige Wochen vorher versetzt hatte. Dabei hatte ich nichts geändert an meiner Figur, meiner Frisur oder meiner Kleidung.*

Never f* in the company. *Trixi (29):*** *Ich ließ mich darauf ein, mit einem Kollegen auszugehen. Ich weiß, ich weiß, das bringt nur Ärger. Eins führte zum anderen, wir landeten in der Kiste. Am nächsten Tag im Büro ignorierte er mich. So ein Arschloch, und ich muss jetzt jeden Tag seine Visage sehen* *und laufe Gefahr, ihm an der Kaffeemaschine zu begegnen. Von nun an werde ich Arbeit und Vergnügen trennen.*

Penisbaumler. ***Janine (34):*** *Beim zweiten Date holte ich Jonas von zu Hause ab. Er öffnete mir nackt und bat mich herein. Wenn ich sage »nackt«, meine ich nicht etwa, er hatte einen freien Oberkörper oder ein Handtuch um, weil er grad aus der Dusche kam und noch fünf Minuten brauchte. Nein, er öffnete mir mit herunterbaumelndem Pimmel und frechem Grinsen. Wo ist die Romantik hin? Vorbei die Zeiten, als man noch ein, zwei Drinks zusammen trank und DANN vögelte.*

Pleitegeier. ***Juliane (29):*** *Ich datete einen Typen, der mir die ganze Zeit vorjammerte, dass sein Start-up pleitegegangen sei. Dabei sei die Idee von ihm und seinen Partnern doch so genial gewesen: Sie wollten Heiratswillige mit Menschen zusammenbringen, die ihre Hochzeit abgeblasen hätten, damit die einen die bereits arrangierte Hochzeit günstig von den anderen aufkaufen könnten – eine Win-Win-Situation. Ich tröstete ihn und sagte, dass mir die Idee ziemlich genial, aber eben auch sehr gewagt vorkomme (ich arbeite als Unternehmensberaterin) und man in Deutschland eben noch nicht so weit sei. Und dass es keine Schande sei zu scheitern, weil es ein Beweis dafür sei, dass man etwas gewagt habe. Er schimpfte noch eine Weile, wie schwer man es in diesem Land habe als Jungunternehmer, beruhigte sich dann – und fragte mich am Ende des Dates, ob ich ihm 1000 Euro leihen könne. Er könne seine Miete nicht zahlen und würde sonst rausfliegen. »Tut mir leid, ich kenne dich nicht gut genug, um dir eine solche Summe Geld zu leihen«, sagte ich. »Ich meine, das hier ist unser zweites Date …« Da begann er zu weinen und wimmerte, er wolle nicht obdachlos werden. Also setzte ich einen Schuldschein auf und überwies ihm 1000 Euro. So bin ich. Ich kümmere mich um meine Freunde, meine Balkonblumen,* *eine ausgewogene Ernährung, mein konsumgieriges Patenkind – und um totale Loser.*

Karaoke mit den Kumpels. ***Ira (34):*** *Date auf dem Flohmarkt im Mauerpark. Erst stieß ein Kumpel zu uns, dann kam der ganze Rest der Rasselbande, alle mächtig betrunken vom Sonntagsbrunch. Es trafen weitere Kumpels ein, die kamen direkt aus dem Club. Alle rissen Witze, die ich nicht verstand, und dann grölten sie auch noch schreckliche Lieder beim Karaoke.*

Namenshänger. ***Doro (37):*** *Der Typ sagt mir: »Sag mal, hast du schon mal einen so schönen Mond gesehen, Daniela?« Ich: »Ja, der Mond ist wirklich sehr schön, und übrigens, mein Name ist Dorothea.« Und er: »Wie kann man angesichts eines solchen Mondes so kleinlich sein?«*

Leichenhände. ***Kerstin (35):*** *Ich erzählte ihm, dass ich in der Pathologie arbeite. Er sagte, er sei ein großer Fan der Serien Crossing Jordan, CSI und Body of Proof, und wollte die ganze Zeit Gruselstorys aus mir rauskitzeln. Es nervte. Als ich später vom Klo wiederkam, hörte ich, wie er am Telefon sagte: »Ey, voll die krasse Tussi, schneidet Leichen auf, bähhhh, überleg mal, dir greift so eine mit ihren Leichenschnibbelhänden an den Schwanz!«*

Garfield-Krawatte. ***Ira (34):*** *Er trug eine Krawatte von beleidigender Hässlichkeit, mit Lasagne essenden Garfields drauf.*

Düstere Storys. ***Karolina (25):*** *Nach zehn Minuten erzählte er mir, dass seine Mutter sich umgebracht habe. Er machte auch sonst keinen lebensfrohen Eindruck.*

Currywurst-Dinner. ***Tessa (38):*** *Ich lud ihn in ein cooles Konzert ein, und er schleppte mich danach in eine Currywurst-Butze.*

Grusel-Haare. ***Salma (32):*** *Die Haare, die er auf dem Kopf verloren hatte, wuchsen ihm in den Ohren wieder nach. Und aus der Nase. Wie Spinnenbeine.*

Westentaschen-Fußballmanager. ***Doro (37):*** *Er erzählte mir die ganze Zeit vom Computerspiel »Fußballmanager« und loggte sich mehrmals übers Smartphone ein – um seinen Punktestand zu checken!*

Details verschweigen. ***Silke (37):*** *Ich erfuhr nach dem Date durch Zufall, dass er eine Frau hatte und gerade Vater geworden war. Muss er vergessen haben zu erwähnen.*

Spiegelbrillenschlange. ***Alex (30):*** *Wir saßen bei heiter bis wolkigem Septemberwetter im Biergarten, und er nahm die ganze Zeit nicht einmal seine verspiegelte Ganzkörpersonnenbrille ab.*

Pinkelpäuschen. ***Mary (26):*** *Wir kamen raus aus der Bar, und er pinkelte an eine Straßenecke. Ein träges, schaumiges Rinnsal floss in den Gully. »Wo waren wir stehengeblieben?«, sagte er und wollte mich mit seinen Pipipimmelfingern umarmen.*

Abserviert vorm ersten Gang. ***Irina (35):*** *Wir bestellen unser Essen. Wenig später ging er zum Klo, kam wieder und sagte: »Du, ich hab mein Essen wieder abbestellt. Es passt nicht mit uns.« Dann ging er. In dem Moment bekam ich meine Suppe serviert, die ich tapfer alleine auslöffelte.*

67 Prozent der Deutschen würden sich kein zweites Mal mit jemandem treffen, der beim ersten Date nebenbei SMS schreibt (Bildkontakte.de).

Date-Crasher Nr. 11: Zurückweisung

Es ist der Moment, vor dem wir alle uns fürchten: Wir wünschen uns eine Fortsetzung des Abends oder ein nächstes Date, werden aber zurückgewiesen. Es ist der Moment, der niemandem in seinem Leben erspart bleibt. Weniger schmerzhaft macht ihn das nicht.

Wohin mit dem Korb? Was tun nach dem Reinfall-Date?

- Seien Sie nachsichtig mit sich selbst. Sie haben Initiative gezeigt, Sie haben Mut bewiesen, es hat nicht geklappt. Dieses Mal nicht. Ihr Leben, Ihr Glück und Ihr Wert als Person hängen nicht von diesem einen Date ab. Sie haben nichts falsch gemacht, weil es kein Richtig oder Falsch gibt. Seien Sie nachsichtig mit Ihrem Dating-Partner. Auch er hat im Rahmen seiner Möglichkeiten gehandelt. Es nützt nichts, wenn Sie den Groll gegen ihn ins nächste Date mitschleppen.
- Nehmen Sie es nicht persönlich. Hat der andere Sie zurückgewiesen, so liegen die Gründe dafür in seiner eigenen Biographie. Ausschlaggebend waren die Erinnerungen, Assoziationen, Ängste, Unsicherheiten und Erwartungen Ihres Gegenübers. Der Korb hat mit ihm zu tun, nicht mit Ihnen. Er hat ja nur einen winzigen Ausschnitt von Ihnen kennengelernt.
- Fragen Sie sich, was Sie von dem Date lernen können. Gerade missglückte Momente im Leben halten die wichtigs-

ten Lektionen bereit. Überlegen Sie, was Sie anders machen können, um beim nächsten Mal ein anderes Ergebnis zu erzielen.

- Tauschen Sie sich aus über Ihr Dating-Desaster. Bestimmt haben andere ganz ähnliche Erfahrungen gemacht. Vielleicht können Sie Ihrem Date durch das Gespräch mit Freunden Aspekte abgewinnen, auf die Sie selbst nicht gekommen wären.
- Lassen Sie sich nicht entmutigen. Studien zufolge führt jedes vierte Date zum Erfolg. Vielleicht ist es bei Ihnen das 10. oder 20. Sie kriegen es nie heraus, wenn Sie aufgeben. Verschnaufpause ja, aber sich verkriechen? Nein!
- Vermeiden Sie, auf ein Verliererprogramm zu schalten, indem Sie falsche Glaubenssätze aufbauen wie: »Bei mir geht jedes Date schief« oder »Ich bin wohl dazu bestimmt, allein zu bleiben« oder »Es gibt eh nur noch Scheißkerle da draußen«. Solche verallgemeinernden Schlussfolgerungen führen nur in die selbsterfüllende Prophezeiung. Ersetzen Sie negative Glaubenssätze durch positive: »Ich bin ein liebenswerter Mensch, und irgendwann wird es passen.«

Falsch verbunden. ***Marcantonio (28):*** *Internet-Date mit einem Janni. Wir tranken einen Kaffee, er gab mir seine Nummer. Zwei Tage später rief ich an, es ging eine freundliche Frau dran. Sie sagte, sie kenne Janni nicht, aber es würden immer wieder Leute anrufen und nach Janni verlangen. Die Arschnase benutzte eine Standard-Falschnummer!*

Korb unter Niveau. ***Juliette (27)*** *Ich hatte ein Blind-Date mit einem Typen, der wirklich hässlich war. Ich benutze dieses*

Adjektiv nicht gern, jeder ist auf seine Weise schön. Fast jeder. Dieser Typ nicht. Aber nun war ich im Diner mit ihm, ich hatte Hunger, und ich dachte mir, vielleicht ist er ganz nett oder interessant. Ich meine, wer so aussieht, MUSS nett oder interessant sein. Ich fand mich ziemlich sportlich, höflich und erwachsen, so dass ich dieses Charity-Date durchzog. Tatsächlich empfand ich das Gespräch zunächst als okay, auch wenn ich immer wieder denken musste: Mann, bist du hässlich. Und dann sagte mir dieser Gen-Roulette-Verlierer: »Du, ich will ehrlich zu dir sein. Ich finde, wir zwei sollten uns nicht mehr treffen. Du bist ganz nett, aber einfach nicht mein Typ.« Hallo?!?

Liebesprüfung nicht bestanden. ***Silke (37):*** *Erstes Date. Verlauf: eher durchschnittlich. Nach einer Stunde verabschiedete er sich mit den Worten: »Ich muss jetzt erst mal prüfen, ob ich dich lieben kann, und melde mich dann.« Er hat sich nie wieder gemeldet.*

Ich geh nur mal eben Bier holen … ***Anna (20):*** *Blind-Date im Park. Er erzählte von sich, ich erzählte von mir. Alles easy. Er sagte, er gehe zum Spätkauf, neues Bier für uns holen. Er kam nie wieder.*

Krebsangst. ***Luise (40):*** *Zweites Date. Ich erwähnte, dass ich gerade den Krebs besiegt hätte, weil das Thema zu meinem Leben gehört und ich nichts verheimlichen will. Er hörte zu, stellte viele Fragen, war einfühlsam. Am Ende sagte er: »Ich kann damit nicht umgehen. Mach's gut.«*

Phrasendrescherei. ***Mike (40):*** *Der Typ meldete sich nach dem Date einfach nicht mehr und reagierte nicht auf meine SMS. Ich rief ihn an, und er eierte rum: »Du bist ein toller Typ, aber mein Leben ist so ein Chaos gerade. Unter anderen Umständen, bla bla. Es liegt nicht an dir, es liegt an mir, bla bla. Ich melde mich, wenn der Zeitpunkt richtig ist.« Wie oft ich* *diesen Mist schon gehört habe! Wann soll der sein, der richtige Zeitpunkt, und woran stellt man fest, dass er da ist? Es gibt keinen richtigen Zeitpunkt, es gibt nur Interesse oder Desinteresse …*

Überraschungskorb. ***Ethan (33):*** *Großartiges erstes Date. Wir lachten viel, fanden reichlich Gemeinsamkeiten. Ich fragte ihn, ob er mit zu mir kommen wolle, weil es mir so folgerichtig erschien. Er antwortete: »Nee, du bist echt nett und witzig, aber gar nicht mein Typ.« Das hat mich echt überrascht, weil ich den Abend so ganz anders wahrgenommen hatte.*

Racheengel. ***Mirna (27):*** *Internet-Date. Geschäftsreisender in der Stadt. Ich soll ihn in seiner Hotellobby zum Essen abholen. Eine halbe Stunde saß ich da in meinem schicken Kleidchen, fühlte mich wie eine Edelnutte auf Freierfang. Die Kellner hüstelten frostig. Er kam nicht. Ich war gedemütigt, schrieb ihn ein paar Tage später, als er wieder in seiner Heimatstadt war, mit einem getürkten Sexbomben-Profil an. Ich kam direkt zur Sache, bat ihn zu mir. Ich gab die Adresse eines Beerdigungsinstitutes in seiner Stadt an, die ich ergoogelt hatte. Dieser Denkzettel musste sein! Ich tat es für alle Single-Frauen da draußen!*

Lasterhafte Weitervermittlung. ***Tessa (38):*** *Wilder Sex direkt nach dem ersten halben Date. Der Typ rief nicht wieder an. Dafür seine Kumpels. Ich wurde weiterempfohlen, für Partys und Junggesellenabschiede! Immerhin etwas.*

Als eine SMS sie verriet. ***Dirk (38):*** *Jedes Date birgt die Möglichkeit einer Kränkung. Bei meinem Date mit Ricarda machte das Schicksal von dieser Möglichkeit gerne Gebrauch. Es war zwei Jahre nach meiner Scheidung, und da ich wegen meiner langen Schichten als Arzt nicht oft ausgehen kann, meldete ich mich bei Elitepartner.de an. Dort chattete ich mit Ricarda. Sie wohnte in München, war 27, arbeitete im Mar-*

keting für einen Energy-Drink und war dadurch offenbar immer gut gedopt, denn sowohl ihre Mails als auch unsere ersten Telefonate strotzten nur so vor Energie. Sie fand es witzig, dass ich als heterosexueller Mann keine Folge von Germany's Next Topmodel verpasse. Ich brachte sie mit meiner recht ausgereiften Heidi-Klum-Parodie zum Lachen.

Ich hörte das Eis förmlich brechen, also lud ich Ricarda zu mir nach Aachen ein. Sie nahm die Einladung ohne Umschweife an. Es passe ihr hervorragend, weil sie in der übernächsten Woche sowieso beruflich in Köln zu tun habe. Die Abmachung: Wir treffen uns in einem Café, und wenn wir uns nicht sympathisch sind, sagt einer, genau wie Heidi Klum: »Sorry, aber ich habe diesmal leider kein Foto für dich.« Für sie wäre das auch logistisch kein Problem, erklärte sie mir, sie würde in diesem unwahrscheinlichen Fall direkt weiterfahren nach Köln und dort eben einen Tag eher bei der Freundin einchecken, bei der sie ohnehin wohnen wollte. »Keine Angst«, lachte sie. »Ich werde dich so mögen, wie du bist – solange du perfekt bist!« Der Witz gefiel mir.

Zwei Wochen später saß ich dann im Café und wartete auf Ricarda, wir hatten schon gesimst, als sie im Zug war. Nun schrieb sie mir eine SMS, sie sei gut in Aachen angekommen, hätte sich aber verlaufen und würde eine halbe Stunde später kommen. Ich hatte ein Gefühl wie bei einem Vorstellungsgespräch, aber das ganze Leben ist eine Prüfung, eben auch das Dating. Ich beschloss, es sportlich zu sehen.

Doch als Ricarda dann kam, machte sie es mir mit ihrer sprudelnden Art leicht. Außerdem sah sie schärfer aus als auf ihren Fotos. Größer. Ich mag große Frauen. Und sie hatte Stil, darauf lege ich nun mal Wert. Wir bummelten durch Aachen, besichtigten das Münster, und sie sagte mir, dass sie noch nie in ihrem Leben in Belgien gewesen sei. Also setzten wir uns in meinen Wagen und fuhren nach Eupen, wo wir eine Waffel aßen und ein gemeinsames Hobby entdeckten: Shoppen! Wir legten noch in einem Outlet an der Grenze einen Zwischenstopp ein und gingen danach in Aachen was essen. Die ganze Zeit unterhielten wir uns bestens, wie ich fand. Nach dem Essen fuhren wir zu mir. Ich hatte ihr das Gästezimmer hergerichtet, wir sahen noch etwas fern, und ich gestand ihr, dass sie mir gut gefalle. Sie sagte: »Ja, das war ein cooler Tag, es freut mich total, dass wir uns kennenlernen. Und ich war noch nie mit einem Mann so toll shoppen!«

Ich startete keinerlei Annäherungsversuche: Sie hatte mir einen Vertrauensvorschuss gewährt, war zu mir in eine fremde Stadt gekommen, zu einem fremden Mann, um bei mir zu übernachten. Ich wollte nicht, dass sie es bereute. Irgendwann gingen wir schlafen. Am nächsten Tag wachte ich früh auf, klar, ich war ein wenig aufgeregt, eine schöne Münchenerin habe ich nicht alle Tage im Haus. Während sie noch schlief, holte ich frische Brötchen. Ich setzte Kaffee auf, presste Orangen aus, schnitt Tomaten und kochte Eier, als Ricarda aufwachte, mich noch verschlafen, aber schon strahlend am Türrahmen begrüßte und flötete, wie bequem mein Bett sei: »Hier sind gute Vibes in deiner Wohnung, ich habe mich echt wohlgefühlt.«

Sie erzählte mir, was sie bei ihren Meetings in Köln erwartete, und von ihrer Freundin dort, die sie lange nicht gesehen habe. Sie sei total happy, dass sie jetzt, wo sie ein paar Tage in Köln arbeiten müsse, bei ihr wohnen könne. »Ich will deswegen heute nicht so spät los, sie freut sich schon total auf mich.«

Dann verabschiedete sie sich ins Bad, ich deckte den Tisch. Mein Handy lag auf dem Küchentisch, als es fiepte. Neue Nachricht. Ich sah aufs Display: RICARDA. Ich stutzte. Wieso schickte sie mir aus dem Badezimmer eine SMS? Mein

Herz schlug. War das ein Spiel? Gab sie mir aus dem Bad Anweisungen, ich solle das Frühstück erst mal vergessen und mich ins Schlafzimmer begeben? Würde sie dann aus dem Bad kommen, in Reizwäsche, mich mit sanfter Gewalt aufs Bett schubsen, sich auf mich setzen und gurren: »Lass uns jetzt nachholen, was wir gestern versäumt haben! Du warst letzte Nacht so ein Gentleman, jetzt möchte ich den bösen Jungen sehen!«

Ich klickte auf die SMS und las: »Süße, der Typ ist echt der Horror! Irgendwie total angeschwult, geht gar nicht. Internet-Dates sind beknackt. Ich komm heute schon zu dir nach Köln. Freu mich auf dich. Schmatzer!« In dem Moment piepte der Eierkocher, und das Brot schoss aus dem Toaster. Ich hatte nur einen Gedanken: »Dieses Miststück! Dieses verdammte Miststück!« Ich sah das Brotmesser und verstand plötzlich, wie Wahnsinnstaten passieren konnten. Ich hatte eine Vision, wie die Polizei mich abführte, wie Nachbarn zu Reportern des Aachener Kurier sagten: »Er hat immer so nett gegrüßt, und er war so ordentlich. Wir verstehen das einfach nicht.«

Da kam Ricarda aus dem Bad, frisch geduscht, die Haare nass. Sie trug meinen Morgenmantel. »Wow, dein Morgenmantel ist von Louis Vuitton. Ich hoffe, es ist okay für dich, dass ich ihn trage«, sagte sie und rieb sich ihr Haar mit dem Handtuch ab. »Toll, wie das duftet. Du hast ja voll das geile Frühstück gezaubert, wie süß ist das denn bitte von dir?« Und sie setzte sich an den Esstisch, legte ein Vollkornbrötchen aus dem Korb auf ihren Teller, sah dabei auf ihr Handy.

»Ja«, sagte ich. »So bin ich. Ein ganz Süßer.« Dann fragte ich sie: »Kaffee?«

»Oh ja, unbedingt, bitte!«, hauchte sie und legte ihr Handy zur Seite. Ich nahm die Kanne, hielt mir ihre Tasse hin, und

ich schüttete daneben. Frischen heißen Kaffee auf ihre niedliche kleine Hand. Sie schrie empört auf, ließ die Tasse auf den Boden fallen. Scherben.
»Wie ungeschickt von mir«, sagte ich. Sie tupfte sich die Hand mit einer Serviette ab und pustete auf ihre Haut. »Oh Mann, wie konnte das denn passieren?«, donnerte sie. Plötzlich klang sie gar nicht mehr so liebreizend. Ich sagte ihr, dass ich einen Wischmopp vom Balkon holen würde. »Oh Mann«, sagte sie noch einmal, als wolle sie mich darauf aufmerksam machen, dass ich mich noch nicht entschuldigt hatte. »Das tut echt weh.«
Ich nahm mein Handy mit auf den Balkon. Dort schrieb ich ihr eine SMS: »Bei Frauen wie dir frage ich mich, ob schwul nicht wirklich die bessere Alternative ist. Ich bleibe zehn Minuten hier auf dem Balkon. Dann bist du weg. Ohne meinen Louis-Vuitton-Morgenmantel.« In einer Art Übersprunghandlung begann ich, welke Blüten von meinen Balkonblumen zu zupfen, und dann Blüten, die noch nicht so besonders welk waren, ich konnte einfach nicht aufhören. Ich hörte Ricarda durch die Wohnung stöckeln und ihre Sachen einsammeln. Dann fiel die Tür ins Schloss. Ich war wieder allein.
Ich hatte das dringende Bedürfnis, per SMS noch einmal nachzulegen. Schon klar, es wäre lässiger gewesen, das nicht zu tun. Aber meine Hände handelten unabhängig von meinem Verstand, tippten einfach eine Nachricht, ich hätte sie mir mit dem Brotmesser absägen können und sie hätten weitergemacht. »Außerdem siehst du aus wie eine Shemale-Fantasie.« Mein Finger – nicht ich – tippte auf SENDEN. Ich verbrachte den restlichen Sonntag damit, Will & Grace auf DVD zu schauen, Madonna zu hören und mir selbst meine neuen Klamotten vorzuführen. Ich stellte wieder einmal fest, dass man keine Frau braucht, um einen angenehmen Sonntag

zu verbringen. Als dann meine Immer-mal-wieder-Affäre Sarah vorbeikam, hatten wir Sex im Rhythmus einer Nähmaschine. Zwischendurch stellte ich mir vor, wie Ricarda bei ihrer blöden Freundin in Köln rumsaß und sagte: »So ein Mist, was für eine peinliche SMS-Panne. Meinst du, er leidet sehr?« Nein, nicht so sehr. Liebe Ricarda, falls du das hier liest, man kann Madonna, Mode und Model-Shows mögen und ein voll funktionsfähiger Hetero sein.

Als mein Date verduftete. ***Alex (36):*** *Es fällt mir immer noch schwer, von meinen Dates mit Sven zu berichten. Es war doch alles so wunderbar, auch beim dritten Mal! Sven war ein Traumtyp, keine Schönheit, aber über schöne Männer lässt sich eh nicht viel Gutes sagen. Sie sehen nur sich selbst, sind gewohnt, alles serviert zu bekommen, geben sich keine Mühe und sind lausig im Bett. Sven war ein Mann zum Greifen und kein übertrainiertes Gym-Bunny. Wir machten eine Bootstour und besuchten die Max-Liebermann-Villa am Wannsee, danach aßen wir etwas in einem Ausflugslokal. Er fuhr mich nach Hause, und wir knutschten im Wagen. Man kann einen günstigen Zeitpunkt auch verpassen, dachte ich mir. Deswegen stellte ich die Glas-Wein-Frage: »Magst du auf ein Glas Wein mit hochkommen?« Die Frage schien mir angebracht, nach einer gemeinsamen Party und drei Dates mit nichts als Knutschen. Jetzt oder nie. »Ne«, sagte er, »ich muss morgen früh raus, den ersten Zug nach Hamburg nehmen.«*

Ich war ein bisschen vor den Kopf gestoßen. »Stimmt eigentlich irgendetwas nicht? Ich habe das Gefühl, du weichst mir aus …«, sagte ich.

Er: »Ich mag dich sehr gerne, alles ist cool, wir haben viel Spaß zusammen.«

Ich: »Den Eindruck habe ich auch. Aber ich bin nicht ganz dein Typ?«

Er: »Das ist es nicht ...«
Ich: »Was ist es dann?«
Er: »Willst du eine Lüge oder die Wahrheit?«
Ich: »Ich bin ein großes Mädchen, ich nehme die Wahrheit.«
Er: »Okay. Ich kann dich irgendwie nicht riechen.«
Ich: »Bitte?«
Er: »Ich mag deinen Geruch nicht.«
Ich: »Ich nehme doch nur einen Tropfen Escada. Das nehm ich immer schon. Ich kann es auch weglassen, wenn es dich so stört.«
Er: »Es ist nicht dein Parfüm. Es ist dein Eigengeruch. Ich mag ihn nicht.«
Ich darauf schnell: »Okay, kann ich dann doch bitte lieber die Lüge haben!«
Er sah mich nur an, sagte dann: »Sorry, aber du hast gefragt«, dann stieg ich grußlos aus dem Wagen. Er schrieb mir noch eine SMS, dass er hoffe, er habe mich nicht verletzt, und es schön wäre, mich wiederzusehen. Ich habe nicht mehr geantwortet. Denn natürlich hat es mich verletzt. Ich bin eine hygienische Person. Wenn jemand meinen ureigenen Körpergeruch nicht mag, ist das ein Affront gegen meine ureigene Persönlichkeit. Wie kann man da nicht verletzt sein? Und welche Möglichkeit, auf so eine Aussage zu reagieren, gibt es überhaupt?
Als es »Au revoir« hieß in Paris. ***Ira (34):*** *Ich lernte Jérôme aus Paris im Berliner Mauerpark kennen. Ein heiterer Sonntag, er jonglierte mit Leuchtkörpern, trug eine Kette mit Edelstein daran über einem Feinrippunterhemd und kletterte wie ein Luchs auf einen Baum, legte sich mit dem Bauch auf eine Astgabel und streckte Arme und seine Froschschenkel balancierend von sich. »Ich mache Planking«, sagte er auf Englisch mit französischem Akzent. »Bitte mach ein Foto und stell das ins Internet!«*

Ich tat wie geheißen und postete sie auf Facebook, er sah sich das stolz an. Abends ging sein Flug zurück nach Paris, ich fuhr ihn zu seinem Hostel (er war Musiker, kein Millionär), um seine Tasche zu holen. Er hatte schon morgens aus dem Zimmer auschecken müssen und nur noch sein Gepäck in einem Gepäckraum. Wir stiegen in den Aufzug und küssten uns. Und wie wir uns küssten! Franzosen, diese Gourmets, können unglaublich gut mit ihren Zungen umgehen, an dieser Stelle muss eine Verallgemeinerung erlaubt sein. Wir drückten die oberste Etage und fuhren von da aus wieder nach unten und wieder hoch und wieder hinab, als der Aufzug plötzlich an einer Etage stoppte, und eine kichernde Meute Teenager vor uns stand.

Ich brachte Jérôme zum Flughafen, wo wir uns wieder küssten, und auf Französisch verabschiedet zu werden in einem Terminal, das lässt das Herz von Mittelschichtmädchen aus dem Schwäbischen spätzleweich werden. Noch aus dem Flieger schrieb er mir die erste Message über Facebook, und so ging es die nächsten zwei Monate. Dann besuchte ich Jérôme in Paris, vom Flughafen fuhr ich mit der Bahn zum Gare du Nord, wo er mich abholte. Wir gingen in seine kleine Wohnung in der Rue Yvonne-Le-Tac in Montmartre, die so aussah, wie ich es mir vorgestellt hatte, mit einem schläfrigen langhaarigen Mitbewohner, voller Bücher, Zeitschriften, Kunstplakaten, Musikinstrumenten, Trödel, Schallplatten, halb eingegangener Zimmerpflanzen.

Ich gewöhnte mir das Rauchen wieder an, und wir qualmten eine Gauloise nach der anderen. Zusammen spazierten wir über den Montmartre zu Sacré-Cœur, tranken den ersten Wein um 13 Uhr in einer Taverne und fuhren nach St.-Germain. Dort kaufte ich mir heiße Schuhe in einer Boutique, die mit einem echten Elefantenskelett dekoriert war. Ich machte ein Foto, und anschließend fotografierte die Verkäuferin uns beide davor. Danach schaukelten wir mit einem Touri-Boot über die Seine und ließen uns von Omis ablichten, die uns hübsch fanden. Wir waren auf dem Blumenmarkt und bei Colette, bummelten durchs Marais, aßen Falafel auf der Straße und blätterten in Buchläden durch Bildbände mit absonderlichem Porno-Chic. Wir trafen algerischstämmige Freunde von Jérôme und rauchten mit ihnen eine Shisha in einem arabischen Café, und sie behandelten mich wie eine Königin. Dann aßen wir in einem niedlichen Restaurant bei ihm um die Ecke und tranken Wein, und er fragte viel nach meinem Leben, und ich fragte viel nach seinem. Dann gingen wir in seine Wohnung und hatten fantastischen Sex und brachten wahrscheinlich seinen Mitbewohner um den Schlaf – wie ich schon sagte, Franzosen und die Zungen.

Am nächsten Morgen frühstückten wir mit Croissants, Baguette, Café au lait und Gauloises. Ich fühlte mich schon sehr französisch und dachte mir, ich könnte mir ein Leben in dieser wunderschönen Stadt vorstellen.

»Es läuft fantastique, je suis très heureuse, es ist so toll!«, simste ich meiner Freundin Maja.

»Franzosen sind nie eine Enttäuschung im Bett, hab ich dir doch gesagt!«, simste sie zurück.

Jérôme brachte mich zur Metro, ich musste zurück zum Flughafen, auf dem Weg zur Station hielten wir immer wieder an und küssten uns. Mein Herz hüpfte! Er brachte mich hinunter zum Gleis, ich war gespannt: Was würde er jetzt sagen, wann würde er nach Berlin kommen, wann mich wieder nach Paris einladen? Ach, das mussten wir ja nicht jetzt besprechen, wozu gab es Facebook und Skype, jetzt wollte ich ihn einfach noch einmal küssen und seine lustigen Kettchen an meinem Hals spüren.

Die Bahn ratterte heran, die Türen öffneten sich, ich sah ihn verliebt an. »Mon amie«, sagte er, »es war magnifique mit dir.« Ich stieg rückwärts in die Bahn, Passagiere eilten an mir vorbei. »Aber wir werden uns nicht wiedersehen.« »Bitte?«, sagte ich, denn das hatte ich offenbar nicht richtig verstanden. »Es war schön, aber mehr ist nicht!« »Attention, s'il vous plaît«, rief der Schaffner durch die Lautsprecher, eine Gruppe orthodoxer Juden und ein dicker Mann mit einem Grammophon in der Hand schoben sich schnell noch durch die Tür, drängten mich zur Seite. »C'est tout!«, sagte Jérôme und sah mich fest an, nicht unfreundlich, aber entschlossen.

Und die U-Bahn ratterte los.

Erstarrt und roboterhaft erledigte ich die Vorgänge, die nötig sind, bis man ein Flugzeug besteigen darf. Als ich in Berlin landete, schaltete ich hastig mein Smartphone ein und stellte fest, dass Jérôme mich bei Facebook entfreundet hatte. Ich saß im rumpelnden Expressbus in die Innenstadt und wusste, gleich betrete ich meine Wohnung, in der alles genauso sein würde, wie ich es verlassen hatte. Und Paris war nur noch eine Erinnerung. Ich habe nie wieder etwas von Jérôme gehört.

Als mein Date ins Tränenwasser fiel. ***Achim (42):*** *Manche Frauen stecken einen Korb nach einem Date gut weg. Nicht so Maja. Ich kannte sie schon eine Weile. Sie war Redaktionsassistentin, tough, hübsch, gut gekleidet, lustig, fröhlich, resolut. Ich fand immer irgendeinen Grund, sie aufzusuchen, Taxiquittung, Urlaubsantrag, Rechnung … Auf diese Weise staubte ich immer einen Flirt, ein paar Scherze oder etwas Süßes ab.*

Eines Tages schob ich ihr wieder einmal ein Papier auf den Schreibtisch. »Ich habe hier einen Antrag«, sagte ich. Sie las meinen Schrieb vor. »Essen gehen? Ja, nein, vielleicht.« Dann

sah sie mich kess an: »Welcher Chef soll das abzeichnen, Herr Engelhardt oder Herr Pohl?«, fragte sie. »Ich hatte gehofft, wir könnten das unbürokratisch regeln«, sagte ich. Sie nahm einen Stift und kreuzte entschieden »ja« an. Dann setzte sie einen Stempel darauf.
Wir trafen uns beim Inder. Ihr Essen rührte sie nicht an. Sie war zu sehr beschäftigt damit, mir ihre Biographie offenzulegen. Warum sie mit 34 schon einen 16-jährigen Sohn hatte. Dass der Knabe nur Mist gebaut hatte und als Erziehungsmaßnahme bei einer Familie auf dem Land in Polen war. Dort war er aber auch ausgebüxt. Ihr großer Kummer. Sie erzählte von ihrer Ehe. Die habe unter keinem guten Stern gestanden, eine Freundin sei damals auf dem Rückweg von der Hochzeit tödlich verunglückt, sie gebe sich bis heute die Schuld dafür. Das Omen war tatsächlich kein gutes. Ihr Mann hatte sich vier Jahre zuvor im Wald erhängt und nichts als Schulden hinterlassen. Sie hatten zu seinen Lebzeiten in ein Öko-Projekt investiert und sich übers Ohr hauen lassen. Bei der Arbeit lief es auch nicht so gut, sie fühlte sich von einer Kollegin gemobbt und witterte üble Intrigen. Dann gab es in ihrer Wohnung auch noch einen immensen Wasserschaden, und sie lag im Clinch mit Versicherung und Vermieter.
Bald fing sie fürchterlich an zu weinen und hörte gar nicht mehr auf. Sie tat mir wahnsinnig leid. Sie wirkte wie ein Schmetterling, der in den Regen gekommen war, mit müden, nassen Flügeln. Ihr Make-up war völlig verwischt, Rotz tropfte auf das unberührte Karahi. Alle Gäste sahen zu uns, hielten mich für einen Schuft, der offenbar gerade seine zarte Freundin schlimm verletzt hatte. Der Kellner wollte ihr ein Dessert ausgeben, und als sie verneinte, stellte er ihr einen Schnaps hin und strafte mich mit einem bösen Blick. Ich brachte sie zu ihrem Rad, die Kette war herausgesprungen.

Ich legte die Kette wieder ein, sie sprang wieder ab. Ich packte ihr Rad in meinen Wagen und fuhr sie heim, sie hörte auch im Auto nicht auf zu weinen. Meine Worte sollten aufmunternd sein und klangen kläglich. Ich verabschiedete mich von Maja, murmelte einen hilflosen Trost, da warf sie sich an mich, bedeckte mich mit Küssen, ihre kleinen heißen Händchen durchwühlten mein Haar, sie küsste meine Hand und führte sie dann an ihren Busen, sie stöhnte und gurrte und griff an meine Hose. Ich war überall steif, nur nicht da, wo sie es wollte.

Ich sagte: »Das geht mir jetzt alles ein bisschen zu schnell.«

Sie blickte mich kurz entsetzt an, dann zogen sich ihre Augen verstörend zusammen, schließlich sagte sie, in einem Tonfall, den ich nur als gemein und verachtend beschreiben kann: »Oh mein Gott, Scheiße, du klingst wie ein Mädchen.« Sie verließ den Wagen und knallte die Tür zu. Meine Anträge bei der Arbeit ließ ich fortan immer von ihrer Kollegin bearbeiten.

Date-Crasher Nr. 12: Die Wohnung der anderen

Ein Date steckt voller Überraschungen. Hat keine davon Sie oder Ihren Dating-Partner ausreichend verschreckt und fiel die »Gehen wir zu mir oder zu dir«-Frage in einer ihrer Variationen, können noch einmal ganz spezielle Unannehmlichkeiten auf Sie warten. Was befindet Sie hinter der Haustür, die er/sie mit leicht zittrigen Händen aufschließt? Während des Dates waren die Rollen im besten Fall gleichberechtigt – Sie sind sich »auf Augenhöhe« begegnet. Sobald Sie aber in das Reich des anderen eindringen, sind die Rollen verteilt. Es gibt den Gastgeber, der ein Heimspiel hat und dafür sorgen muss, dass Sie sich wohl fühlen. Und es gibt Sie, den Gast, der eine Anpassungsleistung vollbringen muss. Nicht immer einfach. Denn eine Wohnung erzählt Geschichten. Wahre Geschichten. Nicht immer die, die wir hören wollen. Es sind Geschichten, die manche Illusion, die wir während des Dates aufgebaut haben, in Sekundenschnelle zerstören. Es sind Geschichten über die schon erwähnten »feinen Unterschiede«. Die Wohnung des anderen erzählt die Geschichte des anderen. Und – Zufall oder nicht – in den von mir gesammelten Geschichten spielen auffallend oft Tiere eine Rolle.

Schlumpf-Rocker. ***Mirella (30):*** *Ich ging mit einem coolen Typen nach Hause, er kam zum Date mit dem Motorrad angefahren. Dann die Überraschung: Seine Wohnung war schon* *merkwürdig verspielt, aber ein halbes Zimmer, das er mir feierlich zeigte, war ganz seiner Schlumpfsammlung vorbehalten: Er hatte eine Schlumpfstadt aufgebaut, mit Schlumpfburg, Schlumpfkarussell, Schlumpfwindmühle … Ich dachte, mich haut es aus den Socken. An der Wand hing ein sexy Pinup von Schlumpfine. Stolz erzählte er mir, dass er seine ganze Sammlung auf einer selbstgebastelten Website katalogisiert habe.*

Porno-Archiv. ***Tammy (26):*** *Er hatte ganz unverfroren in seiner Regalwand eine ganze Reihe nur mit Porno-DVDs. Ich war schockiert. Ich meine, wer hat im Jahr 2013 noch DVDs?*

Grusel-Verehrer. ***Yvonne (24):*** *Gernot kannte ich von der Uni, und ich wusste, er war hinter mir her. Ein schüchterner Typ. Eines Tages nahm er allen Mut zusammen und fragte mich um ein Date. Er wurde total rot dabei und verhaspelte sich. Ich fand das total süß und sagte zu. Wir trafen uns in einer Kneipe, und es war ganz nett. Ich ging mit zu ihm auf seine Bude und sah mit einigem Schrecken, dass er ein Mousepad mit meinem Foto hatte anfertigen lassen. Mir war das ein wenig unheimlich, er merkte es und sagte: »Ich finde dich eben so schön, Yvonne!« Ich beendete den Abend sehr schnell.*

Arschgeweih an der Wand. ***Markus (30):*** *Manche finden es cool, sich ein Hirschgeweih an die Wand zu hängen. Mein Date Jennifer hatte ein Arschgeweih an der Wand. Ein Wand-Tattoo mit Stammesmustern. »Voll schön, oder?«, sagte Jennifer. »Ist von den Maori aus Neuseeland. Da möchte ich voll gerne mal hin, ich hab alle Teile von ›Herr der Ringe‹ gesehen.« Gibt es etwas Schlimmeres als ein Wand-Tattoo? Ja. Zwei Wand-Tattoos. An ihrer Küchenwand stand in fröhlicher Schrift »Cappuccino«, das O war eine Kaffeebohne, aus der Dampf aufstieg.*

Verwester Fisch. ***Paul (25):*** *Nach dem ersten Date landete ich in Mareikes Wohnung. Die war vielleicht ein wenig zumöbliert, aber sauber und ganz schön. Nur das Aquarium neben dem Bett! Es war nicht nur veralgt, es schwamm auch nur ein einzelner Fisch darin, ein Wels. Allerdings schwamm der eigentlich gar nicht mehr, er war ganz offensichtlich tot. Er war schon im Begriff, sich aufzulösen. Ich machte sie darauf aufmerksam, aber sie gurrte nur: »Ach ja, ich glaub auch, dass der tot ist. Morgen kommt mein Bruder, der macht den weg.« Ich fragte: »Wieso wartest du damit auf deinen Bruder?« Und sie: »Ach, das sind mehr so die Fische von meinem Bruder gewesen, die sind nur bei mir gelandet. So, und nun komm her, du …« Sie zog mich an sich, aber der Gedanke, dass sie schon tagelang neben diesem toten Wels geschlafen hatte und immer noch nicht beabsichtigte, ihn zu entsorgen, machte mich ganz irre. Es scherte sie einfach nicht.*

Angriff der flippigen Killer-Couch. ***Johanna (33):*** *Ich kam in seine Wohnung: Vitrine mit Leonardo-Gläsern, Wischtechnik-Wände, Yucca-Palme, flippige Couch von »Roller«, Birke furniert all over … Hölle!*

Messie-Vorwurf. ***Michaela (33):*** *Ich nahm ihn mit nach Hause, war grad nicht aufgeräumt. Sex. Er brach ab, sagte: »Mensch, Mädel, du bist ein ganz schöner Messie.« Stimmung hin. Bald verabschiedete er sich schlicht mit: »Ich geh dann mal.«*

Nagetierfimmel. ***Markus (30):*** *Sie litt an Animal Hoarding. Ihre Wohnung: voll mit Getierkäfigen, darin Degus, Hamster, Chinchillas, Streifenhörnchen. Alles voller Streu und Kacke, bestialischer Gestank.*

Reptilfimmel. ***Sandra (28):*** *Seine Wohnung: voller Terrarien. Skorpione, Schlangen, Vogelspinnen. Die Viecher schauten uns beim Sex zu. Ich dachte: Hiernach kann dich die Hölle nicht mehr überraschen.*

Hunde-Wiedergeburt. ***Tessa (38):*** *Ich wohnte gerade in Los Angeles. Date mit Jeff, Filmhunde-Trainer. Wir gingen in sein Strandhaus. Vier seiner VIP-Hunde – Greta, Rita, Marilyn und Jean – guckten uns beim Sex zu. Ich: »Die weiße Hündin macht mich ganz nervös mit ihren Blicken.« Dazu Jeff: »Das ist Greta. Ich glaube fest, sie ist die Wiedergeburt meiner Mutter.« Wie krank war das, bitte!? Seine Mutter war ein Hund und im Bett dabei! Ich konnte nicht weitermachen.*

Friedhof der Kuscheltiere. ***Carsten (35):*** *Ihre ganze Wohnung war ein Friedhof der Kuscheltiere! Diddl-Mäuse, Teddys, ein Lamm, aber auch Stofftier-Raritäten wie ein Lama, ein Otter und ein Bieber. Nicht das Tier Biber, sondern Justin Bieber. Als Stoffpuppe. Beängstigend!*

Nacktzone WG-Küche. ***Kerstin (35):*** *Er nahm mich erstmals mit zu sich. Wir saßen in seiner Küche, tranken Wein. Da kam seine Mitbewohnerin rein: nackt. Sagt: »Hi, bin die Kassandra, entschuldigt meine Nacktheit. Ich brauch das jetzt einfach.« Und machte sich seelenruhig Tee. Ich schwör's, sie hatte einen Busch wie eine Tina-Turner-Perücke.*

Man sieht sich immer zwei Mal. ***Martin (28):*** *Sie nahm mich nach dem Romantik-Date mit nach Hause. In der Küche saß ihre Mitbewohnerin. Das war die Frau, die ich letzte Woche in einer Bar abgeschleppt hatte.*

Killer-Katze. ***Hassan (26):*** *Zum ersten Mal bei Stella. Ich wollte mich beliebt machen, streichelte ihre fette Katze Ronette de la Rue (sie hatte sie entkräftet auf einer Vorortstraße in Toulouse gefunden), die sie über alles liebte. Die Katze schien mich zu mögen. Als Stella in die Küche ging, streichelte ich Ronette de la Rue wieder – doch die heimtückische Katze zerkratzte mir den Arm. Ich schleuderte sie im Reflex zur Seite, das Straßenviech kreischte auf, Stella kam aus der Küche, sah mich zornig an, als sei ich ein Katzen-Ripper.*

Trophäen-Sammler. ***Vera (31):*** *Zum ersten Mal bei ihm. An seiner Wand: Jagdtrophäen, Geweihe, ausgestopfte Tiere, ein Elefantenfuß als Beistelltisch, ein Foto von ihm mit einem erlegten Bären in Kanada. Ich war abgestoßen.*

Date-Crasher Nr. 13: Sex-Überraschungen

Nackt. Das bedeutet: sinnlich, frei, urmenschlich. Aber auch: schutzlos, verletzlich, ausgeliefert, entblößt. Der erste Sex ist das Finale eines komplizierten Tanzes aus wechselseitigen Erwartungen, Bedürfnissen und Ängsten, eines Tanzes aus Verführung und Hingabe. Er findet statt im Spannungsfeld zwischen Bindungsangst und Bindungssehnsucht. Und das Alles-ist-Möglich der heutigen Zeit – ist der Sex nur ein One-Night-Stand oder der Beginn einer Beziehung oder aber irgendetwas dazwischen? – macht die erste Nacht noch komplizierter. Das trifft besonders dann zu, wenn sie in einem diffusen Stadium der Liebesgeschichte stattfindet. Ging dem ersten Sex ein Liebesgeständnis voraus, ist seine Symbolkraft eindeutiger: Sex ist dann Bestätigung, Besiegelung, Konkretisierung, oft der Punkt, an dem aus Datenden ein Paar wird. Die erste Nacht ist unter diesen Umständen das erste Kapitel einer gemeinsamen Geschichte. Das ist allerdings heute nur noch selten der Fall, denn kaum jemand kauft noch die Katze im Sack. Meistens haben die Beteiligten das Gefühl, einen Test bestehen zu müssen. Körperlich mag Sex einfach sein, die seelischen Prozesse, die ihn begleiten, sind jedoch kompliziert. Wir haben Angst vor dem prüfenden Blick des andern, Angst, zu enttäuschen, zu versagen, nicht schön, nicht gut genug zu sein. Der erste Sex ist heikel. Aber: Vielleicht werfen wir nach schlechtem Sex zu schnell das Handtuch. Wir erwarten, dass Sex so ist wie im Film oder in der Werbung. In Wirklichkeit müssen zwei Partner den Sex miteinander erst lernen. Manchmal aber kann man auch nur versuchen, möglichst schnell zu flüchten.

Tote Hose. ***Venice (22):*** *Bei Tobias regte sich nichts in der Hose! Gar nichts! Die Ständer-Fee war nicht auf Sendung. Ich erzählte es völlig verzweifelt meiner Freundin Nadine. Die sagte, sie habe im Fernsehen von einem Typen gehört, der sei impotent gewesen, weil er querschnittsgelähmt war. Vielleicht sei das bei Tobias der Fall gewesen, und es hätte gar nichts mit mir zu tun. Ich sagte: »Nadine, wie kann er querschnittsgelähmt sein, wenn er läuft?« Nadine zu mir: »Na, vielleicht vertuscht er seine Krankheit, indem er läuft.« Nadine war mir also auch keine Hilfe.*

Frühkommer. ***Frauke (31):*** *Ich ging einmal mit einem Typen nach dem Essen noch in eine Bar. Wir waren schon ziemlich angetrunken und begannen wild zu knutschen, und ich merkte, wie er allein vom Knutschen kam. Man konnte ganz deutlich den feuchten Fleck auf seinen Chinos sehen. Er war wirklich süß und hat sich später noch einmal gemeldet, aber ich musste immer daran denken.*

Prügelknabe. ***Sanja (27):*** *Wir hatten uns zwei Mal getroffen und uns beim zweiten Mal weinselig heißgeredet. Es ging ziemlich zur Sache. Er fragte mich, ob ich SM-Erfahrungen hätte. Klar, sagte ich. Handschellen, Hintern versohlen, Fesselspiele – kenn ich alles. Als wir dann zu ihm nach Hause gingen, begriff ich bald, dass er andere Vorstellungen von SM-Sex hatte als ich. Er spielte nicht mehr in der Regionalliga. Er zog sich einen sogenannten »Prügelanzug« aus Schaumstoff an und bat mich, mit einem Teppichklopfer auf ihn einzuschlagen und mit nackten Füßen auf ihn einzutreten. Ich schlug tatsächlich zwei Mal zu, ich wollte nicht unhöflich sein. Er honorierte meine Bemühung aber nicht,* *wurde stattdessen maulig: »Das ist viel zu zaghaft«, klagte er. Ich gab auf: »Ich kann das einfach nicht«, sagte ich und ging zur Tür. Er watschelte in seinem Schaumstoffanzug hinter mir her, rief: »Sanja, warte doch!« Es kam mir vor, als verfolge mich ein Alien oder ein Roboter.*

Schamhaar-Dschungel. ***Nadine (25):*** *Erste Nacht mit meiner neuen Eroberung. Leider hatte er üppige Schamhaare, es sah aus, als hätte sich dort ein Adler einen Horst gebaut.*

Als ich mit der Peitsche knallte. ***Tessa (38):*** *Inzwischen weiß ich: Jeder Mann hat einen Haken. Es kommt auf dich an, wie du mit dem Haken umgehst. Vielleicht lässt sich damit ja ein Schloss öffnen. Ich jedenfalls weiß jetzt: Jesus liebt mich. Nein, nicht der am Kreuz, der ist nicht mein Typ. Ich spreche von Jesus, meinem portugiesischstämmigen Möbeldesigner.*

Ich hatte gerade eine Trennung hinter mir, die mir sehr zu schaffen machte. Ich war danach nicht mehr die Alte. Ich hatte keinen Spaß mehr daran wie früher, mit wildfremden Typen ins Bett zu steigen. Zwar tat ich es, aber ich genoss es nicht. Darum dachte ich, es sei völlig okay, dass es mit Jesus eben nicht sofort in die Kiste ging. Ich lernte ihn kennen, als ich auf dem Trödelmarkt meinen Krempel verkaufte, er hatte nebenan seinen Möbelstand. Ein Gewitter mit starken Böen zog auf, wir mussten schnell unsere Stände einräumen, landeten unter derselben Plane und später dann bei Rotwein im Café. Er war witzig, selbstironisch, charmant, gebildet und frei von dem abgeklärten Zynismus, der gerade bei Männern so gefragt ist.

Wir trafen uns wieder, knutschten im Park, machten eine Bootstour und gingen in den Zoo, wo wir uns eigentlich nur die Erdmännchen ansahen, von denen wir beide große Fans sind. Cool, dachte ich, mal zur Abwechslung ein Mann, der nicht direkt in die Kiste will, aber jetzt reicht es auch, jetzt machen wir Köpfe auf die zarten Nägelchen. Also lud ich ihn ein, ich wollte für ihn kochen, dabei bin ich eine Küchen-Legasthenikerin, aber er verspeiste tapfer meine Saté-Spieße mit Guacamole, dann landeten wir im Bett. Doch irgendwas war komisch, er wich mir aus, brach ab, drehte sich weg, dann nahmen wir das Geknutsche wieder auf und, doch er wich mir wieder aus.

»Alles in Ordnung?«, fragte ich und knutschte weiter.

»Ja, alles bestens, alles.«

Irgendwann merkte ich, das wird jetzt nicht mehr so richtig was, ließ ihm Zeit, er war nervös, die Situation war neu, und wir schliefen eng umschlungen nebeneinander ein. Beim Erwachen am Morgen fummelten wir, ich tastete mich zu ihm vor, war beruhigt: Ja, er hatte ein Glied, und es war offensichtlich funktionsfähig. Das waren doch schon mal gute Neuigkeiten. Er legte sich auf mich, bewegte sich, wirkte dabei irgendwie angestrengt, ich streichelte seine Schultern. Jetzt nur nicht zu viel Fetz veranstalten, Tessa, dachte ich, das könnte ihn verschrecken, lass ihn ganz in Ruhe machen, in seinem Tempo. Ich betete die Ständer-Fee an, sie möge ihn durchhalten lassen. Meine Gebete wurden nicht erhört.

Jesus brach ab, fragte, wie spät es sei, ich sagte ihm die Zeit, und er sagte, er müsse gehen. Am Nachmittag überraschte er mich mit Tapas, wir aßen auf meinem Balkon und landeten dann auf der Couch, und wieder kam es zu einer ungelenken Penetration, die ins Nichts verlief.

»Es tut mir leid«, sagte er, und damit war ausgesprochen, dass irgendetwas nicht so war, wie es sollte. Es stand nun im Raum.

»Versuch, dem Mann die Bedingungen zu schaffen, die er braucht, um sich beim Sex gut zu fühlen«, hatte mein Coach gesagt, und ich fragte Jesus nach seinen Bedingungen. In diesem Tonfall, der vermitteln sollte: Hey, ich sehe das locker, ich

bin cool, ich bin für dich da, mit mir kann man über alles reden, nur keinen Stress, und schocken kann mich sowieso nichts. Ich komm damit klar.
»Du willst wissen, was ich brauche, um mich gut zu fühlen?«, fragte er. Und ich sagte: »Logisch, deshalb hab ich gefragt, du kannst mir alles sagen.«
Noch am selben Abend kniete ich auf ihm, trug ein Lederkorsett und eine seltsame Maske und ließ eine Peitsche auf seinen Hintern knallen. Ich sah, wie sich rote Striemen auf seiner Haut bildeten. Warum, dachte ich, haben Millionen von Menschen dieselbe sexuelle Fantasie? Ich hatte den üblichen Frauenzeitschriften-SM-Sex hinter mir, ein bisschen Fesselspiele, Klapse auf den Hintern, Handschellen, Dirty Talk. Etwas, was man mal kichernd ausprobiert und dann auch wieder lässt. Das hier war neu für mich, und es war nie Bestandteil meiner Fantasien gewesen. Ich hatte mich immer gefragt, wie Leute so etwas machen konnten, ohne sich darüber kaputtzulachen. Wie kann man es ernst nehmen? Wie kann man sich da nicht fühlen wie in einem ganz schlechten Film?
Ich sah jedoch, dass es Jesus ernst war, dass er mir eine Tür zu seinem Selbst geöffnet hatte. Dass sich jedes Lachen hier verbot, denn es wäre ein Auslachen gewesen und hätte alles zerstört. Als ich merkte, dass es Jesus glücklich machte, da machte es auch bei mir Klick, und ich konnte meine distanzierte Haltung aufgeben. Zunächst empfand ich es tatsächlich so, wie ich es sagte: »Es« machte Jesus glücklich. Ich fühlte mich wie ein Instrument, das etwas ausführte. Ich fragte mich: Wie sehr geht es um das Ritual, den Gegenstand, den Fetisch, wie sehr überhaupt noch um mich?
Doch inzwischen kann ich sagen: Ich mache Jesus glücklich. Ich bin diejenige, der er Vertrauen schenkte, vor der er sich

entblößte unter der Gefahr, zurückgewiesen zu werden. Im Gegenzug riss ich für ihn meine Grenzen ein. Mit jedem Mal merkte ich, wie nah es uns brachte. Wir sind jetzt seit einem Jahr zusammen, haben mal speziellen Sex und mal gewöhnlichen, beide Spielarten sind für uns erfüllend. Ich habe versucht, ein Desaster in etwas Positives zu verwandeln. Etwas anzunehmen statt abzuhauen. Die Peitsche ermöglichte es uns, einander anzunehmen. Sie ist vordergründig ein Instrument der Dominanz. Tatsächlich ist sie mein Geschenk, mein Opfer, meine Hingabe. Und gleichzeitig trennt die Peitsche uns. Denn ich weiß, ich kann nicht ewig so weitermachen.

Als ich erfuhr, dass es Gummibärchen-Sex gibt. ***Sylvia (33):*** *Ich bin ein Sechser im Lotto, mit tollen Apfelnaturbrüsten, naturblondem Haar, einem Job beim Fernsehen und einem Abschluss in Germanistik. Trotz dieser Vorzüge scheine ich ein Freak-Magnet zu sein. Drittes Date mit Jochen, HNO-Arzt. Kino. Er fütterte mich mit Gummibärchen. »Nimm doch noch eines«, sagte er zu mir. Also noch ein Gummibärchen. Wie er mich dabei ansah – da wusste ich, dieser Mann will mich. Dann, so beschloss ich, sollte er mich an diesem Abend auch bekommen. Wir gingen zu ihm. Nette Wohnung, am Helmholtzplatz. Wir auf dem Sofa. Er küsste mich. Schob mir mit der Zunge Gummibärchen in den Mund. Ja, richtig, schon wieder Gummibärchen. Wir sanken auf die Kissen. Ich nestelte an seiner Hose herum. Er wich aus. Fütterte mich wieder mit einem Gummibärchen. Ich versuchte im Liegen, das irgendwie sinnlich zu essen, ohne mich zu verschlucken. Er küsste mich.*

»Hast du es geschluckt?«, raunte er.

»Ja!«, sagte ich.

»Zeig es«, forderte er.

Ich: »Wie bitte?« Ich fingerte wieder an seinem Gürtel her-

um. Diesmal etwas energischer. Eine Übersprungshandlung. Er nahm meine Hände weg. Ein Typ nimmt meine Hände weg, als ich ihm ans Gemüse will! Das gab es zu Zeiten unserer Mütter noch nicht!

»Zeig es mir!«, wiederholte er.

»Was zur Hölle soll ich zeigen?«, fragte ich.

»Dass du es verschluckt hast. Das Gummibärchen.« Ich glotzte wohl kurz etwas entgeistert, doch dann ahnte ich, dass es wohl nur weiterging, wenn ich machte, was er wollte. Also öffnete ich meinen Mund, Zunge raus, und er schaute in meinen Rachen. Wie beim Dschungelcamp, wenn die Kandidaten beweisen müssen, dass sie wirklich Kakerlakenschleim an Stierhoden geschluckt haben. Oder wie eine Pornodarstellerin nach dem Cumshot.

Doch Jochen war noch nicht zufrieden. Er steckte mir wieder ein Gummibärchen in den Mund, und ich erkannte endlich, dass ihn das offenbar anmachte. Ich aß es bemüht erotisch und zeigte ihm wieder brav meinen Rachen. Endlich fiel er über mich her, und es war gar nicht mal schlecht. Danach kuschelten wir im Bett und sahen fern. Dann bekam ich wieder Lust, wir knutschten, meine Hand wanderte tiefer … und seine Hand … wanderte zu einer Schale auf dem Nachttisch. Und darin: Surprise, Gummibärchen!

»Was zum Teufel ist das mit dir und diesen Gummibärchen?!«, herrschte ich ihn an. Ich sprang aus dem Bett. »Ich muss bereits einen Insulinspiegel haben wie Elvis Presley in seiner Endphase nach all den Gummibärchen, die du in meinen Rachen schiebst! Wann hört das bitte auf? Mein ganzer Mund ist schon verklebt. Soll ich dick und kariös werden?«

Er druckste rum, und erst in dem Moment verstand ich, dass da wirklich etwas lief zwischen ihm und diesen Gummibärchen.

Ich beruhige mich, setze mich wieder zu ihm, tätschle ihn unbeholfen. »Du magst Gummibärchen wirklich sehr, nicht wahr?« Ich lausche kurz meinen Worten, und mir wird klar, wie absolut idiotisch sich das anhören muss. »Du magst es, wenn ich sie esse?«
Er zappt durch die Programme, als suche er eine Talksendung, in der gerade dieses Thema behandelt wird. Die alles für ihn erklärt. Gummibärchen beim Sex? Das große neue Ding nach Intimrasur und Dating im Dunkeln! Mehr nach der Werbung!
Ich erinnerte mich an meine Freundin Tessa, wie abgeklärt sie reagiert hatte, als ihr Typ ihr offenbarte, dass er ausgepeitscht werden möchte. So wie Tessa wollte ich doch auch sein, und vielleicht war das meine Chance. Also atmete ich tief durch und sagte: »Das ist so ein Fetischding, nicht wahr?«
»Schätze schon«, sagte er.
»Willst du es mir erzählen?«, fragte ich.
»Willst du es hören?«, fragte er. Ich bin mir nicht sicher, sage aber: »Schieß los! Ich bin ein großes Mädchen, mich kann gar nichts schocken.«
»Also gut. Ich habe da so eine Fantasievorstellung, darin bin ich … nur zwei Zentimeter groß …«
Ich merke, wie Schweiß aus meinen Poren schießt. Cool bleiben, denke ich. Zwei Zentimeter groß, warum nicht. Jeder hat doch irgendeine Macke. Durchatmen, bis zehn zählen. Bei jeder Zahl höre ich Tessa einmal mit der Peitsche knallen.
»Und dann stelle ich mir vor, von einer schönen Frau verschluckt zu werden.«
»Das ist ein Witz!«, sage ich. Peitschenhieb von Tessa.
»Kein Witz«, sagt er. »Ich verstehe gut, dass das für dich ziemlich befremdlich klingen muss. Ich habe aber diese Fantasie schon, seit ich klein bin.«

›Seit du zwei Zentimeter klein bist?‹, denke ich, aber der Satz kommt nicht durch meine innere Zensurbehörde. ›Verständnisvoll gucken, Sylvia‹, mahne ich mich.
»Eigentlich seit ich denken kann. Ich habe es mir jedenfalls nicht ausgesucht.«
»Nein, wenn man sich einen Fetisch aussucht, fragt man sich ja: Nehme ich Pumps, Peitschen oder Pipi?«, sage ich. »Aber ein Gummibärchen zu sein, da kommt man ja erst mal nicht drauf.«
»Ich kann auch selbst drüber lachen«, sagt er und sieht so gar nicht nach Lachen aus. So viel ist mir klar: Das Sexleben eines Gummibärchens ist vielleicht noch komplizierter als das von uns Menschen.
Er fährt fort: »So eine Show müsste auch gar nicht bitterernst oder dramatisch aussehen. Ich will sie einfach nur genießen.«
»So eine Show?«
»Na, eine Show eben.«
»Du meinst, eine Gummibärchen-Verschluck-Show?«
»Ja, es wäre toll, wenn meine Partnerin sich darauf einlassen würde. Von Zeit zu Zeit …«
»Aber was … Was gefällt dir daran?«
»Es hat viele Aspekte. Einmal das Körperliche, also die warme, feuchte Enge, das Rutschen, der heiße Atem. Aber der eigentliche Reiz geht quasi von der Rolle aus. Ich als Gummibärchen. Das hat was mit Angst und Nervenkitzel zu tun, mit Ausgeliefertsein. In Wirklichkeit will ich das ja nicht, ich hab Schiss davor. Aber halt auf so 'ne unernste Art, so Kinder-Horrorstory-like.«
»In Wirklichkeit wäre das mit dem Verschlucken ja auch schwierig. Du bist 1,90 Meter, keine zwei Zentimeter«, fiel mir dazu ein. »Man könnte ernsthaft Atemprobleme bekommen, und erklär das mal dem Notarzt.«

»Ja, es ist eben eine Fantasie. Ich steh auch auf so sarkastische Sätze à la ›Jetzt geht's abwärts, Kleiner‹. Oder: ›Fertigmachen zum Verschlucktwerden‹, oder: ›Gleich schling ich dich kopfüber in den heißen, schleimigen Schlund‹, so was eben.«

»Okay«, sagte ich, weil mir jetzt nicht mal mehr ein blöder Witz einfällt.

»Ich suche eben jemanden, der mir eine passende Show dazu macht, also ein paar Mal den Rachen zeigt, so mit der Zunge weit raus, laut schlucken, vielleicht sogar ein bisschen rülpsen, eine Frau, die, wenn es geht, so tut, als ob sie ein paar kleine Männchen verschluckt, vielleicht ein paar passende Sprüche dazu, eigentlich ist das ziemlich einfach.«

»Einfach …«, wiederholte ich ratlos.

»Ich stehe halt auf große Frauen, die kleine Männchen herunterschlucken«, fasste er zusammen.

Ich blickte neben mich, sah nicht mehr ihn, sondern ein riesiges Gummibärchen. »Wie kommt man gerade auf so einen Fetisch?«, fragte ich.

»Kennst du noch ›Es war einmal … das Leben‹?«, fragte er zurück. »Das ist eine Kinderserie, da ging es drum, was im Körper abgeht, mit sprechenden Blutkörperchen und so. Bei diesem Film hab ich als kleiner Junge gemerkt, dass mich diese Vorstellung anmacht, weil ich die Szenen immer geil fand, in denen die großen Fresszellen die kleinen Bakterien verputzt haben. Mein erstes Wort für Selbstbefriedigung, als ich klein war, war passenderweise daher ›Angstgefühl‹. Ich find das halt auch unter Bestrafungsaspekten geil, also quasi ›Die schreckliche Strafe des Verschlucktwerdens‹ … für freche, böse, kleine Männchen … So, als ob's halt natürlich ist, dass die verschluckt werden müssen. Verstehst du?«

»Ich versuche es«, sagte ich matt.

»Deshalb ist auch das Schluckgeräusch so besonders geil für mich, wegen der Spannung. Das Geräusch markiert ja quasi so den Moment, ab dem es kein Zurück mehr gibt. Und das Zäpfchen …«
»Das Zäpfchen?«, fragte ich; unsicher, ob ich bereit war, noch mehr zu hören.
»Ich steh total auf das Zäpfchen. Ich stell mir dann vor, wie ich da drunter durchflutsche …«
»Du stehst auf Zäpfchen? Da trifft es sich ja gut, dass du HNO-Arzt bist! Da bist du ja im Zäpfchen-Wunderland, tagein, tagaus«, sagte ich und fasste mir nur eine Sekunde später an den Kopf. »Natürlich! Du bist HNO-Arzt geworden, weil du auf Zäpfchen stehst!«
»Hoffentlich war das jetzt nicht zu offen?«, fragte er zögerlich.
»Nein!«, sagte ich etwas zu schnell und zu schrill. »Nein, das war … eben offen. Sehr offen! Danke für deine Offenheit!« Es klang furchtbar gekünstelt. Stille.
»Und?«, fragte er.
Ich: »Jochen, lieber Jochen … Was soll ich sagen? Vielleicht gibt es einen Psychologen, der die Herausforderung liebt oder eine spannende Doktorarbeit schreiben will zu einem Thema, das garantiert noch kein anderer hat. Für mich ist das – ganz ehrlich, sei mir nicht böse – too much!«
Er starrte mich an wie ein Teenager, dem man erklärt, dass er nicht auf ein dreitägiges Funpunkfestival darf, zog sich seine Jogginghose über, ging zum Fenster, offenbar verärgert. »Ich habe mich geöffnet. Es ist mir nicht leichtgefallen.«
»Sorry«, sagte ich. »Aber das ist echt freakig!«
Er dreht sich um, wütend, Tränen in den Augen. »Weißt du, wie es ist, mit so etwas zu leben? Wie gesagt: Ich habe es mir

doch nicht ausgesucht. Es kam zu mir! Für diesen Fetisch gibt es im ganzen verdammten World Wide Web gerade mal ein Forum, und seit einer Woche ist www.sexy-gummy-bear.com geschlossen. Für den Fetisch, bei dem Frauen mit High Heels auf Stofftieren trampeln, gibt es hunderte Websites! Weißt du, wie ich mich damit fühle?«

»Weißt du, wie ich mich fühle?«, platzte es aus mir. »Mein letzter Freund verließ mich für eine elfengleiche Telenovela-Hauptdarstellerin, die ich großgemacht habe, auf dem Set, auf das ich den Nichtsnutz als Produktionsassistenten eingeschleust habe. Meinen letzten Sex hatte ich mit einem italienischen Eisverkäufer, der nur sich selbst im Spiegel angesehen und beim Orgasmus seinen eigenen Namen geschrien hat, der davor hatte Blähungen wie ein räudiger Hofhund, und du stehst auf Gummibärchen-Zäpfchen-Shows! Habe ich ein ›Freaks, bitte hier‹-Schild auf dem Kopf? Wen werde ich als Nächsten daten? Einen dreiköpfigen Cyborg aus der Andromeda-Galaxie, den es anmacht, wenn ich für ihn im Dirndl vor Karstadt tanze? Ich muss hier raus!« Ich sammelte meine Sachen ein, zog mich hastig an.

Er: »Du denkst, ich habe ein Problem, was?«

Ich: »I wo! Deine Fantasie ist es, ein Zwei-Zentimeter-Gummibärchen zu sein, das von einer 1,80-Frau verschluckt wird. Wie kommst du darauf, irgendjemand könnte denken, du hättest ein Problem?«

Er: »Das war sarkastisch!«

Ich: »Gut erkannt!« Und dann machte ich, dass ich da rauskam.

Krankenschwester, keine Domina. ***Klaudia (27):*** *Ich dachte, der Typ interessiere sich wirklich für meinen Beruf als Krankenschwester, weil er mir so viele Fragen stellte. Zum dritten Date brachte er mir ein kleines schwarzes Tütchen mit. Ein*

Geschenk für mich. Da drin: ein Latex-Krankenschwesternkleidchen. Ob ich das mal für ihn anziehen würde.

Akquise eines Nacktputzers. ***Alex (30):*** *Der Typ fragte mich beim Candlelight-Dinner, ob er mal nackt für mich putzen könne, gerne auch, wenn meine Freundinnen dabei seien, so bei einem Mädels-Prosecco-Abend.*

Silikon-Allergie. ***Tina (32):*** *Nach dem Essen. Wir knutschten. Er streichelte meinen Busen, fragt: »Ist das Silikon?« Ich: »Eine Koop von Gott und Dr. Hallhuber, Praxis in Eppendorf.« Er: »Ui, darauf kann ich gar nicht.«*

Überstürzter Blowjob. ***Alex (30):*** *Erstes Date nach Trennung. Strapse an. Knutschen im Wagen. Ich nahm ihn in den Mund. Er: »Nee, lass mal.« Peinliches Bye-bye. Manchmal klappt auch Verruchtsein nicht.*

Oha. ***Franzi (28):*** *Date mit einem Traumtypen. Wir zu ihm. Er zog sich aus, schraubte sein rechtes Bein ab. Prothese nach Unfall. Ich: »Sorry, ich pack das nicht.« Ich fühlte mich furchtbar.*

Für'n A… ***Tessa (38):*** *Zweites Date, erster Sex. Der Typ fragte, ob ich ihn am Po lecke. Ich: »Okay.« Tage später traf ich auf seine Kumpels. Sie formten Os mit dem Finger, steckten die Zunge rein und gibbelten.*

Hinter dem Rücken. ***Martin (28):*** *Erster Sex nach zweitem Date mit wilder Braut. Sie sagte, sie möge es ein bisschen kinky. Später erzählte sie überall rum, dass ich mir gern Dinge in den Hintern stecken ließe.*

Dusch-Taliban. ***Henry (34):*** *Er kam aus dem Fitnessstudio, holte mich von meiner Kellner-Schicht ab. Wir gingen ans Ufer, knutschten, fummelten. Er brach ab, sagte: »Ich kann das nicht, so ungeduscht.« Ich sagte: »Aber du hast doch grad geduscht!« Er: »Ja, aber du nicht.«*

Das sagt die Statistik:

- 59 Prozent aller Männer und 32 Prozent aller Frauen haben manchmal Sex, weil sie denken, es wird mal wieder Zeit. (*Bild am Sonntag*)
- 56 Prozent der Franzosen fällen die Entscheidung, ob sie Sex haben, Minuten vorher. 27 Prozent erst unmittelbar. (Eli Lilly/Ipsos Santé)
- 10 Prozent aller Frauen haben mehr Interesse an Sex, wenn sie deprimiert sind. (Kinsey Institute)
- Jeder fünfte Mann hat schon einmal Verliebtheit vorgegaukelt, um eine Frau ins Bett zu bekommen. (Askmen)
- Vier von fünf Frauen halten das fünfte Date für den richtigen Zeitpunkt, erstmals Sex zu haben. (One Poll)
- Für jede vierte Frau ist Sex beim ersten Date kein Problem. Vor zehn Jahren war dazu nur jede zehnte Frau bereit. (Institut für rationelle Psychologie)

Date-Crasher Nr. 14: Kleine Malheure

Wir alle wissen, dass Liebe, Nähe und Sex nie so sind wie in den Magazinen oder im Kino. Wir wollen ja auch wahrhaftige Erlebnisse mit echten Menschen. Nur: Zu realistisch soll es dabei auch wieder nicht zugehen. Wenn die »andere«, die wenig verlockende Seite der Körperlichkeit ins Spiel kommt, reagieren wir verstört. Möchten wir durch den anderen nicht zu sehr daran erinnert werden, dass wir selbst nur Zellklumpen sind, die ausscheiden, schuppen, haaren und stinken? Jedenfalls versuchen wir unsere Körperfunktionen und -vorgänge, die nicht direkt mit Sex zu tun haben, vor dem anderen zu verschleiern. Viele bezeichnen es als Vertrauensbeweis, zum ersten Mal beim anderen auf der Toilette gewesen zu sein. Der erste unverhohlene Furz voreinander: Zeichen von Vertrautheit oder das Ende vom Sex? Einigkeit herrscht bei einer Sache: In der Anfangsphase darf nicht gefurzt werden.

Atemlos II. ***Nina (24):*** *»Du raubst mir den Atem«, sagte er und kam ganz nah, kussbereit. Wenn ich ihm den Atem raubte, warum roch ich dann sein Thunfischsandwich?*

Scheinschwanger. ***Evelyn (30):*** *Als wir zusammen an der Ostsee waren, war ich drei Tage nicht auf dem Klo. Ich bekam einen aufgeblähten Bauch. Am Strand fragte er mich dann ganz ernsthaft, ob ich schwanger sei.*

Klo-Flut. ***Ira (34):*** *Aufwachen bei ihm. Ich habe extra das Toilettenbecken mit Klopapier ausgelegt, damit er mich nicht so* *pullern hörte. Beim Abspülen verstopfte das ganze Papier aber den Abfluss, und das Klo wurde überschwemmt. Unendlich peinlich!*

Zum Kotzen! *Doro (37):* *Mir war irgendwie koddrig nach der Nacht, doch er hielt ewig das Bad besetzt. Gerade als er endlich herauskam, konnte ich es nicht mehr halten und übergab mich vor ihm auf den Fußboden. Er war sehr bemüht, machte mir einen Tee, ich wischte das auf. Ich sagte: »Es geht mir schon viel besser«, und lächelte tapfer. Er nahm mich vorsichtig in den Arm. Dann kotzte ich ihm direkt vor die Füße.*

Ach du Sch… *Yasmin (28):* *Ich habe einen nervösen Darm und habe meinem Freund nach der zweiten Liebesnacht ohne Witz ins Bett gemacht, als es mir explosionsartig entwich. Ich habe geschrien und geheult, aber er blieb cool. Dass er trotzdem mein Freund wurde, ist ein Wunder.*

Als ich meine Unterhose retten musste. *Mick (34):*
»Magst du noch mit hochkommen?«, hauchte sie mir ins Ohr, als wir an der Haustür knutschten. »Auf einen Wein oder so …?« Ich war am Ziel, mein drittes Date mit Kerstin, Medizinstudentin wie ich, nur mit viel besseren Noten, goldenes Haar, kultiviert, mehrsprachig, milchweißer Teint, perfekte Zähne. Eigentlich eine andere Liga, dachte ich. Sie würde mit den Jungs ausgehen, die Ralph-Lauren-Poloshirts mit hochgeklapptem Kragen trugen und auf erlesenen Internaten gewesen waren, war ich mir sicher. Aber scheiß auf die Ralph-Lauren-Gang, nun bat sie mich hinauf! In ihrer Diele gab es erst einmal einen echten Downer: Ihre verlässlich übellaunige Mitbewohnerin Irina lief mit einem Reclam-Heftchen hin und her und rezitierte sehr laut und mit anklagender Stimme Sätze, die ich nicht verstand.

Uns warf sie einen kurzen, verachtungsvollen Blick zu. »Sie führt demnächst ein Stück von Tschechow im Off-Theater auf«, flüsterte Kerstin mir erklärend zu. Kerstin ging in die Küche, ich musste derweil mit Irina allein im Flur stehen. Abschätzig sah sie mich an und sagte: »Seid bitte nicht so laut, ja?«

Da kam Kerstin mit einer Flasche Wein und zwei Gläsern, und wir verschwanden in ihrem Zimmer. »Irina hat gesagt, wir sollen nicht so laut sein!«, berichtete ich Kerstin fassungslos. »Sie probt doch hier gerade in einer Lautstärke weit oberhalb des Erträglichen!« »Ja, ist sie nicht süß?«, sagte Kerstin. Einst waren sie und Irina zusammen in der U-Bahn zur Uni gefahren, als Kerstin von einer Gang belästigt wurde. Irina hatte die Jungs auf Türkisch beschimpft, bedroht und schließlich in die Flucht geschlagen. Seitdem waren diese sehr ungleichen jungen Frauen Freundinnen.

Kerstin legte Portishead ein, machte die Lavalampe an (ja, es war Ende der 90er!), warf den Atlas der Hautkrankheiten und ein Buch über forensische Medizin mit dem Titel: Todeszeitpunkt durch Insekten bestimmen vom Bett, und los ging's mit dem Zungen-Techno (90er!). Sie nestelte an meinem Gürtel, und ich dachte: Okay, ich komm direkt von meiner Schicht als Arzt im Praktikum aus dem Krankenhaus, ich sollte mich kurz frischmachen.

Ich entschuldigte mich und betete, dass Irina nicht mehr im Flur war. War sie nicht. Stattdessen stand sie an der Küchentür, löffelte aus einem riesigen Bottich Joghurt und kommentierte: »Jetzt geht er sich die Flinte putzen.« Ich starrte sie nur an und sagte: »Wie bitte?!« Sie streckte mir ihre joghurtweiße Zunge raus und löffelte dann ungerührt weiter. Kopfschüttelnd ging ich ins Bad und stellte beim Pinkeln erschrocken fest, dass sich der lange Tag auf meine eigentlich weiße Calvin-Klein-Unterhose (ich sagte ja, es spielt in den 90ern) negativ ausgewirkt hatte: Vor lauter Eile hatte ich nie in Ruhe pinkeln und erst recht nicht abschütteln können, ich erspare Details, nur so viel: Die Unterhose sah aus wie ein ungeputzter Vogelkäfig. So eine Buchse konnte ich unmöglich vor Kerstin ausziehen oder gar ausziehen lassen. Mein Hirn raste und erfand in Sekunden einen Notfallplan. Ich musste die Unterhose im Bad verstecken, und wenn ich ging, ob heute Nacht noch oder morgen früh, wieder anziehen, so unappetitlich es war. Ich sah mich um – und fand kein Versteck. Es gab ein offenes Regal mit Pflegeprodukten und Duftölen, aber keinen Schrank. Es gab einen fast leeren Wäschekorb mit Irinas »Birne muss gehen!«-Anti-Kohl-Slogan-Shirt, aber keinen Wäscheeimer. Die Waschmaschine stand in der Küche. Ich musste die Unterhose also hier ausziehen, unterm T-Shirt in die Küche schmuggeln und entweder in die Mülltonne werfen (was natürlich nur ging, wenn genug Müll darin war und niemand beim Müllentsorgen eine Männerunterhose entdecken würde) oder aber dort verstecken. Aber die Küche war mit der Joghurt essenden Irina belegt!

Notfallplan B: Höchstwahrscheinlich wollte auch Kerstin ins Bad, sich frischmachen, bevor es zur Sache ging! Dann konnte ich die Unterhose schnell ausziehen und in ihrem Zimmer verstecken, die Jeans wieder anziehen und den Slip dann nachts, wenn sie schlief, in die Küchenmülltonne schmeißen oder wieder anziehen. Ich reinigte mich sorgfältig im Bad und kehrte ins Schlafzimmer zurück. Kerstin fiel mir um den Hals und küsste mich, sie duftete, sie war so schön und rein, und ich trug eine versiffte Unterhose. Ich flößte ihr möglichst viel Wein ein, damit sie bald pinkeln musste, aber sie war mehr daran interessiert, mir die Hose aufzumachen, was ich immer durch alberne Ausweichbewegungen verhinderte. Endlich! Sie meldete sich fürs Bad ab.

Jetzt hieß es schnell sein. Jeans aus, Unterhose aus, Jeans an,

als Versteck hatte ich vorher schon eine Einkaufstüte mit einem DDR-Ampelmännchen drauf in der Ecke auserkoren: Als ich fadenscheinig ihr Bücherregal durchgegangen war, hatte ich gesehen, dass sich in der Tüte nur alte staubige Bücher stapelten, dazwischen war die Unterhose erst mal sicher. Kerstin kam zurück und sagte: »So, jetzt aber« und öffnete mir die Jeans. »Du warst dir deiner Sache heute aber sehr sicher!«, sagte sie angetan, als sie feststellte, dass ich keine Unterwäsche trug. »Und du hattest recht mit deiner Annahme …«
Anderthalb Stunden später schickte sie mich nach Hause: »Ich muss morgen früh raus, und ich kann nicht schlafen mit einem fremden Mann in meinem Bett«, begründete sie ihren Rausschmiss höflich. »So weit sind wir nicht. Noch nicht …«
Ich hatte kein Problem damit, ich wohnte um die Ecke, aber nun gab es keine Gelegenheit mehr, irgendwie die Unterhose herauszuschmuggeln. Neuer Notfallplan: Ich musste möglichst bald wiederkommen. Ich musste so tun, als hätte ich etwas in Kerstins Zimmer vergessen. Ich musste Irina am nächsten Tag überzeugen, mich kurz in das Zimmer ihrer Mitbewohnerin zu lassen, um die Unterhose aus der Büchertüte zu fischen. Ich wusste, dass Irina nie vor 12 in die Uni ging, während Kerstin zu diesem Zeitpunkt längst weg war. Das war meine Chance.
So machte ich es, aber ich hatte nicht mit Irinas Widerstand gerechnet. »Du hast also deinen Ärzteausweis in Kerstins Zimmer vergessen. Warum solltest du ihn aus dem Portemonnaie genommen haben? Wolltest du damit Kerstin beeindrucken und eine Autorisierung zur Penetration erwerben, nach dem Motto: Lass mich durch, ich bin Arzt?«, fragte sie spöttisch.
»Oh Mensch, Irina, er muss mir aus der Hose gefallen sein,

ich gucke schnell, ob er da irgendwo liegt …« Ich wollte mich an ihr vorbeistehlen, doch sie stellte sich mir wieder in den Weg, diese bissige, zerzauste Wachhündin.
»Halt! Du glaubst doch wohl nicht, dass ich dich allein in Kerstins Zimmer rumschnüffeln lasse? Kenn ich dich?«, sagte sie. Also kam sie mit, half aber nicht beim Suchen, sondern beobachtete mich nur scharf, als ich nach etwas Ausschau hielt, das ich gar nicht verloren hatte. Ein unwürdiges Schauspiel! Und dann stellte ich auch noch fest, dass die Ampelmännchen-Tüte weg war! Bitte nicht!
»Okay, der Ausweis ist nicht hier«, sagte ich ergeben.
»Nein, wohl nicht«, erwiderte Irina voller Spott. »Überleg mal, wo du noch so überall warst.«
»Warum bist du so eine Kotzkuh?«, brach es aus mir heraus.
»Warum sollen wir nett zueinander sein?«, sagte Irina. »Wir werden uns eh nie wiedersehen!«
Sie irrte sich, Irina ist heute meine Schwägerin, aber das ist eine andere Geschichte.
Entmutigt fuhr ich zur Uni. Auf dem Campus lief mir Kerstin über den Weg – in der Hand die Ampelmännchen-Tüte. Sie gab mir einen Kuss. »War toll gestern Nacht …«
»Wo gehst du hin?«, fragte ich sie und sah erschrocken auf ihre Tüte.
»Ach, ich hab gleich Anatomie, und vorher bring ich noch die Bücher zurück in die Bibliothek.«
Das ist ja richtig beschissen, dachte ich nur. Ich bin erledigt.

Kerstin:

Ich war schon erstaunt und die Bibliothekshilfe auch, als ich an der Rückgabe meine Bücher, eines nach dem anderen, auf den Tisch legte und plötzlich ein leicht mitgenommener Herrenschlüpfer herausfiel. »Oh Mann, Irina …«, dachte ich, denn die trug gerne Herrenunterhosen. Ich warf den Schlüp-

fer mit spitzen Fingern zurück in die Ampelmännchentüte. Zu Hause ermahnte ich Irina freundlich, Schmutzwäsche in den Wäschekorb im Bad zu entsorgen und nicht in meinen Büchertüten. »Hä?«, sagte Irina. »Spinnt ihr jetzt alle?«

»Wer spinnt denn noch?«, fragte ich.

»Dein neuer Beleger war hier und hat behauptet, dass er seinen Arztausweis in deinem Zimmer vergessen hätte«, erzählte mir Irina. »Da war natürlich nix. Das war ein sehr komischer Auftritt. Ich denke, er ist ein Psycho. Sei lieber vorsichtig mit ihm.«

Ich erinnerte mich daran, dass Mick keine Unterwäsche getragen hatte, und mir war alles klar. Jetzt, wo unsere Beziehung zehn Jahre her ist und wir längst gute Freunde sind, machte ich mir den Spaß und schenkte Mick seinen inzwischen gewaschenen 90er-Jahre-Schlüpfer zum Geburtstag. Als kleine Erinnerung an unsere erste gemeinsame Nacht damals. Seine Frau fand dieses persönliche Geschenk übrigens wohl nicht so originell.

Das sagt der Dating-Coach

Clemens Beöthy ist Single- und Partnerschaftscoach sowie Buchautor (»Schnacksel nie mit einem Axel«). Ich fragte ihn nach seinen Erfahrungen mit Dating-Desastern in der täglichen Praxis.

Dating kann die Hölle sein! Was sind die Todsünden?

1. Größere Geschenke oder einen riesigen Blumenstrauß mitbringen
2. Themen, die die andere Seite null interessieren

3. Nach sexuellen Vorlieben fragen oder eigene ansprechen
4. Die andere Seite totreden oder totschweigen
5. Von der Ex / dem Ex schwärmen oder über sie /ihn lästern
6. Diskussionen darüber, wer bezahlt
7. Nach dem Date fragen, was aus dem Kontakt werden soll
8. Unangemessenes Outfit: schlampig / overdressed
9. Negative Stimmung verbreiten, Leid klagen, Pessimismus
10. Eine dritte Person mit zum Date nehmen

Und wie komme ich in den Dating-Himmel?

1. Gute Manieren an den Tag legen
2. Großzügig über kleine Fauxpas des Gegenübers hinwegsehen
3. Zuhören
4. Auf die Reaktionen des Gegenübers achten (Körpersprache)
5. Einen guten Mittelweg zwischen Großkotzigkeit und übertriebener Bescheidenheit finden
6. Komplimente machen
7. Eine gewisse Distanz wahren
8. Dem anderen auf Augenhöhe begegnen
9. Einen angemessenen Zeitrahmen einhalten
10. Ehrlichkeit

Was sind die Ängste Ihrer Klienten?

1. Zu lange Sprechpausen
2. Beleidigt zu werden
3. Sprachlosigkeit wegen Desinteresses
4. Versetzt zu werden
5. Von einem bösen Charakterzug überrascht zu werden

Was fürchten speziell Frauen?

1. Ihn nicht mehr loszuwerden
2. Gemäkel über die Optik
3. Einen Typen, der unangenehm auffällt
4. Vergleiche mit der Ex
5. An einen Psychopathen zu geraten

Und die Männer?

1. Ausgefragt zu werden
2. Nicht genug bieten zu können
3. Kein Wort herauszubringen
4. In eine Position der Schwäche zu geraten
5. Mit überschäumenden Emotionen konfrontiert zu werden

Was sind die größten Missverständnisse beim Date?

1. Männer schätzen ihr Chancen oft viel höher ein, als sie sind
2. Frauen glauben, die Situation nach dem Date geklärt zu haben, obwohl das nicht der Fall ist
3. Männer meinen, sie müssten beim Date eine Show abziehen
4. Offener Umgang mit dem Thema Sex bei Frauen bedeutet nicht automatisch, dass sie gleich ins Bett wollen
5. Für Frauen ist auch die Option Freundschaft drin, für Männer eher nicht

Welche Dating-Desaster haben Sie bei Ihren Kunden erlebt?

1. Mann und Frau sitzen im Restaurant. Frau hat Bärenhunger. Als die Bedienung die Karte bringt, sagt der Mann »Wir essen nichts« und lässt sie zurückgehen.

2. Mann macht sich einfach aus dem Staub, als es ans Bezahlen geht. Frau hat gar kein Geld dabei, weil er sie schon am Telefon zum Essen eingeladen hat.
3. Mitgebrachtes Kind einer Frau scheuert ihrem Date eine, weil es sich vernachlässigt fühlt.
4. Mann wird beim Date mehrmals von seiner Mama angerufen und aufgefordert, endlich nach Hause zu kommen.
5. Mann lässt Frau in der Kneipe sitzen, um eine Dame am Nachbartisch anzubaggern.
6. Frau erkennt ihr Date in der Kneipe nicht und wird von einem anderen Typen angeschraubt

Schlimme Dates mit Happy End

Nach all den Dating-Desastern klingt das jetzt vielleicht ein wenig sarkastisch, aber: Eigentlich soll mein Buch Mut machen. Mut, es zu probieren, weil es nicht schlimm ist, wenn etwas schiefgeht. Weil es meistens witzig ist und man eine Story hat, die man erzählen kann. Immer ist ein Desaster lehrreich. Selten richtig tragisch. Und manchmal – gar nicht mal so selten – läuft es beim zweiten oder dritten Date schon viel besser. Deswegen kommen jetzt zum Schluss Geschichten, die genau das beweisen. Und die Mut machen.

Spaghetti-Schlacht. ***Sonja (36):*** *Ich weiß, ich weiß, so was macht man nicht. Mach ich ja auch nicht. Normalerweise nicht. Aber bei Jens machte ich eine Ausnahme. Jens war der Typ, hinter dem meine Freundin Sarah eine Weile her war, aber es kam nie so richtig in die Gänge und lief dann aus. Wahrscheinlich war er nicht interessiert, und Sarah schien auch das Interesse verloren zu haben. Und als ich Jens auf einer Party traf, funkte es zwischen uns und wir verabredeten uns beim Italiener. Der Teufel weiß, wie, aber Sarah bekam davon Wind. Wir waren gerade beim Spaghetti-Gang, als sie ins Lokal stürmte. Sie hatte einen Gesichtsausdruck wie Chucky, die Mörderpuppe. »Du hinterlistige Schlampe«, schrie sie, griff nach meinem Teller und schüttete die heißen Spaghetti über meinen frisch frisierten Kopf. Da musste Jens lachen,* *und ich warf die Spaghetti nach ihm, während ein Kellner kam und Sarah hinauskomplimentierte. Inzwischen bin ich mit Jens zusammen, für Sarah ist es in Ordnung, und wir können alle drei darüber lachen.*

Galaktischer Fingerzeig. ***Eve (33):*** *Wir nachts im Park. Er wurde zudringlich. Ich zu ihm: »Ich dich küssen? Eher landet hier ein Ufo.« In dem Moment flog ein greller Lichtkegel über den Nachthimmel. Ich dachte: Mist, und küsste ihn. Heute ist er mein Mann.*

Klein, aber oho. ***Nadine (25):*** *Eigentlich war mein Date gar nicht so ein Desaster, aber mir war klar, es würde bei dem einen Mal bleiben. Mein Kumpel Johann wollte mich verkuppeln, also gingen wir zu viert aus, er, ich, seine Freundin und sein Kollege Achim. Als Johann mir Achim vorstellte, sagte ich zunächst: »Freut mich auch, aber wo ist Achim?« Ich hatte über ihn hinweggeblickt. Er war nicht einmal 1,60 m groß, ich messe 1,83 m. Der Kellner im Restaurant hätte ihm fast den Kinderstuhl gebracht. Als er noch mal eben rausging, sagte ich zu Johann: »Hat er etwa vergessen, das Licht an seinem Kinderwagen auszumachen?« Johann meinte: »Nun gib ihm doch eine Chance! Er hat genauso viel Charme wie eine normal große Person!« Vor allem hatte er den Sextrieb einer normal großen Person, so lüstern, wie er den ganzen Abend versuchte, mit mir zu flirten. Der wollte mit mir ins Gitterbettchen, der kecke Racker, keine Frage. Obwohl meine Laune im Keller war, stimmte ich zu, noch in einen Club zu gehen. Ich dachte, da kann ich den kleinen Raschelhamster am besten abhängen. Doch so einfach war das nicht, er spendierte mir heftige Wodka-Martinis und drängte mich auf die Tanzfläche. Wir tanzten also, er rieb sich an meinem Bein wie ein liebestoller Yorkshire und raunte mir Sauereien ins Ohr. Und da dachte ich: Oha, der Teufel soll mich holen,* *wenn dieser kleine Mann nicht ein prächtiges Gemüse in der Hose hat! Und ich bin vom Fach. Schließlich verabschiedeten wir uns alle draußen voneinander, Johann und seine Freundin stiegen in das eine Taxi, ich in ein anderes, der Kleine wieder in ein anderes. Als Johann und seine Freundin losgebraust waren, hüpfte der Kleine wie vereinbart aus seinem Taxi und – zack – in meines und wir fuhren zusammen nach Hause und rammelten wie die Bonobos.*

Als seine Eltern uns das Date zur Hölle machten. *Vera (31):*
Wer hätte gedacht, dass das dritte Date das schlimmste werden würde? Mein erstes Date mit Mick war der blanke Horror, weil ich vor Aufregung die Zähne nicht auseinanderbekam, stattdessen wie eine dröge Nuss dasaß und zu genau der Art Frau wurde, die ich nicht ausstehen konnte: eine Frau, die den Kopf schieflegt, an ihrem Drink nippt und immer nur »Wirklich?« sagt. Da ich mich jedoch sorgfältig figurbetont angezogen hatte, kam es dennoch zum zweiten Date: Ich kochte für ihn, Nudelauflauf, meine Spezialität, dazu gab es leckere Fruchtcocktails. Mick kotzte aus meinem Küchenfenster in den Hof (meine Mitbewohnerin hatte das Bad blockiert), aber als er sich erholt und eine Zahnbürste geliehen hatte, kam es immerhin völlig unerwartet zu grandiosem Sex. Danach war Mick drei Wochen verreist, und nun stand unser drittes Date an. Dass ich bei Date Nr. 2 schwanger geworden war, machte es nicht leichter. Ich war selber ratlos, wie das hatte passieren können, wir hatten doch selbstverständlich ein Kondom genommen, jedenfalls beim ersten und zweiten Mal, ich war mir nicht mehr so sicher, was das dritte Mal anging.

Ich war wieder nervös wie beim ersten Date, denn es war wie verhext, ich konnte mich nicht mehr richtig an Mick erinnern, obwohl ich doch die ganze Zeit an ihn dachte. Aber sein

Gesicht verschwamm, nahm stattdessen die Konturen von Männern meiner Vergangenheit an, und es gelang mir nicht, abzurufen, wie er redete, wie seine Stimme geklungen hatte. Ich musste also einem quasi Fremden erzählen, dass ich schwanger von ihm war. Wir trafen uns in einem Café am Rheinufer, und ich war augenblicklich wieder so hingerissen von seinem Aussehen und seinem Charme und seinem Humor, dass ich erleichtert aufatmete. Gut gemacht, klopfte ich mir innerlich auf die Schulter. Wenn schon ungeplant schwanger, dann doch von ihm. Wird schon werden, dachte ich.

»Mickiiiiieeee«, schallte es plötzlich von hinten. »Datt gibbet ja nich!« Eine Frau in besten Jahren mit Einkaufstüten und kleinlockiger Dauerwelle, gefolgt von einem Mann mit Glatze und Schnauzbart, polterte auf uns zu. »Mutter«, stammelte Mick. »Und Vater! Was macht ihr denn hier?«

»Einkaufen!«, sagte sie. »Aber ich muss sagen, dat is mir hier nix in Dusseldorf, zu Hause in Düsburch hammse ne bessre Auswahl. Und die unverschämten Verkäuferinnen hier! Ich hätte der Schnappkuh bei Douglas beinahe eine reingehaun. Watt verbessert die mich auch, datt Parfüm heißt Eternitie und nicht Ietörnity, datt steht so auffe Packung, wir sind doch in Deutschland, watt kümmert mich datt, wie die datt in England aussprechen«, redete die Mutter sich in Rage. »Wenn 18-jährige Lehrlinge mich verbessern, datt mag ich aber gar nicht leiden.«

»Vera, das sind meine Eltern. Mama, Papa, das ist Vera«, stellte Mick mir die beiden kreidebleich vor. Sie beachteten mich kaum, riefen stattdessen »Wallieeeee!« in Richtung Bürgersteig.

»Da ist Tante Walli, die ist mit uns, aber wir dachten, wir ham die verloren, die schleicht aber auch!«, erklärte Micks Mutter. Es näherte sich betont langsam und unbeeindruckt

von den Rufen eine Frau mit missmutigem Gesichtsausdruck und der gleichen Dauerwelle, wie Micks Mutter sie trug. Sie wurde mir als Tante der Familie vorgestellt. Sie musterte mich abschätzig und blickte dann demonstrativ weg. »Bitte setzen Sie sich doch!«, forderte ich die drei auf. Ich hätte lieber gesagt: »Verschwinden Sie!«, aber meine protestantisch-bürgerliche Erziehung blockierte mich an diesem Punkt.

Mick stammelte: »Meine Eltern müssen bestimmt gleich weiter …« Doch da hatte sich die ganze Rasselbande schon niedergelassen, mit einem Seufzer, der verdeutlichen sollte, dass man sich nach den ganzen Strapazen eine Pause verdient hatte, ob man nun störe oder nicht. Micks Vater, im Gegensatz zu seiner Frau vornehmer Natur, setzte sich umständlich eine Halbbrille auf, studierte die Speisekarte. Als der Kellner kam, bestellte er »Hühnerflügel für meine Frau«.

»Sie meinen unsere Chicken Wings, der Herr?«, fragte der liebreizende Kellner.

»Nein, nein«, sagte Micks Vater, »ich meine Hühnerflügel.«

»O… okay …«, sagte der Kellner irritiert. »Also einmal die Nr. 67 für Ihre Frau …«

Dann fragte Micks Vater mich, was ich studierte. »Germanistik«, sagte ich. »Damit kannze ja nix werden«, winkte die Mutter ab, doch der Vater geriet jetzt in Fahrt. »Dann müssen Ihnen die ganzen Anglizismen ja genauso weh tun wie mir!« Und er berichtete von seiner Mitgliedschaft im Verein zum Erhalt der deutschen Sprache. Eine gewonnene Schlacht dieses Vereins: Die Bahn spreche jetzt nicht mehr von der City Night Line, sondern vom Nachtzug. Aber der Kampf sei noch lange nicht gewonnen, derzeit lägen sie im Clinch mit Karstadt, der Telekom und sämtlichen Redaktionen, die sich alle weigerten, die deutsche Muttersprache zu benutzen. Micks Mutter nickte während der Ausführungen ihres Man-

nes wohlwollend. Kichernd erzählten sie, wie sie sich einen Spaß draus machten, in Läden englische Begriffe beharrlich auf Deutsch auszusprechen, oder Ladenbesitzer auf überflüssige Anglizismen auf Werbeschildern aufmerksam machten, und überhaupt, Public Viewing hieße ja Leichenschau.
Themawechsel! Micks Eltern berichteten von ihrem Thailand-Urlaub, und ich sagte: »Thailand ist wunderschön! Ich habe da mal drei Monate verbracht!«
Micks Mutter darauf erbost: »Drei Monate? Hasse nix zu tun? Ich fand datt da nich schön. Da sitzense am Straßenrand mitte zahnlosen Münder und essen Würmer.«
Was hätte ich darum gegeben, jetzt einen Prosecco zu bestellen! Oder besser gleich einen Wodka-Shot! Erstmals meldete sich Tante Walli zu Wort und sagte gedehnt: »Ich würde nie aus Deutschland weg Urlaub machen. In Österreich vielleicht noch. Alle wollense immer weit weg, und dann schleppen se die Seuchen ein oder wundern sich, wennse vonne Ölaugen entführt werden.«
Mick war inzwischen leichenblass und sagte nur: »Ich muss mal dringend aufs WC.«
»Bitte nicht!«, schoss es panisch aus mir raus.
»Ich beeile mich!«, versprach er. »Ich werde mir nicht mal die Hände waschen, versprochen!« Dann wandte er sich mit erhobenem Zeigefinger an seine Eltern: »Mutter, Vater, ihr seid doch nett?«, so wie man unberechenbare Hunde warnt, die vor dem Supermarkt warten sollen. Kaum war er weg, beugte sich Micks Mutter zu mir vor und raunte bedeutungsvoll: »Hömma, weiße wat, der Mick is nich der Typ, der sich bindet. Ich kenn ja meinen Sohn! Manchmal denke ich, der macht sich gar nich so viel aus Mädels.« Ich wollte protestieren, ihr erzählen, dass ich ihrem Sohn aus eigener Erfahrung lupenreine Heterosexualität attestieren konnte. Doch ich ver-

kniff es mir. Der Kellner brachte das Essen, ich bekam keinen Bissen hinunter, während Micks Mutter gierig ihre Chicken Wings bearbeitete.
Sein Vater wandte sich mir zu und schnurrte: »Meine Frau liebt es, Hühnerknochen abzunagen!«
»Ja«, stammelte ich erstarrt, »Ja, das sehe ich. Die Chicken Wings sind hier auch ganz hervorragend – ich meine natürlich, die Hühnerflügel.«
»Vitamine!«, sagte Micks Mutter mit vollem Mund. »Die ganzen Vitamine sind am Knochen. Is so!« Dann ließ sie es bedrohlich knacken.
»Ist sie nicht fantastisch!?«, sagte der Vater und sah seine Frau mit den Hühnerknochen im Gesicht verliebt an. »Duuuu ...«, gurrte sie und gab ihm, noch an Hühnerteilen schmatzend, einen fetttriefenden Kuss.
Schließlich kam Mick zurück.
Nun meldete sich auch Tante Walli zu Wort: »Hier sind ja viele hübsche Mädels, Mick. Hier findeste bestimmt noch mal eine Süße.« Sie zog die Ns ganz lang, gackerte dann wie ein böser alter Vogel und sah beifallheischend von einem zum andern, um dann sofort wieder ihr missmutiges Gesicht aufzusetzen. Es war die Hölle.
Endlich warf Micks Mutter den letzten sorgfältig abgenagten Hühnersplitter auf den Teller und sagte: »Kommt, wir müssen los, unser Trimmrad-Kurs beginnt um 19 Uhr, außerdem sind Hanni und Nanni schon den ganzen Tag allein.«
»Du hast Schwestern?«, fragte ich Mick. »Meine Mutter meint ihre geliebten Rottweiler«, klärte er auf. Stolz zeigte Micks Mutter mir auf ihrem Handy ihre »beiden süßen Mädchen«, und ich sah die Fratzen zweier furchterregender tiefschwarzer Höllenhunde mit fletschenden Zähnen und riesigen, tropfenden Zungen.

Endlich verschwanden Micks Eltern. Mir war elend zumute. Ich wollte am liebsten in den Rhein springen. Das waren also die Großeltern der Frucht in meinem Leib! Ich begann zu weinen. Mick reichte mir unbeholfen eine Serviette, sagte: »Oh, ich weiß, sie sind grauenvoll, sie sind ganz, ganz grauenvoll!«
»Ich bin schwanger von dir«, schluchzte ich. »Und irgendwie auch von denen.« Es schüttelte mich.
»Ich bin nicht so wie sie!«, rief Mick mit sich überschlagender Stimme. »Du bist schwanger! Das ist ja wunderbar! Ich bin nicht so wie die! Ich schwöre es dir! Ich bin nicht so wie die, ich hab mich da immer schon ganz fremd gefühlt, ich glaube, es gibt Hinweise darauf, dass ich im Krankenhaus vertauscht wurde, ich werde das prüfen lassen, wenn es dich beruhigt.«
Ich sah durch meine Tränen hindurch Stolz und Freude in seinem schönen Gesicht, er ballte die Faust und sprang auf und jubelte: »Wir sind schwanger! Wow! Schwanger!« Ich weinte noch mehr, diesmal auch aus Erleichterung.
Doch dem kurzen Glück folgte der nächste Schock. Mick stand auf und sagte, er müsse mal eben telefonieren, und ich dachte: Was kann jetzt so wichtig sein. Er kam und kam nicht wieder. Drei Minuten vergingen. Fünf. Zehn Minuten. Ich saß einfach da und tat mir leid, denn mir war klar, er hat mich sitzen gelassen. Ich sah meine bittere Zukunft als männerhassende, alleinerziehende Mutter. Nach zwölf Minuten begriff ich: Er kommt wirklich nicht wieder.
Gerade wollte ich meine Freundinnen anrufen und sie bitten, mich abzuholen, als Mick auf einmal wieder vor mir stand. Er entschuldigte sich, brabbelte etwas von einem wichtigen Arbeitsanruf und bat mich, mit ihm am Ufer spazieren zu gehen. »Man führt doch keine Telefonate, wenn einem die eigene Freundin gerade eröffnet hat, dass sie schwanger ist«, begann ich vorwurfsvoll.

»Du hast recht«, antwortete er. »Ich habe telefoniert, um einen Tisch auf dem Restaurantschiff zu reservieren, damit wollte ich dich überraschen.«
Wenig später saßen wir an einem blumengeschmückten, fackelumringten VIP-Romantiktisch, und der Kellner brachte mit übertriebener Galanterie unsere Getränke. Ich musste zwar leider auf Saft ausweichen, aber Mick stieß feierlich mit mir an. Der Schiffsmotor begann zu rattern, Möwen kreisten über uns, die warme Abendsonne ging unter.
Schließlich brachte der Kellner Mick einen riesigen Blumenstrauß, der farblich einem schiefgelaufenen LSD-Experiment glich. Mick überreichte ihn mir, fiel auf die Knie und machte mir einen formvollendeten Heiratsantrag. Dann überreichte er mir Ringe.
»Sorry für das Plastik«, sagte er. »Das war alles, was sich auf die Schnelle auftreiben ließ.«
»Es ist das schönste Plastik, das ich je gesehen habe«, sagte ich ehrlich gerührt, und hupend legte das Schiff ab. »Ist das ein Ja?«, fragte er.
Und ich hauchte »ja« wie Jennifer Aniston in einem sehr schlechten Film, und wir küssten uns.
Während noch Tränen über meine Wangen liefen nach diesem Tag der Gefühlswechselbäder, studierten wir die Speisekarte – meine und Micks erste gemeinsame Handlung als Verlobte.
»He«, sagte Mick, »sieh mal beim gegrillten Oktopus. Da steht doch tatsächlich ›Octopus‹. Die haben das falsch geschrieben.«
Ich schrie entsetzt auf. War Mick etwa ein Kohlhaas'scher Sprachkämpfer wie sein Vater? Dann war es also eine Lüge, dass er nichts von seinen Eltern hätte! Schnell ruderte Mick zurück: »Aber das ist cool!«, sagte er schnell. »I love Recht-

schreibfehler. Und Anglizismen sind meine Buddies! Glaub mir doch, Vera, ich bin nicht wie mein Dad!« Und er küsste über den Tisch hinweg meine Zweifel weg.
Heute, nach über sechs Jahren Ehe und zwei Kindern, weiß ich: Mick sollte recht behalten. Er ist nicht wie seine Eltern. Was nicht heißt, dass uns seine Eltern nicht manchmal das Leben zur Hölle machen. Aber das stehen wir gemeinsam durch …

Schlusswort mit Tipps to go

Als Datender fühlt man sich manchmal, als spiele man um einen Jackpot, den es gar nicht gibt. Vielleicht lehrt uns das »Making of« von Mick und Vera, worin die Kunst liegt: nämlich darin, trotz einer Katastrophe den Kopf über Wasser zu halten. Einfach weiterzumachen, wenn wir an etwas glauben, sich nicht zu schnell beirren zu lassen. Und eine Chance zu ergreifen, wenn sie sich inmitten der Wirren auftut. Mick und Vera jedenfalls zeigen, dass Widrigkeiten auch verbinden können.

Wir haben in diesem Buch erfahren: Wer ein schlechtes Date hat, ist damit nicht allein. Wer ein schlechtes Date hat, ist nicht schuld. Die Konstruktion Date ist störanfällig. Aber was können wir tun? Ich habe mich mit Ratschlägen zurückgehalten, denn Sie wissen sehr viel besser als ich, was gut für Sie ist. Finden Sie den Dialog mit dem Teil in Ihnen, der in Liebesdingen Rat weiß, und hören Sie sich an, was dieser weise Teil zu sagen hat. Setzen Sie diese reife, pragmatische Sub-Persönlichkeit an einen imaginären Tisch mit dem jungen, ungestümen Teil Ihrer Persönlichkeit, der sich nach der verrückten Leidenschaft sehnt, die alle Grenzen bricht; dem Teil, der rebellisch, trotzig und begierig die Liebe einfordert. Beide Teile Ihres Ichs verdienen es, gehört zu werden. Moderieren Sie den Dialog dieser beiden Sub-Persönlichkeiten sanft und schauen Sie, welche Botschaften und Ratschläge beide füreinander haben. Vergessen Sie nicht: Beide haben bei allen Unterschieden ein gemeinsames Ziel, Ihr Glück. Sie allein kennen den Weg, manchmal ist er nur verstellt. Zuletzt möchte ich einige Erkenntnisse und Schlussfolgerungen dieses Buchs hier zusammenfassen.

- Ein Date ist nicht der einzige Weg ins Liebesglück, und er ist oft genug der holprigste und konstruierteste. Schauen Sie, wo sonst Sie in Ihrem Leben mit einem anderen Menschen in eine gemeinsame Flugbahn geraten können: im Job, beim Hobby, im Bekanntenkreis. Auch wenn es unromantisch klingt und ein wenig verpönt ist: Manchmal ist es erfolgversprechend, sich nach einer Party abzuschleppen und einfach beieinander zu bleiben. Klingt unromantisch, führt aber oft zum Ziel. Die Paare in Ihrer Umgebung werden es leicht verschämt zugeben, wenn Sie danach fragen.
- Erwarten Sie von einem Date nicht, dass es gut wird. Erwarten Sie lediglich eine Erfahrung, bei der Sie Neues über sich und andere lernen. »Unsere Fehlschläge sind oft erfolgreicher als unsere Erfolge«, sagte Henry Ford. Welche Lektion hält das Dating-Desaster für Sie bereit?
- Auch aus einem miserablen Date können glückliche Liebesgeschichten entstehen.
- Beachten Sie andererseits innere rote Karten. Ihre Intuition sagt Ihnen, was gut für Sie ist, und warnt Sie rechtzeitig. Brechen Sie nichts aus falschem Ehrgeiz über den Zaun.
- Der andere ist eine Blackbox. Es ist nur natürlich, dass Sie ihn deuten und versuchen, Zusammenhänge zu sehen und zu schlussfolgern. Verwechseln Sie Ihre Interpretation aber nicht mit der Wirklichkeit.
- Zerbrechen Sie sich nicht den Kopf über Taktiken und Manöver. Eine erfolgreiche Liebesgeschichte ist die, in der es zu keinem Bruch kommt. Also bleiben Sie in einem gemeinsamen Fluss, planen und unternehmen Sie etwas, erleben Sie möglichst bald Alltag miteinander, schaffen Sie nahtlose Anschlüsse. Das ist wirksamer als das Ich-bin-schwer-zu-kriegen-Spiel.

- Ändern Sie Ihre Mittel und Wege, wenn nötig, aber geben Sie nicht auf. Es lohnt sich, am Ball zu bleiben. Sorgen Sie dafür, dass sich immer neue Chancen auftun. Nutzen Sie den Zufall zu Ihren Gunsten. Wo in der Wirklichkeit Ihres Lebens (und nicht eines Lebens, das Sie gerne führen würden) tun sich Chancen auf? Erkennen Sie eine Chance, wenn sie da ist – und greifen Sie zu.

Denn, so schrieb der Schriftsteller Guy de Maupassant: Das Leben (und damit auch die Liebe und jedes einzelne Date) ist nie so gut und nie so schlecht, wie man denkt.

NINA DEISSLER • CLAUDIUS MACH

Für immer verliebt

Was Paare wirklich glücklich macht

Für immer verliebt – geht das?

Verliebtheit ist ein vorübergehender Zustand, der nach etwa zwei Jahren verschwindet – so heißt es. Doch Liebescoach Nina Deißler und ihr Mann Claudius Mach geben sich damit nicht zufrieden und widmen sich der Frage: Ist es möglich, ungeachtet der »wissenschaftlichen Erkenntnisse« und Unkenrufe, in den eigenen Partner verliebt zu bleiben – auch über viele Jahre hinweg?

In ihrer eigenen Ehe stellen sich die Autoren bewusst den Herausforderungen, die der Alltag so mit sich bringt. Dabei haben sie Liebeskiller entdeckt, die jedes Paar umgehen und ausschalten kann.

Mit spannenden Infos über Flirts, Romantik und Sex sowie unterhaltsamen Geschichten aus ihrem jeweiligen Blickwinkel bekommen Sie Durchblick in ihrer Beziehung. Dieses Buch wird Ihr Leben verändern!

KNAUR

MARKUS SCHRICKEL • FABIAN SCHLÖTEL
KAI STREHLER • CAROLINE STUCKHARDT

Glaubst du an Liebe auf den ersten Blick oder soll ich noch mal vorbeikommen?

Das Beste aus spotted.de

Du bist zu schüchtern, um den heißen Flirt in der Unibibliothek oder an der Käsetheke anzusprechen? Du hast den richtigen Moment verpasst, SIE oder IHN von deinen unglaublichen Bauchmuskeln zu überzeugen? Dafür gibt es jetzt eine Lösung: spotted.de! Tausende Fans werden hier täglich Zeuge, wie verzweifelte Liebeskranke versuchen, die Liebe ihres Lebens online wiederzufinden – die ultimative zweite Chance für alle, die auf der Suche sind.

»Ich habe euch alle am Samstag auf dem Nachtflohmarkt gesehen – nur hübsche Frauen! Wenn sich irgendeine zwischen 24 und 33 angesprochen fühlt, möge sie sich melden! Ich wohne zum Glück in Osnabrück, Platz ist genug für euch alle.«